数字化转型指南
新时代的企业升级之道

孙 伟 李 亮 吴承峰◎著

電子工業出版社
Publishing House of Electronics Industry
北京·BEIJING

内 容 简 介

本书针对企业数字化转型的重要性，以及企业应当如何开展数字化转型进行了详细讲解。本书不仅从战略方向上对数字化进行剖析，还从企业各部门等微观角度对企业数字化转型给予实战指导。

本书共 13 章，分为上、下两篇。第 1~6 章为上篇，重在搭建框架，从宏观层面对企业数字化转型的必要性进行了剖析。上篇分别从顺势、布局、借力、规划、落地、升维 6 个层次，阐述数字化时代的数字经济的发展，以及企业的数字化转型在其中起到的作用。

读者可以通过阅读上篇，建立起对数字化的基本认知，对数字化执行团队、架构、执行策略，以及基于数字化的商业模式优化进行思考，从而促使企业更好地进行数字化转型。

第 7~13 章为下篇，重在详解数字化转型的落地方案，即通过对企业的各业务流程及各部门的数字化转型路径进行深入剖析，阐述数字化转型的重心。本书通过引用大量经典案例和笔者实践的经验，希望帮助读者快速理解理论内容，并且在商业模式、财务、人事和行政管理、采购、运营等方面的数字化转型中，早日将学习到的经验应用在自身实践中。本书还通过分析一些数字化原生和非原生企业的案例，特别是 C 端企业的案例，帮助读者了解 ToB 企业数字化和 ToC 企业数字化的区别，建立起对数字化转型落地实践的路径理解，以及数字化进程中优先级的判断能力。

未经许可，不得以任何方式复制或抄袭本书之部分或全部内容。
版权所有，侵权必究。

图书在版编目（CIP）数据

数字化转型指南：新时代的企业升级之道 / 孙伟，李亮，吴承峰著. —北京：电子工业出版社，2023.4
ISBN 978-7-121-45292-5

Ⅰ.①数… Ⅱ.①孙… ②李… ③吴… Ⅲ.①数字技术—应用—企业管理—指南 Ⅳ.①F272.7-62

中国国家版本馆 CIP 数据核字（2023）第 049850 号

责任编辑：刘志红（lzhmails@phei.com.cn）　　　文字编辑：郭　薇
印　　刷：北京天宇星印刷厂
装　　订：北京天宇星印刷厂
出版发行：电子工业出版社
　　　　　北京市海淀区万寿路 173 信箱　邮编　100036
开　　本：720×1 000　1/16　印张：15.75　字数：252 千字
版　　次：2023 年 4 月第 1 版
印　　次：2023 年 4 月第 1 次印刷
定　　价：98.00 元

凡所购买电子工业出版社图书有缺损问题，请向购买书店调换。若书店售缺，请与本社发行部联系，联系及邮购电话：(010) 88254888，88258888。

质量投诉请发邮件至 zlts@phei.com.cn，盗版侵权举报请发邮件至 dbqq@phei.com.cn。
本书咨询联系方式：(010) 88254479，lzhmails@phei.com.cn。

作者序

2019年国庆节期间，国内的一些企业家在硅谷拜访了 Zoom 的创始人袁征（Eric Yuan）。当时新冠肺炎疫情还没有暴发，Zoom 也刚上市不久。那天，在座的企业家都有个共同的疑问，那就是：已经有了 Webex、Citrix GoToMeeting 等比较先进的共享会议系统，为什么还要创办 Zoom？Eric 的回答很清楚："往长远看，人类社会对于互联、远程共享的需求只会越来越大，越来越多的企业和个人会用数字化的手段进行工作、协同甚至生活。我只要在这个方向有出色的产品，那就一定有机会。至于是视频会议，还是未来的虚拟现实，都有可能，但我相信数字化的手段就是未来。"

这三年，特别是经历了新冠肺炎疫情以后，Zoom 的市值水涨船高。我也收到不少企业家的咨询，他们都在询问同一个问题："我们的企业应如何进行数字化转型？"这个时候，我会问这些企业家："在你的观念里，数字化到底是什么？"几乎每个企业家都有自己的答案，有的企业家说"我要把企业的信息系统建好"，有的企业家说"我要把企业的数据资产利用起来"，还有的企业家说"我要用人工智能的手段来做关键的决策辅助"。

这些是数字化吗？是，但也不是。

2022年年初，有位曾一起在硅谷创业的同事出版了一本书：*Leadership with the Beatles*。她以自己过去60多年的生活和工作经验为基础，用披头士乐队的16首歌作为主题，把她的管理和领导力经验浓缩到这16首歌里。这本书非常有趣，我利用春节假期将其翻译成了中文版，在给这本书寻求国内出版渠道的过程中，我和许多编辑谈了很多关于图书题材和定位的思考。有一次，一个编辑对我说："您有这么多经历，又会写作，数字化转型应该是一个很不错的题材，您可以尝试写一本书。"这便是我创作这本书的起因了。

2022年的春天，上海在新冠肺炎疫情封控下，居民只能足不出户。在这个时期，类似Zoom这样的系统不仅仅是企业协同工具，还成了人们日常生活中休闲解闷、"云酒局"的工具。与此同时，我也收到了更多企业家关于如何能够彻底地实现数字化转型、优化效率、精简编制的咨询。我越发觉得我有必要把过去这20多年来在多家企业进行数字化实践所积累的方法论写下来。就像我那位前同事一样，帮助更多有需要的朋友，从而可以帮助更多企业实现数字化转型。

每一次进行数字化相关内容的讲座时，我都喜欢用一位伟大的科学家来启发大家对于数字化的认知，他就是冯·诺依曼。在我心中，他是20世纪最伟大的科学家。这位世纪全才不光是博弈论之父、量子力学先驱，他还对第一颗原子弹的发明做出了关键的贡献，更重要的是，他是人类社会的数字化先驱。直到今天，在我们常用的计算机上，由存储单元、控制器、运算器、输入和输出设备所组成的计算体系结构，就是他的发明。

对数字化的基本理念进行溯源的话，我们可以发现，正是计算机这种基于二进制逻辑的伟大发明，让人类可以把物理世界的物质，转化成用0和1代表的数字化语言，最终在电子的正负极里体现。这也是"数字化"这个名词的由来。把物理世界里的事物、流程、关系，用数字0和1来表述，这是数字化的本质。

这也是为什么仙童半导体发明了集成电路以后，IBM能够基于8088微处理器开启PC时代，从而将数字化带入企业的视野。

企业的最核心的业务就是生产产品并交付。因此从产品生产，到运营，再到销售流通，以人为主线的管理过程，构成了企业经营活动最本质的过程。计算机的参与可以使得这个过程被数字化模拟，并被不断优化。

企业最关心的事，就是从购入原材料到产品产出，所付出的成本是多少。因此，企业资源规划系统，也就是人们常说的 ERP（企业资源计划），成为实现数字化进程最主要的基石。这是企业数字化的第一个阶段，也是企业经营管理的系统化。

笔者有幸在 20 世纪 90 年代末在硅谷加入一个供应链事件管理（SCEM）公司 Vigilance。它的创始人是在硅谷创业多年的"老兵"、有着"MES 之父"称号的 Jonathan Golovin。Jonathan 开创了生产执行系统（Manufacture Execution System），把 Consilium 这家公司从初创带领到上市，并且和巨头应用材料公司强强合并。

有一次我很好奇地问 Jonathan："你为什么要创办一家新公司？原来的 MES 市场不是经营得挺好吗？"他回答我说："最早，Intel 的生产流程都是靠人记录和管理的，那时候我还在伯克利大学当教授研究运营管理。我看到制造业的生产流程需要有人管理，就跟着 Intel 一起，开发出系统来取代易错的人工和团队的协同，这就是第一代的 IT 系统。再后来，你会看到，每一个领域都会有细分的应用，有人专门做 ERP，有人专门做销售管理和客户关系，有人专门做供应商和采购管理，有人专门做人力资源管理。但是，这些系统都还是孤岛，需要有再上一层的产品，把跨系统的经营和管理问题给解决好。"

确实，我就职于 Vigilance 公司时，在帮客户搭建供应链异常管理系统的时候，我们大多都是帮客户解决跨系统的交流问题。例如，当一个 PO 订单生成，我们会通知生产执行系统做备件管理准备；当生产机器出异常 Down（服务掉线）的时候，我们需要告诉订单系统潜在的延迟；当 TMS（运输管理系统）里记录的产品完成配送 30 天后，货款还没收回，就需要启动财务系统的异常管理流程。

这些跨系统的数字化的手段，能够把关键的业务节点连接在一起，提升运营效率和异常管理的深度，这是企业数字化转型的第二个阶段。

直到今天，中国的很多企业还停留在数字化转型的第一个阶段，也就是搭建各种 IT 基础系统的阶段。这些企业搭建了很多 IT 基础系统，但这些系统还是互为信息孤岛。随着这些企业需求的增多，它们就需要通过跨系统工具，甚至是数据、业务中台打造沟通渠道，完成数字化转型的第二个阶段。

2003 年，Jonathan 把 Vigilance 公司卖给了 Infor，一个做企业管理系统和供应链系统的头部企业。Infor 把 Vigilance 公司的核心组件、异常管理和可视化的功能分离出来，构成了今天供应链控制塔的两个最重要的核心支柱。直到今天，供应链控制塔系统都还是连接各应用系统，并提供一站式综合管控的数字化控制器，是供应链企业完成数字化转型第二个阶段的必经之路。

当时，零售行业的巨无霸沃尔玛出了强制令，要求供应商们分阶段地在发往分销中心和门店的货物上，贴上无源的 RFID（射频识别）标签。我认为，这是改变整个供应链甚至企业运作方式的巨大创新。一辆装满各种贴有 RFID 标签货物的集装箱卡车，只要经过有 RFID 读码器的区域，不用打开集装箱就可以被统统识别。对于供应链行业来说，这是一个很大的革新。

鉴于这种形式会不断地产生海量数据，我们决定利用 SaaS（软件即服务）平台收集供应商和零售的各环节数据，通过汇集数据并在数据上进行智能化的应用，提供最终价值给客户。于是 Jonathan 大旗一挥，我们在谷歌边上成立了 T3Ci– The Tag Track Company（现名 RSi）。公司发展得很顺利，我们很快就拥有了沃尔玛最大的几个供应商客户，也成了全世界处理 RFID 数据最多的企业。

基于我们对 RFID 海量数据的出色处理，零售商和供应商把更多的非 RFID 数据也交给我们处理，如仓储、配送、门店销售、品类管理、客户画像等。我们在这些数据的基础上开发了一系列以算法为核心的应用，比如虚库存识别、促销计划、VMI（供应商管理库存）订单、门店智能补货（IZS）、覆盖异常、品类分布、用户策略、多渠道调整等。我们也把公司名字改为 RSi，把这些应用作为 SaaS 服务提供给我们的客户。

经过 10 多年的发展，虽然 RFID 强制令没有实现沃尔玛最初预想的发展前景，但因为我们在各种数据上深挖算法、创造价值，我们在消费和零售数据的处理上，开辟了一个新的领域。世界前 500 名的消费品牌公司中，超过 400 家都是我们的客户，每年 SaaS 的 ARR 收入（年度经常性收入）高达几亿元。我们帮助很多客户建立了基于现代渠道的智能体系，我们也成为零售消费大数据领域里最大的软件服务公司。用数字化的手段产生智能，把数据智能转换为价值和客户黏性，这其实就是企业数字化转型的第三个阶段。

2017 年，有位好友邀请我一起创业，希望能够把数字化的手段运用在一个相对传统的行业——财富管理行业，以互联网的方式来设计产品供应、获客、交易、客户服务和持续运营的流程。在创立 RSi 时，我虽然只是创始成员，但我自己也从无到有开创了整个 RSi 亚太的业务，组建了一个几百人的团队。我认为是时候把自己的知识技能、创业和管理经验应用于实践中了。于是，我就作为首席运营官，和好友一起开始了这段创业历程。

当时，我们虽然有京东的客群作为基础，但是需要通过智能的手段，把有投资潜力的客户挖掘出来。从底层平台的设计，到用数字化的手段做决策，无论是客户接触到的每一项体验和流程，还是客户生命周期的管理，都能够实现数据化、智能化决策。数字原生企业依照公司关键的业务流程设计可数字化、智能化决策的体系，并通过这个体系来运作企业的核心业务。

我们一开始觉得，通过客户购买商品的行为路径给客户建立的画像，不足以判别客户的投资潜力。在没有其他数据支撑的基础上，我们决定引入另一家企业作为战略投资方。那家企业拥有全世界十几亿人的名片扫描信息，可以建立客户画像的标签，更容易对客户的身份进行判断。这是我们对核心的产品设计和运营的考量。

于是，基于我们对于客户画像的标签化处理和私域的智能化管理，公司很快发展起来了。经过几年，我们公司在投 100 万元以上客户增加不少，公司已经有了超过千亿元的资产保有量，年净收入也有几亿元。之后，虽然公司被大公司全资收回并入体系内，但我们用数字原生的手段改变了传统行业的模式，形成了自己的生态圈和平台，对行业的发展产生了一定驱动力。数字原生和基于平台化生态的数字化，是企业数字化进程的第四个阶段，也是目前数字化进程中最先进的阶段。

2021年年初，我收到顺丰供应链的邀请，希望我能够帮助他们进行数字化转型升级。我想到在过去这20多年的职场生涯中，我就是在帮助处于不同阶段的企业利用数字化的手段来推进数字化进程。从生产制造的管理、供应链前后端、渠道管理、产品管理、品牌管理和客户管理，到ToB的精细化运营、ToC的互联网运营，我们提供的服务几乎覆盖了企业运营的各个方面。我觉得这是一件非常有意思也非常有意义的事情，既能够帮助顺丰供应链实现数字化转型，也能够把自己长时间做数字化转型升级的方法论和工具在一个企业中进行完整的再实践和沉淀，甚至赋能一个行业。

在顺丰供应链做首席数字官的前几个月，我主要做基础的、全面的数字化盘点。从基础的系统，到连通的数据资产，再到和客户连接的黏度系统，我按照4个步骤（看清自己，提升运营，黏住客户，对外赋能）给公司未来3年的发展规划了数字化战略，并因此形成一系列具体的数字化系统工具、运营优化和管理流程的具体落地计划。

数字化升级是个CEO工程，需要调动公司的核心资源，给公司带来质的提升。看清自己主要是围绕财务和经营相关的流程和系统，把基础的数据底盘搭建扎实；提升运营是建立起运营的数字化底盘，从而让运营优化成为可能；黏住客户是通过有价值量化的系统和方法，让客户充分认知数字化带来的业务价值，甚至形成关键的"钩子"留住客户，让客户持续续约；对外赋能是在自身数字化能力建立起来的前提下，形成上下游生态，让更多需求方、供给方都可以在平台生态上赋能行业，从而带来更宽广的业务价值。

做完规划以后，我送给公司管理层、各事业部负责人每人一本书，那本书是讲华为作为一个类似多业务线的ToB企业，如何一步一步完成数字化转型的。我想告诉大家的是，其实像供应链这样比较传统的业务，数字化转型升级也需要经历类似华为那样从上到下，从组织到思维，到系统，再到管理运营的变化。然而，很多业务端的同事告诉我，他们只读了第一章，就很难读下去了。因此，从那时起，我就萌生了写一本能让业务人员和综合管理人员也看得懂的数字化书籍的想法。

在顺丰供应链负责数字化转型的过程中，我发现我总是在关键环节能用到以往沉淀下来的经验。例如，在做第一步看清自己的时候，我用到了以前帮各公司建立经营分析体系的五步洞察法；在做第二步提升运营的时候，无论是一开始做财务的应收加速闭环，还是后来做日常运营警报，都用到了 20 年前在 Vigilance 公司做 SCEM 里的核心工具；在第三步设计黏住客户的时候，我们做了仓易顺这样的 SaaS 产品，以优化库效和货效，让客户直接感受到价值实现。基于价值提升的 BVA 和 PlayBook 工具集，也是 RSi 作为 SaaS 公司服务客户长期沉淀下来的黏住客户、让客户保持高续约率的数字化手段。

为了让实例更具体，我特别邀请了两位和我在不同时期共事过的同事李亮和吴承峰一起参与撰写本书。他们将从客户的角度出发，深入浅出地把企业数字化的不同方面讲清楚。

有读者可能会好奇，经历了企业数字化进程的四个阶段之后，下一阶段数字化转型的核心是什么呢？有人说是元宇宙，有人说是去中心化体系，甚至有人说是去公司化的数字化企业分工运行。其实这些都有可能，但从我个人经验来看，我倾向于下一阶段的数字化驱动的企业能够实现自行"思考"，也就是真正的智能驱动的数字化。

我最近关注到一个传统的供应商应付领域的新产品，一方面基于长期积累的成熟的 OCR（光学字符识别）算法，另一方面基于大量的结构化表单数据，让机器学习的算法可以有机会相对准确地做表单甚至解析合同条款内容，并把结果反映到供应商应付账单自动化上，也就是正在突飞猛进发展的 APIA（Accounts Payable Invoice Automation，应付票据自动化）。供应商付款自动化领域，通过围绕订单、发票和业务确认单的识别、归类和汇集，完成付款流程自动化。这种会"思考"的应用会颠覆传统的应付系统。下一代数字化转型进程是否会带着这种自我智能的标签？让我们拭目以待吧。也许您读完本书以后，心里也会有一个答案。

大 伟

2022 年 6 月 12 日

前言

时代的机遇永远留给锐意进取的人,数字化时代下的机遇更是如此。企业选择进行数字化转型,不仅顺应了时代,更是勇于抓住机遇,目的是使企业能够在竞争愈加激烈的市场中脱颖而出,成为数字经济发展受益者。

相关数据显示,全球 1000 强企业中 2/3 以上、中国 1000 强企业中 1/2 以上的企业都将数字化转型作为企业的核心战略。对于传统企业而言,数字化转型已经成为企业实现持续发展的首选路径。在数字经济时代,谁的数字化水平高,谁就能跟上时代潮流,甚至反过来影响时代发展,实现企业的基业长青。

大型企业进行数字化转型更多是顺势而为,它们拥有先进的技术与雄厚的资金,同时吸纳了众多人才。这些丰富的资源足以支撑它们走完数字化转型的漫长进程。而对于中小型企业而言,选择数字化转型是经过深思熟虑的。由于没有丰富的资源,很多中小型企业会被漫长的转型进程拖垮。因此,企业领导者不仅要从宏观角度出发,制定合理的数字化战略,还要从微观角度分解战略,将其逐一落实。企业数字化转型并非领导者一个人的"战斗",企业内部要众志成城、万众一心,携手共克难关。

例如,某民营制造业的领导者制定了一套企业数字化转型战略。他购入了大批量的数字化设备,想要升级生产线。但由于缺少能够使用这些设备的员工,企业的生产效率并没有得到提升。于是企业招聘了一批数字化人才,引入了 MES(生产执行系统)、SRM(供应商关系管理)信息系统等系统,将业务流程各个环节的数据都收集起来,生成可视化数据报表。此举减少了企业业务流程的中间环节，同时大大降低了投入成本，提高了企业的生产效率。由此可见，企业要想顺利推进数字化转型，只凭借一个人或一个部门的力量是远远不够的。

由此可见，企业领导者不仅要意识到数字化转型的重要性，更要将其落到实处。此外，企业领导者还要精准把握数字化时代的特征，通过产业组织协同合作，推动跨行业、跨领域的数据统筹与整合，实现企业的数字化转型。

本书不仅从宏观角度对数字化转型进行了探讨，更从业务部门等独特微观视角出发，全面阐述企业数字化转型。书中引入许多经典案例，希望能够帮助读者更好地理解数字化转型，将理论应用到实践中。

目　录

上篇　数字化转型势不可挡

第 1 章　顺势：数字化时代已经到来 002

- 1.1 数字经济成为引领经济发展的新引擎 002
  - 1.1.1 数字经济与实体经济的关系 003
  - 1.1.2 数字经济是经济发展新引擎 003
  - 1.1.3 信息技术赋能数字经济 004
- 1.2 数字化时代的变革 005
  - 1.2.1 疫情之下，数字化加快发展进程 005
  - 1.2.2 数字化时代颠覆消费者的需求 006
  - 1.2.3 社区电商与社交电商的崛起 007
- 1.3 破解数字化焦虑的方法 008
  - 1.3.1 厘清数字化与信息化的关系 008
  - 1.3.2 评估数字化水平：四阶段方法 009
  - 1.3.3 数字化转型的关键方法论及工具 010
  - 1.3.4 评估企业数字化转型的风险 012
- 1.4 抓住数字化转型的机遇 013
  - 1.4.1 企业数字化转型的意义 013

1.4.2　警惕数字化转型的 3 个陷阱 …………………………………… 014
　　1.4.3　数字化转型：产业组织协同合作 ………………………………… 015

第 2 章　布局：各方积极进行数字化转型 …………………………… 017

2.1　我国数字化转型的布局 ……………………………………………… 018
　　2.1.1　政策支持 ……………………………………………………… 018
　　2.1.2　一体化推进 …………………………………………………… 019
　　2.1.3　营造有利环境 ………………………………………………… 020

2.2　各领域的数字化尝试 ………………………………………………… 021
　　2.2.1　制造领域：生产智能化 ……………………………………… 021
　　2.2.2　零售领域：快速响应市场 …………………………………… 022
　　2.2.3　电子领域：自动化、无人化 ………………………………… 024
　　2.2.4　互联网金融领域的数字化革新 ……………………………… 025

2.3　企业如何布局数字化转型 …………………………………………… 026
　　2.3.1　传统企业面临的三重竞争 …………………………………… 026
　　2.3.2　布局关键点：把握数字化转型的本质 ……………………… 028
　　2.3.3　变身数字化企业 ……………………………………………… 031
　　2.3.4　数字化转型战略的实例 ……………………………………… 034

第 3 章　借力：数字化转型需要技术支持 …………………………… 036

3.1　大数据：帮助企业形成前瞻性视角 ………………………………… 036
　　3.1.1　大数据的商业化应用 ………………………………………… 037
　　3.1.2　企业如何发挥大数据的价值 ………………………………… 038
　　3.1.3　数据的存储与管理 …………………………………………… 039

3.2　人工智能：企业无人化的助推力 …………………………………… 041
　　3.2.1　认识人工智能：发展阶段+分类 …………………………… 041

		3.2.2 人工智能的应用场景	045
		3.2.3 智能时代将企业推向何方	046
	3.3	云计算：企业上云，实现"减负"	048
		3.3.1 云计算大有可为	048
		3.3.2 业务上云势不可挡	049
		3.3.3 通过云平台实现传统零售数字化实例：良品铺子	051
	3.4	物联网：协同作战的好帮手	052
		3.4.1 万物互联才刚刚开始	052
		3.4.2 物联网平台：实现资源最优配置	053
	3.5	区块链：提升各环节的信任力	055
		3.5.1 区块链本质：分布式账本	055
		3.5.2 打造去中心化信任体系	057
		3.5.3 区块链协助构建供应链生态网络	058

第 4 章　规划：数字化转型战略及指导框架　059

4.1	数字化转型从战略思维开始	059
	4.1.1 梳理三到五年的数字化战略	059
	4.1.2 各部门联动转型	061
	4.1.3 互联网企业模式不是灵丹妙药	062
	4.1.4 通过深挖数据资产，找到新增长点：中国石化	063
4.2	生态合作实现强强联合	064
	4.2.1 开放共享的智能生态	064
	4.2.2 引入战略合作伙伴，共享共建	066
	4.2.3 开放性平台打造健康生态圈：美年大健康	067
4.3	工作重心：提升数字化能力	068
	4.3.1 企业数字化能力建设	068

  4.3.2 数字化能力：赋能、优化、转型 ………………………………… 069
 4.4 建立数字化转型团队 …………………………………………………… 071
  4.4.1 董事会：依据业务特性判断转型目标 …………………………… 071
  4.4.2 CEO：协调各方资源促进转型 …………………………………… 072
  4.4.3 建设数字化人才管理系统 ………………………………………… 073

第 5 章　落地：数字化治理体系及落地战术 ……………………………… 075

 5.1 数字化治理体系 ………………………………………………………… 075
  5.1.1 数字化治理体系设计 ……………………………………………… 075
  5.1.2 数字化应用的三大支撑条件 ……………………………………… 077
 5.2 数字化应用的八大关键战术 …………………………………………… 080
  5.2.1 从上到下与从下到上 ……………………………………………… 080
  5.2.2 由点到面 …………………………………………………………… 081
  5.2.3 由内到外 …………………………………………………………… 082
  5.2.4 从现有到创造 ……………………………………………………… 082
  5.2.5 共享共赢 …………………………………………………………… 082
  5.2.6 跨部门与模块 ……………………………………………………… 083
  5.2.7 测量 ………………………………………………………………… 083
  5.2.8 生命周期管理 ……………………………………………………… 084
 5.3 数字化应用执行路线图 ………………………………………………… 084
  5.3.1 准备阶段 …………………………………………………………… 085
  5.3.2 实施阶段 …………………………………………………………… 088
  5.3.3 回顾与推广阶段 …………………………………………………… 093
 5.4 数字化应用过程中的数据管理 ………………………………………… 093
  5.4.1 数据质量 …………………………………………………………… 094
  5.4.2 数据安全与隐私保护 ……………………………………………… 095

第 6 章 升维：按下数字化转型的"快捷键" ········ 096

6.1 转型的高级形态：产业互联网 ········ 096
- 6.1.1 理论基础：什么是产业互联网 ········ 096
- 6.1.2 新时代的生产力革命 ········ 097
- 6.1.3 搭建产业互联网 ········ 098

6.2 转型的利器：中台 ········ 099
- 6.2.1 什么是中台 ········ 100
- 6.2.2 三种中台架构 ········ 102
- 6.2.3 建设中台的注意事项 ········ 105
- 6.2.4 数字化营销中台搭建：恺士佳 ········ 106

6.3 实战指南：数字化转型的升维策略 ········ 109
- 6.3.1 产业互联网数字化升级：影子科技 ········ 109
- 6.3.2 通过数字中台加速企业迭代升级：爱驰汽车 ········ 110

下篇　数字化转型落地方案

第 7 章 商业模式的数字化转型 ········ 113

7.1 简化盈利模式 ········ 113
- 7.1.1 扩大盈利空间 ········ 113
- 7.1.2 聚焦股东利益与用户价值 ········ 115
- 7.1.3 合伙人机制的数字化：步步高 ········ 116
- 7.1.4 轻资产运营，提升周转效率 ········ 121

7.2 重组商业模式 ········ 122
- 7.2.1 摆脱企业对流量的依赖 ········ 122

        7.2.2 IP 商业化：唤醒用户的认同感 123
        7.2.3 数字原生的商业模式 124
    7.3 完善业务体系 125
        7.3.1 关注核心业务 125
        7.3.2 三步优化业务结构 126

第 8 章 组织管理的数字化转型 128

    8.1 数字化带来的组织变革 128
        8.1.1 组织如何可持续变革 128
        8.1.2 价值驱动决策 130
        8.1.3 从传统企业到生态型孵化平台：海尔 131
    8.2 文化创新：由控制走向赋能 133
        8.2.1 愿景与业务相关 133
        8.2.2 用 OKR 管理新生代 134
        8.2.3 开放协作，业务与技术积极联动 136
        8.2.4 鼓励数字化创新的企业文化：奈飞 137
    8.3 跳出"格子间"限制，优化办公体验 139
        8.3.1 敏捷的 ICT 基础设施 139
        8.3.2 引进现代化的沟通与协作工具 140
        8.3.3 智能终端让办公空间可移动 142
    8.4 优化差旅模式，降本增效 143
        8.4.1 寄存账户：记录员工出差数据 143
        8.4.2 简化报销流程：自动化、无纸化 144

第 9 章 采购的数字化转型 145

    9.1 采购 3.0 时代来临 145

目 录

  9.1.1 数字化思维下的新型采购方案 ·········· 145
  9.1.2 做数字化采购前，先考虑 3 个问题 ·········· 146
 9.2 新型采购模式 ·········· 148
  9.2.1 共享采购：资源的社会化交换 ·········· 148
  9.2.2 集中采购：将职能进一步细分 ·········· 149
  9.2.3 数字化采购降本增效实例：西域供应链 ·········· 149
 9.3 采购流程数字化 ·········· 151
  9.3.1 重新定义采购职能 ·········· 151
  9.3.2 数据支撑采购决策 ·········· 152
  9.3.3 FMEA：降低采购风险 ·········· 153
  9.3.4 案例分析：基于数据模拟的运输供应商招标采购平台 ·········· 154

第 10 章 财务的数字化转型 ·········· 162

 10.1 未来已来，财务必须走向数字化 ·········· 162
  10.1.1 财务为什么要实行数字化转型 ·········· 162
  10.1.2 财务数字化的困扰 ·········· 163
 10.2 共享思维成就财务数字化 ·········· 164
  10.2.1 财务共享模式 ·········· 165
  10.2.2 财务共享平台 ·········· 166
  10.2.3 构建财务模型 ·········· 168
  10.2.4 案例分析：共享型中台数字员工，提升回款及时率 ·········· 170
 10.3 税务数字化，提升财税管理透明度 ·········· 173
  10.3.1 无纸化入账 ·········· 173
  10.3.2 数字化税金管理模式 ·········· 174
  10.3.3 必备工具：OCR 扫描与电子发票 ·········· 175
  10.3.4 通过无纸化手段实现付款流程自动化实例：TextPro ·········· 176

第 11 章 供应链的数字化转型 178

11.1 企业供应链的现有问题 178
11.1.1 市场加速变化导致不确定性增加 178
11.1.2 预测与响应的灵敏度不高 180

11.2 如何打造数字化供应链 182
11.2.1 智能补货 182
11.2.2 动态运输 183
11.2.3 高效协同 184

11.3 实战指南：打造数字化供应链的经验 185
11.3.1 围绕用户建立数字化供应链：华为 185
11.3.2 打造数字化供应链：易流 187

第 12 章 运营的数字化转型 195

12.1 新产品路径，全面提升竞争力 195
12.1.1 以用户需求为核心设计产品 195
12.1.2 波士顿矩阵：调整产品布局 196

12.2 新生产运营模式，做行业的颠覆者 199
12.2.1 全面智能化的未来工厂 199
12.2.2 新生产模式为何领先 200
12.2.3 生产运营数字化实例：犀牛工厂 202

12.3 新零售策略，重新认识用户和市场 203
12.3.1 自动化滞销处理 203
12.3.2 拥抱技术，提升用户体验 204
12.3.3 无人零售：传统行业的未来 206

12.4 新营销玩法，占据行业优势地位 207
12.4.1 全触点营销思维 207

12.4.2　移动营销如何实现 208
　　　12.4.3　线下门店数字化客户运营改造：麦当劳 210
　12.5　新仓储运营，数据驱动的效率优化 210
　　　12.5.1　仓储运营的定制化属性 211
　　　12.5.2　伴侣式的数字化智能助手：仓易顺 212

第13章　C端的数字化转型 216

　13.1　开辟新渠道 216
　　　13.1.1　前端渠道：精准、快速触达用户 216
　　　13.1.2　内容渠道：深度影响用户 218
　　　13.1.3　建立泛渠道：提升用户覆盖率 219
　13.2　优化服务 220
　　　13.2.1　精准识别用户身份 221
　　　13.2.2　建立会员体系，挖掘用户价值 222
　　　13.2.3　智能化售后，提升服务品质 223
　13.3　实战指南：C端企业的数字化转型经验 225
　　　13.3.1　渠道整合数字化：奈斯派索 225
　　　13.3.2　线上线下打通的数字化：7Fresh 226

后记　对比ToB和ToC数字化 227

上篇

数字化转型势不可挡

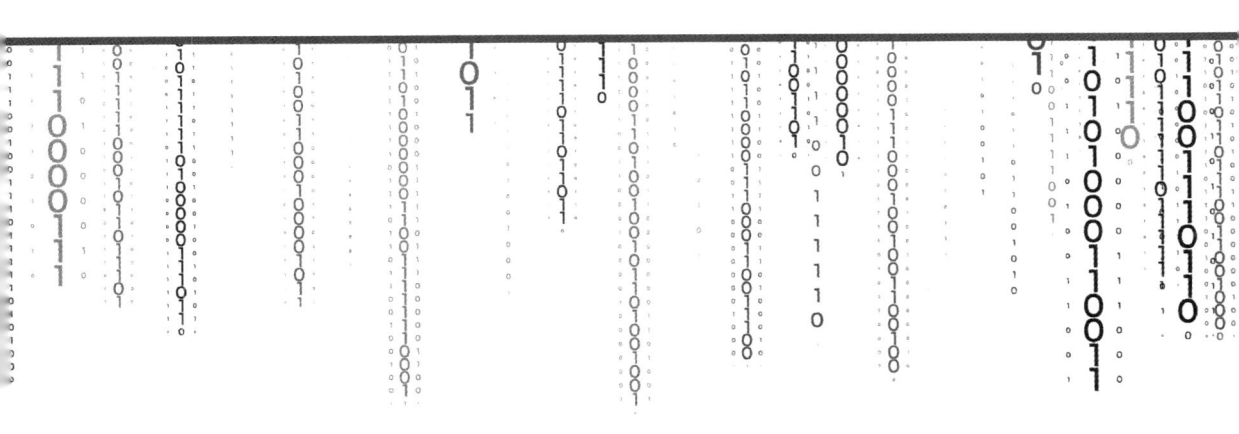

第 1 章

顺势：数字化时代已经到来

当今时代是数字化的时代，各行各业都在紧跟数字化产业链的步伐。由实体经济与现代化数字技术孕育而成的数字经济成为经济发展的新引擎。企业只有顺势而为，积极进行数字化转型，才能够在时代的浪潮中乘风破浪，一往无前。数字化转型伴随着机遇，也对企业提出了新的挑战：企业究竟该如何正确理解并实施数字化转型战略，才能够抓住数字化转型的核心价值？这也是数字化时代对企业提出的全新考验。

1.1 数字经济成为引领经济发展的新引擎

随着科技的进步，以及移动互联网的普及，原本横亘在数字经济发展中的"数字鸿沟"在不断缩小，数字经济开始实现蓬勃发展。"互联网+"技术与产业的不断加速融合，使得数字经济已经成为引领经济发展的新引擎。在未来，数字经济还将为人们的生活带来更多便利。

1.1.1 数字经济与实体经济的关系

从人类社会出现经济行为开始,实体经济便一直存在,并且有可能会永远存在下去。实体经济是人类通过思想与工具所创造出来的经济,它包括人类社会中物质与精神层面的产品与服务的生产、销售等经济行为,涵盖了各行各业,例如商业、农业、服务业等。可以说,实体经济是人类社会赖以生存和发展的基础。

随着时代的发展,互联网技术的成熟为实体经济带来了巨大的改变,而与互联网密切相关的数字经济也成为各个行业关注的重点。

很多人认为数字经济是实体经济的对立面,实则不然。数字经济是一个经济系统,它的本质是信息化与数字化,它也是实体经济的一个重要组成部分。

根据国家统计局发布的《数字经济及其核心产业统计分类(2021)》(以下简称《数字经济分类》)中的定义,数字经济的三要素是数据资源、现代信息网络和信息通信技术。互联网、大数据和自动化等科学技术并不是数字经济的要素,只有将它们与实体经济进行深度融合,使这些数字化技术在经济发展中起到赋能作用,才是真正的数字经济。例如工厂生产线的自动化、在线教育、远程医疗等都属于数字经济的一部分,但它们同时也离不开实体经济。

数字经济不会取代实体经济,它们之间并不是竞争关系,而是互相融合的关系。例如互联网技术帮助工厂打通上、下游的原料供应与产品销售渠道,实现线上、线下信息同步一体化,帮助工厂实现降本增效。除此之外,这二者的融合也将为人们的生活带来更加多样化的改变。

1.1.2 数字经济是经济发展新引擎

据相关统计,目前我国数字经济产值已占到 GDP 总值的 30%以上,约有两亿人从事数字经济相关产业的工作。数字经济已经成为吸纳人口就业、驱动经济发展的新引擎。

目前我国工业发展已经基本成熟,经济增长速度正在日趋放缓,而这势必为各个行业带来较大的影响。日益同质化的产品与服务已经不再充分满足广大人民群众的多元需求,企业迫切需要进行数字化转型,实现由部分到整体的产业升级。

数字经济能够促进各个行业的产业结构升级,以数据资源为基础、现代信息网络为载体、信息通信技术为方法,从研发到生产再到销售,实现全方位、全流程的数字化升级,实现企业的数字化转型。而伴随企业数字化转型而来的数字经济能够有效拓展实体经济的边界,释放各个产业中蕴藏的潜能,开辟经济发展新空间。

同时,数字经济对于推动经济的高质量发展也具有重要的战略意义。数字经济能够减少产业链的中间环节,有效提高企业的生产效率,提升企业的效益,让消费者以更低廉的价格购买到更优质的产品。

在当前的经济形势下,数字经济的大力发展无疑是一次巨大的突破。数字经济肩负引领经济发展的重要使命,能够推动经济发展的重大变革,促进全球经济高速发展。

1.1.3 信息技术赋能数字经济

数字经济已经成为我国经济发展的新引擎。发展数字经济是促进经济转型升级的必然趋势,信息技术则是数字经济能量的核心来源。

信息技术种类繁多,例如物联网、大数据、区块链等新兴技术都属于信息技术的范畴。而根据《数字经济分类》中的定义,信息技术是数字经济三要素之一。没有信息技术,也就无法建立数字化与实体经济之间的联系。

依托于先进的信息技术,人工智能、无人驾驶、智慧医疗等领域的技术创新层出不穷。新的技术体系造就的产业正在加速建立一个崭新的数字经济体系。而经济竞争的焦点也从普通的产品与服务的价格战转变为产品体系和生态体系的竞争。

随着信息技术的不断发展,产业逐渐网络化,实体经济与数字经济不断融合,最终形成线上、线下一体化的经济体系。在全球范围内,信息技术领域的产品与服务形态一直在不断地迭代创新，每一个阶段的信息技术都将为相应阶段的数字经济赋能，数字经济产业的发展脉络日渐清晰。

1.2 数字化时代的变革

数字化时代的出现并非偶然，而是时代发展的必然。发展一定会带来市场的变化。经济进入存量时代后，企业的竞争越发激烈，而此时数字化转型成为各行各业企业的优先选择。企业的数字化转型在某种程度上也反向促进了数字化时代的变革。

1.2.1 疫情之下，数字化加快发展进程

2020 年年初，新冠肺炎疫情暴发，全球经济发展陷入停滞状态。《2021 年中国数字经济发展形势报告》显示："我国数字经济持续保持强劲发展韧性。2021 年上半年，电子信息制造、软件和信息技术服务业等多个数字经济核心产业增速超过 20%，新能源汽车、工业机器人、集成电路等重要产品产量增速超过 40%，电子及通信设备制造、电子商务服务等重要领域投资增长超 20%，数字产业引领发展势能充分彰显。"

在新冠肺炎疫情期间，人们充分意识到了信息数据是当代基础建设的核心。云服务几乎无处不在，远程医疗、在线办公、线上教育等领域得到了充分的发展。人工智能、大数据等信息技术也大显身手，从某地区人口的健康监测，到全球联网的疫情形势分析，再到机器人配送外卖、红外线人体温度自动感应仪器等，这些都刷新了人们对数字化时代的认知。原本被预言 30~50 年才可能完成的数字化进程，如今可能只需要 20 年。

在疫情防控常态化的背景下，数字化的优势进一步凸显。例如基于大数据等信息技术的防疫健康码等小程序，对防控疫情、实时监测人员健康状况与行动轨

迹起到了重要作用。而根据我国国家统计局发布的相关数据，疫情防控期间，各类商品的网上销售额都呈现同比增长的趋势。这说明在疫情防控期间，数字经济发展进入加速期，数字化时代发展进程也在不断加快。

1.2.2 数字化时代颠覆消费者的需求

由于数字经济的蓬勃发展，数字化时代中的消费者正在经历消费升级。他们的需求有了质的改变，具体表现在消费理念与消费行为两方面。

（1）消费理念

消费者对于产品与服务的品质与创新性有了更高的需求。他们更青睐于健康、环保、个性化的产品与服务。例如，越来越多的果农加入水果行业数字化转型的进程。在种植环节，果农会精心选育甜度、颜色等方面出色的品种，占据市场优势。在销售环节，果农会通过时下最流行的自媒体平台直播带货，或通过网店拓宽水果的销售渠道。在物流环节，智能物流的运输模式可以最大限度地保证水果的品质。因此，数字化时代满足了人们对于水果品质的需求。

此外，消费者还更加关注精神方面的需求，重视心理健康，乐于享受娱乐服务。相关产业衍生出了许多线上心理学课程和小众化娱乐产品。例如，壹心理在线上心理服务平台、心理电台、在线心理咨询等渠道的快速流行，都是消费者消费需求转变的证明。

（2）消费行为

消费者更愿意为能够提升生活质量的产品买单。数字化时代也让消费者富裕了起来，人们对很多中高端的非必需产品的需求增长尤为明显，例如保健品、珠宝首饰等。很多受益于数字经济发展的新中产人群偏爱轻奢消费，他们对珠宝黄金、智能家居、付费游戏、个人提升等方面都很感兴趣，更乐意为"科技""娱乐""品牌""自我提升"等需求支付更高价格。

1.2.3 社区电商与社交电商的崛起

互联网时代的红利已被消耗殆尽，互联网电商巨头，例如，阿里巴巴、京东等，已经将电商市场的份额瓜分得所剩无几。电商巨头为拥有更多资源的大品牌提供了更大的流量舞台与销售渠道。据相关报道，淘宝的获客成本已达200元/人。

那么，对于无力负担如此高额的获客成本的中小品牌以及个人商家来说，他们只能苦苦坚守吗？答案是否定的。社区电商与社交电商的异军突起，让电商相关从业者和消费者都看到了新的可能。

例如，湖南省长沙市某个社区内的一家杂货店就加入了当地的社区电商群。据店主介绍，通过安装掌上供App，消费者就能够在家下单，商家可以及时配送。相比京东、淘宝等App，这种近距离电商的产品与服务更加有保障，也更加及时。他们有严格的审核流程，消费者可以随时来线下实体店查看。同时，商家将商品送货上门，消费者能够现场付款，支付更加安全可靠。

2022年春天，上海新冠肺炎疫情较为严重。疫情给人们的生活带来的其中一个最大的改变就是每个小区都自发出现了"团长"，这些"团长"帮助大家用快团团等数字化工具购买生活用品。只需要在微信小程序里进行一些简单的设置，没有任何IT技术基础的家庭主妇们，也可以开个团，帮助社区居民购买生活必需品。即使疫情好转，小区解封后，人们还在继续使用这种便捷的工具，只不过团购品从生活必需品，变为更加精选的商品，比如刚上市的8424西瓜、南汇水蜜桃等，团购品甚至可以是孩子们的暑假课程。这种团购模式既帮助人们省了钱，解决了人们挑选商品时选择困难的问题，也更好地帮助商家获得了批量的客户。

相较于距离与品质占优势的社群电商，依托于微信、抖音等社交App的社交电商则更依赖用户。用户通过朋友圈等社交渠道为商家带来新的用户，在短时间内迅速实现用户裂变，投入低、用户黏性高，是新零售行业最为常见的一种获客模式。例如，拼多多就是社交游戏电商的代表，通过用户玩游戏做任务来促进其购买，拼多多能够基于此不断扩大自有的流量池，实现流量变现。

社区电商与社交电商的崛起，证明了数字化时代下的数字经济拥有多种可能。这些可能也会引起数字化时代的巨大变革。

1.3 破解数字化焦虑的方法

数字化时代不仅带来了机遇，还带来了挑战。很多企业领导者在面对数字化时代所带来的变化时都会产生焦虑情绪。本节主要讲述在数字化时代，企业应如何破解数字化焦虑。

1.3.1 厘清数字化与信息化的关系

信息化是通过信息系统将企业的生产过程、资金流动和客户交易等业务流程，进行加工并生成新的信息资源。信息化的主要作用在于整理企业日常业务的信息记录，并以此记录来制订提高工作效率的计划。数字化的基础是大量信息化的数据，它主要应用于企业的运营与管理中，以优化运营与管理模式，提高企业的效益。因此，信息化数字化的必经之路，做好企业数字化规划也离不开搭建IT架构。

信息化与数字化的区别主要体现在企业建设基点、构成要素与建设生产控制信息链的途径方面。

（1）建设基点

信息化企业依托先进的发展经验，采用信息化设备和系统对企业进行基点升级建设；数字化企业在信息化设备和系统的基础上对其赋能，建设数字化的基点。

（2）构成要素

信息化企业的构成要素主要包括信息管理系统与信息化管理理论；数字化企业的构成要素主要包括数字化生产管理系统与数字技术理论。

（3）建设生产控制信息链的途径

信息化企业强调生产控制信息链的一体化连接，例如采购、生产、销售流程的一体化；数字化企业强调大数据对采购、生产、销售流程的数字化赋能，加快其运转速度，提高生产效能。

总而言之，信息化为企业发展提供参考，它由业务指向数据；数字化则为企业发展提供决策指导，它由数据指向业务。

1.3.2 评估数字化水平：四阶段方法

国内外有不少数字化成熟度的评估方法，比如麦肯锡的数商测试、IDC 的数字化成熟度模型、麻省理工学院和凯捷的数字化成熟度模型、SAP 的数字能力框架等。我根据多年深耕于企业数字化转型的实战经验，建立了一套更轻量级，并且切实可行的数字化水平评估框架，如图 1-1 所示。

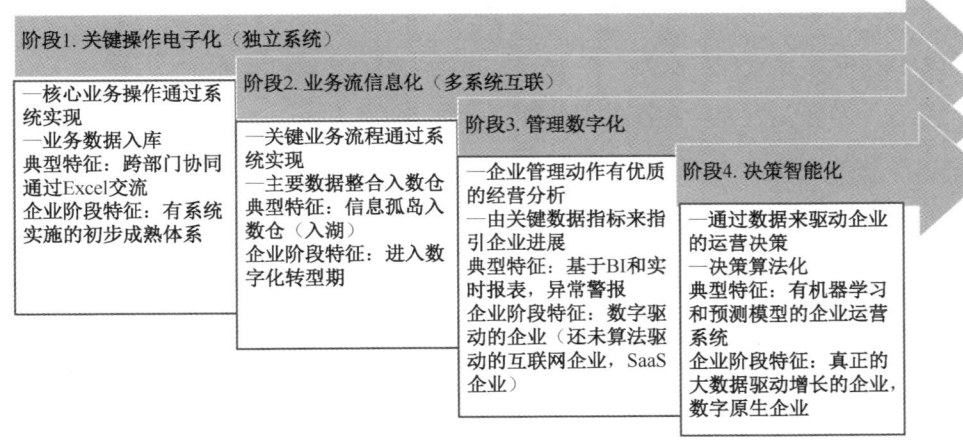

图 1-1 数字化水平评估框架

数字化的基础是信息化，信息化不是跟数字化无关，也不是和数字化对立，而是数字化的第一个阶段，即"关键操作电子化"。无论一家企业的业务类型是什么，如果其核心的业务环节，以及相关的职能支持，都有对应的电子化、信息化的系统，那么这个企业的数字化水平就达到了第一个阶段。如果某些核心业务仍然需要在线下作业,那么就需要先补齐短板,实现关键业务场景的在线化。

这一阶段的典型的特征是:业务场景内部有系统,但是分析决策以及跨系统、跨场景的信息交流,就只能靠大量的 Excel 表格来实现。

数字化的第二个阶段是"业务流信息化"。在这个阶段,企业内部开始通过数据底盘、数据中台等方式,将不同业务场景、不同系统的数据,以资产的形式,统一进行整合和管理。这个阶段是数字化转型的关键。数字化转型的关键是数据,数据是企业的资产,就像人才和资金一样。只有先将企业内外部相关的数据资产进行集中整理和使用,企业才真正意义上开始进行数字化转型。否则,即使企业在一些业务环节中,使用了诸如 AI、大数据等先进技术,也只能算停留在信息化的初始阶段而已。

第三个阶段叫作"管理数字化",也就是企业基于第二阶段搭建的数据资产平台。在这一阶段,企业已经可以通过数据了解运营和经营状况,并且通过数据分析、BI(Business Intelligence,商业智能)等方式搭建端到端的可视化分析体系。通过数据分析,企业能够找到一些业务上的显著的异常或瓶颈。

第四个阶段是数字化程度更高的阶段:决策智能化。决策智能化是将智能化的算法直接应用到数据资产平台上,基于历史数据或者流式业务数据,实现业务异常的自动发现,瓶颈问题的优化模拟,以及基于历史和现状对未来的预测和建议。在这一阶段,企业可以通过数字化产品将数据中发掘出来的价值转化为可执行的行动方案,并自动推送到一线的系统及流程中,实现优化闭环。到这一步,企业就真正建立了以数据为驱动的闭环业务进化体系。

1.3.3 数字化转型的关键方法论及工具

对数字化水平评估之后,企业可能会发现,不同业务板块的数字化程度并不相同,可能有些板块已经进入第二阶段,但是其他板块还停留在第一阶段。无论业务处在哪个阶段,企业都可以使用一套系统化的优化思路来对其进行提升,如图 1-2 所示。

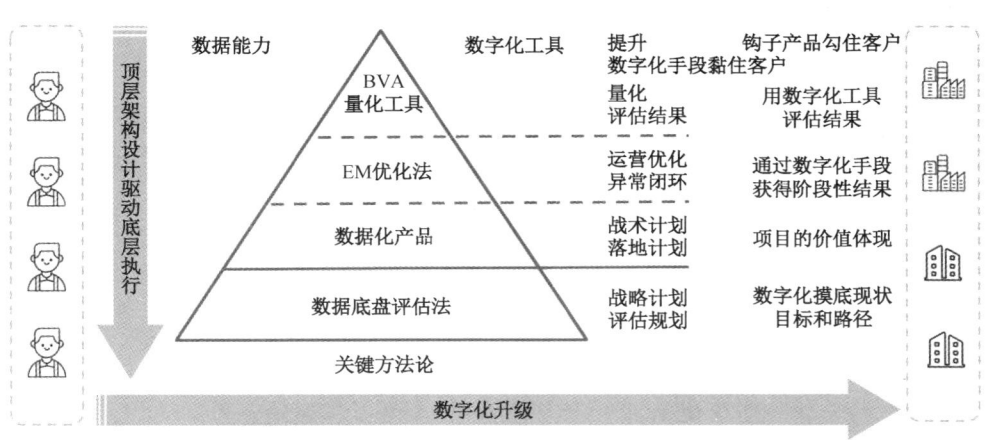

图 1-2 数字化升级的优化思路

上图为完整的数字化升级方法及工具。数字化升级分为 4 个步骤。

（1）数据底盘评估

数字化升级的 4 个步骤是相对宏观的概括性结论。在实际进行数字化转型落地的时候，第一步是要全面地对企业的完整业务流程进行梳理。具体的梳理步骤如下：首先，将企业的整体业务分成多个板块，例如营销、研发、生产、销售、物流、服务等。其次，针对每个领域，从业务场景，到业务流程，明确执行业务流的责任部门，以及在流程运营过程中使用的相关系统。了解了系统之后，看该系统都管理哪些重要的数据资产，包括主数据和业务数据。最后，再看该业务的运营是如何管理和优化的，比如常用的管理报告有哪些指标，数据是通过什么方式获取和计算的。

通过这种方式，可以对企业的每一个业务板块进行系统化的梳理。

（2）数据化产品落地

企业梳理业务流程的目的有两个：一是发现一些明显缺失信息化支撑的业务环节，对于这样的业务环节，企业需要设计合适的业务系统或工具，实现业务的线上化；二是清楚地了解现有的数据资产及业务痛点，启动数据底盘相关的项目，将最核心的业务数据，实现从业务系统向数据底盘的同步。在有了统一的数据基础之后，企业就可以设计和开发一些数字化的产品，来解决对应的业务痛点，从而将数据转化为业务价值。

（3）基于底盘数据的异常管理优化

企业战略确定之后，运营主要就是对异常的管理了。当企业建立了数据资产底盘，可以通过数据看清业务的内部效率和外部客户连接。接下来要做的，就是通过数据分析、规则引擎等方式，将业务执行中的偏差，自动识别出来并推到一线去优化提升。

（4）数字化价值量化工具 BVA（Business Value Assessment）

企业进行数字化转型是为了通过数据来提升业务运营或决策效率。企业要以业务价值为导向，将数字化的建设与直接的价值评估和创造结合起来。否则，不仅浪费了投入的成本，还不会带来任何的收益。例如，现在很多企业都想要搭建数据中台。从本质上讲，数据中台就是企业的数据资产底盘。但是，只搭建中台和底盘，不能给企业带来任何直接的好处。搭建数据中台不是目的，企业必须从数字化的角度出发，把底盘建设和企业更具象的、与业务更相关的诉求相结合。

即使是搭建底盘，企业也不要"胡子眉毛一把抓"，而是应该结合企业最初设定的目标。例如，优化企业的销售商机转化率是具体的业务目标，那么，结合这个业务目标，企业可以先整理商务领域的各种数据。无论是优化流程、升级 CRM（客户关系管理系统），还是自研新的数据产品，其结果最终都要反映在提升商机转化率上。

1.3.4 评估企业数字化转型的风险

数字化虽然可以为企业带来众多好处，例如降低成本、提高效益等，但它同时也会为企业带来一定的风险。有时候，这些风险对于中小型企业来说是致命的。企业可以通过对风险进行评估来制定合理的转型策略。

（1）数据安全

数字化的基础是信息数据，如果想顺利收集并分析、使用数据，那么，企业就要建立严格的数据安全制度，从制度、设备等方面全方位保护数据信息的安全。

（2）技术的复杂性和投入

信息数据资源虽然是虚拟的，但这不意味着它是免费的。数字化转型并非一朝一夕能够完成，企业数字化转型需要消耗很多资源。因此，企业要严谨地评估数字化技术的复杂程度和资源的投入程度，避免超负荷改革。

（3）人才资源的稀缺

企业要学会识别数字化人才。不是会使用数字化设备的员工就是数字化人才。数字化人才需要具备3个特点：具有数字信息素养和数字化思维；具有软件操作能力，能够进行数字度敏感分析；将数字化思维运用在工作中。

（4）思维的转变

企业的领导者与管理层要从思想上转变对数字化转型的态度。他们的思维决定着企业转型的走向。

（5）客户不理解

企业进行数字化转型，不仅要看员工是否接受，更要看企业的客户是否接受。企业要给不理解数字化转型必要性的客户进行数据分析和阐释，让他们接受新技术、新产品与新服务。

1.4 抓住数字化转型的机遇

对于企业来说，数字化转型是在不断变化的市场中能够获得的一个更好的发展机遇。作为数字经济中的底层基础、数字化时代中产业升级的微观主体，企业能否抓住数字化转型的机遇，是其能否重塑市场竞争力的关键。

1.4.1 企业数字化转型的意义

数字化转型是以数字化转换与数字化升级为基础，触及企业的核心业务，借助数字技术，实现全方位的产业结构升级，构建全新的商业模式。因此，数字化转型也被看作一种高层次的转型。

企业进行数字化转型，既是顺势而为，顺应数字化时代的召唤，又是主动选择，期望能够通过数字化转型获得更强的竞争力，在数字经济市场中脱颖而出。

数字化转型是数字经济的基础与建设核心。数字经济能否成为新时代经济发展的新引擎，和企业是否能实现数字化转型息息相关。只有企业大力推进数字化转型，才有机会打造坚实的数字经济底层基础。数字化转型是引领企业未来的一盏明灯。

以制造业企业为例。传统制造业企业的产业结构为链条型，其第1环为战略决策，第2环为产品设计研发，第3环为产品生产，第4环为产品销售。而在数字化转型之后，其产业结构呈金字塔型，其顶层为智能决策，强调决策模式的创新；第2层为智能设计、生产，强调产品的个性化创新；第3层为智能物流与销售，强调运营模式的创新；第4层为数据整合与分析，是整个金字塔结构的基础与支撑。

这些层次分别对应了数字化转型的领导力转型、生产与资源转型、用户服务转型与信息数据转型。这些转型促使制造业企业的产业结构不断升级，最终形成一个新的商业模式，使之互联网化、自动化和智能化。因此，数字化转型会引领企业未来的发展趋势。

1.4.2　警惕数字化转型的3个陷阱

事物的变化往往隐藏着陷阱，数字化转型也不例外。企业在积极进行数字化转型的同时，也要警惕其中的陷阱，不要盲目跟风，让企业陷入危机。

（1）组织陷阱

企业的数字化转型往往建立在信息化的基础上。很多企业希望由信息部门全权负责数字化转型，但现有的信息部门往往缺乏推进数字化转型的能力。例如，建筑业企业信息部门接触的业务信息有限，如原料采购、供应商情况、负债结构等，不足以支持其推进数字化转型。因此，企业需要完善团队，使组织上下协同"作战"，这样才能够顺利推进数字化转型。

（2）工具陷阱

为了进行数字化转型，很多企业会大批量购买数字化设备。但盲目跟风购买数字化设备，会使企业不得不投入更多的维护成本。企业要将数字化人才与设备有机地结合在一起，这样才能够有效地推进数字化转型。

（3）战略陷阱

很多行业内领先的企业往往认为自己的经验足够丰富，有能力率先完成数字化转型，成为行业标杆，所以这些企业的领导者往往制定过于宏大的数字化转型战略，最终却遭遇失败。例如数字化转型成功的 GE（通用电气公司）一直试图通过 Predix 平台为全球制造业的其他企业搭建数字化平台、提供数字化服务，但成效不佳。

1.4.3 数字化转型：产业组织协同合作

企业数字化转型并非单打独斗，而需要产业组织协同合作，共同推进数字化商业生态模式的建立。大多数企业的产业链都有两端，分别为需求端和供给端。

在需求端，数字化转型是各企业降本增效、重塑市场竞争力的必经之路。例如，5G、云计算等数字化技术正在为各行各业赋能，为它们的数字化转型提供更多的路径选择。

在供给端，数字化转型的合作模式将会由原来的链条式平面结构，转变为网状的立体结构。各个行业、企业之间都有可能建立合作关系，这也让数字化转型的合作关系愈加复杂。为了简化复杂的合作路径，处于供给端的企业可以牵头成立联盟或协会，由这些产业组织定期召开协同会议，各个企业选出代表参加，各企业共同探讨，协同合作。这样不仅能够推动企业自身的数字化转型进程，也能够推动多个行业的共同发展。

此外，数字化转型也对产业组织提出了新的挑战，例如拓展合作平台、知识库升级等。随着数字经济的发展，越来越多的企业会加入产业协同组织。如何管理这些企业，使之能够高效地推动整个行业生态的发展，在跨行业、跨领域的产业组织中更好地碰撞与合作，也是未来产业组织协同合作所要考虑的问题之一。

第 2 章

布局：各方积极进行数字化转型

从政府的社会治理，到各行业的生态协同，再到企业的业务运营，数字化技术正在逐渐被应用到社会生产生活的各个方面。当前，很多社会组织都已经认识到数字化将会带来的变革和影响。企业作为社会资源整合和提供产品服务的关键主体，必须充分了解国家的数字化战略，并且深刻洞悉所在行业的发展趋势，如图 2-1 所示。在此基础上，结合企业实际，利用内部和外部的数字化资源，来确定自身的数字化转型目标。

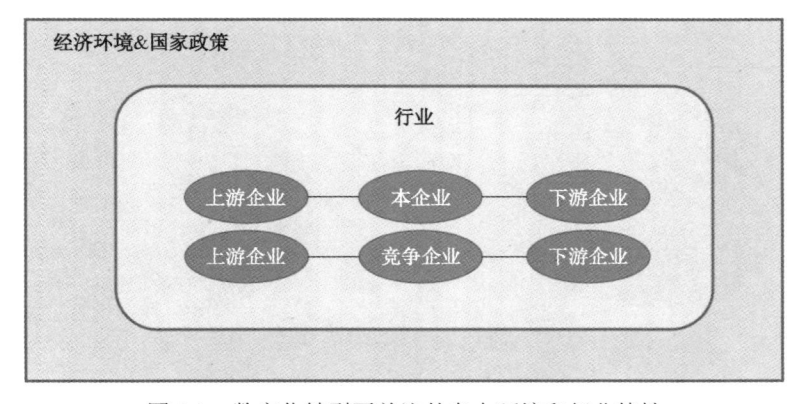

图 2-1　数字化转型要关注外在大环境和行业特性

2.1 我国数字化转型的布局

技术与制度的创新将会改变传统的、低效的信息传递方式，从而迭代政府的业务模式，加快行政审批速度，提升服务质量，最大限度地激发政府的活力和创新能力，进而推动地方企业的高质量发展。

2.1.1 政策支持

2015 年，十八届五中全会首次提出"国家大数据战略"。该战略提出后，推进数字化转型的政策陆续落地，"数字经济"这一关键词四次被写入政府的工作报告中。2020 年 5 月，政府在工作报告中明确提出"要继续出台支持政策，全面推进'互联网+'，打造数字经济新优势"。

在中央政府持续出台促进数字经济发展的相关政策时，地方政府也持续引导企业进行数字化转型。截至 2020 年年底，我国 31 个省市先后出台了 60 余项推动企业数字化转型的相关政策，如数字经济的发展计划、相关行业的发展规划、企业的补贴政策等。这些政策的出台时间与政策类型的分布情况如图 2-2 所示。

31个省市数字经济政策的发布时间分布：
- 2016（2.0%）
- 2017（3.0%）
- 2018（30.0%）
- 2019（28.0%）
- 2020（37.0%）

31个省市数字经济政策的类型分布：
- 补贴政策（10.1%）
- 行动计划（3.0%）
- 产业规划（49.5%）
- 其他（37.4%）

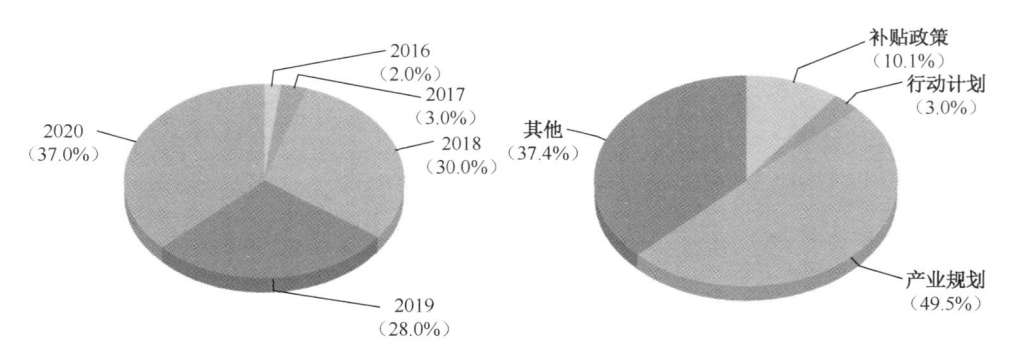

图 2-2　数字化转型政策出台时间与类型分布情况

地方政府出台的政策的侧重点不同，那些数字经济欠发达的地区通常将自身发展作为政策重心，而那些数字经济较发达的地区则将带动周边产业的发展作为政策重心。例如，在2020年和2021年，江苏将提升宁夏的数字化水平作为发展重点，并连续两年和宁夏联合发布《江苏宁夏数字经济合作重点工作》。在上海、浙江省、广东省等城市和省份着手建立数字经济的监管框架的同时，内蒙古自治区、新疆维吾尔自治区等地依然以推动数字化的基础设施建设为发展重心。

这些政策推动了数字化生态与数字化供应结构的形成，降低了企业的数字化转型门槛，有效推进产业上下游的数字化进程，激发整个社会的发展活力。

2.1.2 一体化推进

目前，山东省的胶东五市已经初步建立起数字化转型一体化推进机制。2020年1月，山东省出台了《关于加快胶东经济圈一体化发展的指导意见》，并借此机会调整区域政策体系，构建合作机制完善、发展活力强劲的都市圈。

山东政府从以下4个方面出发，进一步推动了胶东五市的一体化发展。

第一，充分挖掘产业优势。山东省将推动这5座城市产业链、供应链的协同发展，促进优势产业集群、区域性服务业中心城市、现代海洋产业集聚区的建设工作，推动区域经济的高质量发展。

第二，充分挖掘物流优势。青岛市将持续深化与另外4座城市的合作，推动基础设施互联，从而提升胶东经济圈的创新实力。同步加强新型基础设施建设布局，构建一体化的交通网络，进一步提升胶东区域的核心竞争力。

第三，充分挖掘开放优势。山东省将充分发挥试验区、经济示范区等重要开放平台的带动效应和溢出效应，共同打造新型的对外开放模式，推动胶东五市的高质量发展。

第四，充分挖掘公共资源优势。山东省将围绕公共资源的开放共享，制定更多相关政策，让胶东五市的群众都能享受到便利的公共资源。例如，青岛市带头建立了胶东经济圈的旅游联盟，与另外4座城市联合，共同开展旅游资源的营销宣传工作。

数字经济是经济发展的重要阶段。除山东省外，我国的其他省市也在积极建立一体化推进机制，为企业实现数字化转型保驾护航。

2.1.3 营造有利环境

数字经济发展势头十分迅猛，在变化莫测的国内外新形势下，推动企业的数字化转型进程，可以培育企业的发展新活力，促进新技术、新产品、新模式的产生，推动企业融入全球供给体系，提升我国各类产业的价值高度。

数字化转型是企业实现提质、降本、增效的必经之路。我国政府严格执行相关政策、制度，加强国家现代化经济体系的建设，为企业实现数字化转型营造有利的环境。

对于那些不想转型、没有转型能力、不知道该如何转型的企业，政府心中都有一张"图谱"。政府正在加强数字化基础设施与5G网络建设的布局，总结大型企业、中小型企业的最佳转型路径，定期举办现场交流会，加强转型成功企业的示范推广作用。同时，还筛选了一批优质的服务商，为转型困难的企业进行"诊断"，为它们制订独特的转型计划。

不仅如此，政府还为企业传授产业互联网、中台系统等新型数字化产品应用的重、难点，结合转型规律，帮助企业对技术团队进行培训，最大限度地降低企业转型成本，增强企业的转型信心。

例如，西域供应链之所以能够从线下主导的目录销售，变成数字化驱动的MRO（非生产性物资）采购平台，其中一个主要的推力就是政府。政府在推进一系列的采购平台，而像西域这种有数字化能力的平台，因其透明、可靠，自然成了被主推的MRO采购平台。

数字化发展的趋势不可逆转，我国政府为企业抢抓转型机遇创造了最有利的条件，并通过高质量的服务工作推动各地区企业的数字化转型。只有抓住机遇、顺势而为的企业，才能在国家的引领下走向创新驱动的发展道路。

2.2 各领域的数字化尝试

企业是经济数字化转型的重要实施主体，为了进一步推进经济数字化转型，多领域、多赛道的企业要共同参与其中。本节将以制造、零售、电子、互联网金融4个领域为例，详解数字化对其的积极影响。

2.2.1 制造领域：生产智能化

Blizzard 是奥地利著名的滑雪板生产企业，成立至今已经有七十多年的历史，在滑雪爱好者心中有着不可替代的地位。然而近些年，Blizzard 在发展过程中遇到了一些瓶颈，发展速度也因此放缓。

首先，滑雪板的生产工艺比较复杂，某些滑雪板需要长达16周的生产时间；其次，用户需求发生了变化，Blizzard 研发的近千种滑雪板不可能全种类都进行大规模生产，但如果进行详细的市场调研后再生产，就无法及时响应市场需求。

为解决上述问题，Blizzard 对自身的生产流程进行了智能化升级。经过全面改造后，Blizzard 的管理系统与生产系统相互连接，管理人员可以对设备物料的生产过程进行监控，实时了解产品的生产状态。管理人员在进行生产决策时，不仅可以实时调取产品的销售信息和库存情况，还可以实时获取市场调研报告，并根据调研报告即时对生产决策进行调整。这种智能生产模式大大提升了 Blizzard 的生产效率，进一步巩固了 Blizzard 的行业地位。

我们不得不承认，与精准、高效的智能化生产相比，需要人工操作的流水化生产很难满足当今的市场需求。如今，智能化生产可以通过代码将生产的规则传输给机器，有效避免工人因长时间进行机械操作而产生误差。同时，智能化生产也更便于管理。在过去的生产模式中，工人会参与到每个生产环节，管理人员不得不多方面考虑人为因素。智能化生产最大限度地降低了工人的参与度，大幅提升了制造型企业的管理效率。

从长远的角度来看，智能化生产还能显著降低制造型企业的运营成本。在生产过程中，智能化生产采用最优的生产方式和管理模式，可以有效避免资源浪费，从而降低原料的采购费用。机械设备的使用和升级也会大幅减少生产所需的工人数量，从而大幅降低了生产所需的人工成本。

通过洞察市场，实现决策智能化只是第一步，最终，像 Blizzard 这种类型的企业，都会逐渐实现更加贴近市场的生产，甚至能够实现真正地按客户需求而生产。这也是工业 4.0 兴起以后，人们常说的 C2M（用户直连制造）。而 C2M 的核心，其实就是能够及时感应到市场需求，甚至直连消费者需求。

当前数字技术之间不存在壁垒，技术的融合过程也是相互促进的过程。智能化生产为这些技术提供了融合和提升的平台，也让更多的技术从实验室中走了出来。自动化、大数据、物联网等先进的技术都是实现智能化生产的核心引擎，智能化生产的更新换代也将促使这些技术不断地优化升级。

随着数字技术的持续发展，许多制造企业开始进行类似的智能化改造，制造行业的智能化生产模式，也更好地满足了市场的需求和社会发展的要求，全面推动了整个制造行业的发展，实现经济效益与社会效益全方位的提升。

2.2.2 零售领域：快速响应市场

数字技术的快速发展推动了很多行业的创新与变革，零售行业也不例外。在数字技术的影响下，零售行业正在面临以下 5 种变化。

（1）信息形式的变化

数字技术催生了短视频、直播等影像形式的信息传播，动摇了图像、图文、文字等传统传播方式的地位。这种变化使零售行业无法继续依靠原有的方式与用户沟通，它们必须与用户建立互动性更强的连接方式，为用户提供极致的消费体验。例如，新东方在 K12 教学业务发展受限时，选择通过直播平台，迅速建立起自己的零售渠道。新东方甚至建立了东方甄选这样的品牌 IP，这在传统零售时代，是不可想象的。

（2）交易方式的变化

消费升级如火如荼地进行着，如今的用户越来越在乎购物过程中的消费体验。这意味着，零售企业需要为用户提供更多的增值服务。在线协作功能因此成为零售企业的业务基础。零售企业的经营重点也逐渐从价格、库存、营销向在线服务转变。

（3）交易对象的变化

过去，零售企业的交易对象主要是供应链中上游的品牌商和代理经销商。如今，用户逐渐成为商业战场上主要争夺的资源，零售企业也不只是品牌商的销售平台。充分了解用户的需求和消费体验、构建沉浸式的消费场景，成为零售企业增强自身竞争力的有效途径。

（4）基础设施的变化

传统的零售产品流通速度较慢，通常需要经过进货、销售、积存 3 个步骤。零售行业整体的需求响应效率较低、成本较高。随着零售行业数字化程度的加深，零售企业的业务流程也朝数字化方向发展。然而，全流程数字化的实现需要以硬件设施作为基础支撑，这就要求零售企业在门店内添置大量数字化基础设施。

不是只有消费者比较密集的快消零售门店才需要添置数字化基础设施，客流不那么密集的零售门店，例如汽车 4S 店，也需要添置数字化基础设施来为客户提供更好的服务。正如用数字化手段服务汽车品牌的瀛之杰汽车科技的创始人庞湧所说："瀛之杰服务汽车品牌的武器，就是通过一系列数字化工具，包括在 4S 店里配置终端设备，让厂商可以更好地获得和服务客户。"因为消费者资源真的很宝贵，所以每一个进店的潜在客户都值得获得好的服务。相比传统的服务方式，数字化营销可以更精准而且用户体验更好。

这就是将汽车营销体系化的能力和标准，用数字化的工具进行落地，搭配合适的智能硬件提升客户的体验，强化采集运算，存储和传输为一体的汽车营销新基建。

（5）消费主体的变化

随着数字技术的发展，智能手机已经成为人们生活的一部分。如今的消费主体将智能手机作为数据的输入、管理终端，利用智能手机满足互动需求和消费需求。零售企业也可以研发专属应用程序，利用它采集用户的偏好数据，实现精准的营销推广，发挥这个媒介最大的价值。

以上种种变化改变了零售行业的经营环境，零售企业不得不将增强自身快速响应能力、优化销售决策、减少库存积压作为战略性目标。这不只是门店针对用户提供优化措施，在庞大的用户数据的支撑下，实现上述战略目标的零售企业势必可以占尽先机。

2.2.3 电子领域：自动化、无人化

互联网技术的发展改变了我们的生活方式，同样也改变了企业的生产方式。数字化转型的浪潮进一步提升了电子信息制造行业的自动化水平。

"机械臂出现在这座工厂中，显示出随着中国劳动力成本的上升，中国的电子产品制造商面临日益增大的自动化压力。"这是《华尔街日报》对重庆某家电子制造企业的描述。在配置了数条机械臂后，这家企业的自动化水平得到显著提升，逐渐成为国内电子信息制造行业的前沿企业。

发展至今，我国电子信息制造行业已经成为世界级的电子产品制造中心，"中国制造"的电子产品早已遍布世界各地。在电子行业进行升级转型的过程中，生产厂商对电子产品的灵活性需求逐渐提升，这使得电子制造自动化水平受到了业界的广泛关注。

在这个背景下，一大批通过自动化升级的企业都获得了相对不错的成绩。例如，迈世腾科技是我国唯一一家同时获得三星集团的一级供应商资质和同步研发商资质的 QLED（量子点发光二极管）企业，是电子信息产业的龙头企业之一。

2020 年下半年，为提升生产线的自动化水平，迈世腾科技投入 2500 万元进行生产设备的研发与制造。随着这些生产设备投入使用，迈世腾科技的自动化水

平也在持续提升。改造完成后，迈世腾科技的生产线将形成全自动的生产闭环。技术水平的创新也进一步扩展了迈世腾科技的产品市场。迈世腾科技目前的订单合约金额已达 3.5 亿元，新建成的工业园区正式投入使用后，其年销售总收入有望突破 6 亿元。

再如顺丰供应链为了提升服务客户的数字化水平，专门成立了自动化委员会，从仓储管理到运输管理，使用了大量的自动化硬件和类似 RPA（机器人流程自动化）的自动化运营软件，使分拣效率提升了 83%，仓库利用率提升了 12%，履约率提升了 8%，提升了企业竞争力。

在数字化转型的浪潮下，我国的电子行业将迎来严峻的挑战，那些未能抓住时代浪潮的企业将何去何从，那些顺应时代发展、积极提升自身自动化水平的企业又将获得怎样的发展，时间都会给我们最真实的答案。

2.2.4 互联网金融领域的数字化革新

在数字化的浪潮之下，前沿的数字技术与金融行业的融合速度逐渐加快，互联网金融行业在组织模式、服务供给等方面都发生了深刻的变化。探索互联网金融行业的数字化转型之路已经成为整个行业的共同目标。

在我们团队为京东数科服务期间，一个主要的任务是把京东用户群体里面有相对高的消费和投资能力的人群甄选出来，给他们提供合适的产品。

这是一项相当有挑战性的工作。一方面用户的个人信息是受法律保护的，一切都需要在符合信息安全保护法的前提下操作；另一方面互联网获客的前提是用户有着很好的体验，而让用户长周期地做出购买决策，并不是一件容易的事。一开始，用户的转化率只有 0.6%，平均的用户转化周期也超过 90 天。

因此，我们把工作的重心放在打造数字化工具上。通过工具建立起后台和前台、销售与消费者沟通的桥梁，并且兼顾用户体验。我们做的第一件事情是搭建了一个 SCRM（社交客户关系管理）功能模块。通过一些有目的的触点，和客户接触，然后在基于内容和连通的工具上对客户进行运营和服务，例如，产品的搜索工具、基金类产品的排名工具、企业微信和个人微信的连通工具等。这些数字化工具充分优化了客户转化流程，形成了独特的"网—电—直"一体化的销售模式。

一些长周期的产品通常需要销售人员的介入才能成交。客户从互联网上来，完成交易后，销售人员也会获得提成。因此，很多销售人员把这些转化了的客户当成自己的私有客户，甚至向他们售卖一些来自其他渠道的价格昂贵的产品，这对企业本身是个威胁。

因此，在获客系统的设计里，我们特别设置了和客户沟通只能用企业工具的方式，并且对销售人员的电话和微信进行实时追踪。如果销售人员离职，公司要对其手中的客户资源进行再次分配，避免客户流失。

在这些数字化工具的助力下，京东数科的业务也有了突飞猛进的发展，转化率从 0.6% 提升到 5.1%，平均转化周期也缩短了 32 天，AUM（资产管理规模）增长了 25 倍，达到了千亿级别。

2.3 企业如何布局数字化转型

传统企业在数字化时代面临三重竞争，由于不同企业的自身基础和业务场景均不相同，数字化转型也并没有放之四海而皆准的标准解法。企业要想成功地实施数字化战略，必须回归到企业和数字化的本质，了解为什么数字化技术可以从企业生产要素和运营的层面提升企业实力。

2.3.1 传统企业面临的三重竞争

非数字原生企业，即传统意义上的传统企业，更需要进行数字化转型。非数字原生企业与数字原生企业是相对应的。所谓数字原生企业，就是诞生在数字化技术的基础上，以数字化技术为核心，所有业务都在线上运营的企业，如电商企业、网络游戏企业等。

对于数字原生企业来说，平时的运营中就实现了转型。这是因为数字原生企业从用户获取，到服务交付，再到支付结算的整个业务流程，都依托于智能化系统进行。智能化系统凝聚了完整的端到端的数据，可以形成数据资产。数字原生企业每时每刻都在分析和挖掘这些数据资产的状态和价值，从而进一步夯实自身的数字化基础。

传统的非数字原生企业往往从事的是线下业务，即在物理空间中进行产品的生产、销售、流通等。非数字原生企业所在的行业，远比互联网行业更"年长"。这些企业在发展的过程中，虽然也在追赶信息化浪潮，积极应用各种智能化系统，但对于这些企业来说，智能化系统只是优化流程和提升效率的工具，而并非其业务发展的核心。

不过随着数字化技术的逐渐成熟，无论是消费市场的变化，还是经济社会的变化，抑或是行业生态的变化，都让非数字原生企业不得不面临数字化转型的压力。这种压力除来自其内在发展的需求外，还来自外部竞争，如图 2-3 所示。

图 2-3　数字化转型的三重竞争

第一重竞争：转型中的同行竞争者。

当前，数字化技术已经非常成熟，企业应用数字化技术的成本也越来越低。如果数字化技术应用得当，不仅可以帮助企业提升运作效率，降低运营成本，还可以使企业更快速地获取客户和优质供应商。所以，对于任何企业来说，越早进行数字化转型，受益的空间越大。而太晚进行数字化转型的企业，自然会感受到来自同类企业的竞争压力。

第二重竞争：拥有科技能力，往产业中发展的数字原生企业。

拥有智能化系统，对数字化能力驾轻就熟的数字原生企业最难突破的往往是业务能力（如图2-4所示），但其一旦突破这个能力，就会对行业中的非数字原生企业形成非常致命的打击。以传统实体零售行业为例，阿里巴巴旗下的盒马鲜生，以及便利蜂、罗森等，就是数字原生企业对大卖场和便利店进行改造后的产物。

图 2-4　数字原生企业需要补充业务能力

第三重竞争：不同维度的颠覆式创新者。

对传统胶卷相机造成冲击的是数码相机，但对数码相机造成冲击的，不是更先进的数码相机，而是几乎人手一部的智能手机。正所谓"条条大路通罗马"，在数字化时代，跨维度的竞争会越来越多，这就需要非数字原生企业做好充分准备，更自信地迎接挑战。

2.3.2　布局关键点：把握数字化转型的本质

数字化转型具有必要性和紧迫性，但传统企业在进行数字化转型时需要面临很多压力和竞争。那么企业应该如何做好数字化转型呢？在进行数字化转型之前，企业应该基于第一性原理，解决两个更本质的问题。

（1）企业的本质是什么

企业的学术定义是以盈利为目的，运用各种生产要素向市场提供产品或服务，实行自主经营、自负盈亏、独立核算的法人或其他社会经济组织。

企业的作用是通过整合"人机料法环"5大生产要素，即人员、机器、原料、方法、环境，向某个领域生产并交付产品与服务，并持续进行价值创造与价值交换。

从内部管理角度来看，在"人机料法环"5个生产要素中，大多数企业都认为"法"是最关键的。这里的"法"是指从商业模式到发展战略，从组织制度到业务流程等各层面与环节的知识、经验及方法。在数字化转型还没有出现时，企业是通过"法"来整合其他生产要素的，并在此基础上打造具备使用价值和交换价值的产品及服务。

随着数字化转型的出现和程度的加深，再加上各种软件的应用，互联网、移动互联网、人工智能等数字化技术正在使人们的生活变得越来越数字化。此外，借助传感器，结合边缘计算、云计算等数字化技术的优势，机器、原料、环境等真实存在于物理空间中的生产要素，也逐渐成为数字空间中的虚拟对象。当这些生产要素被不断数字化的时候，企业进行资源整合和应用的能力就必须不断加强，以顺应这种数字化趋势。否则，企业很可能会被淘汰。

从外部连接及运营角度来看，企业最应该重视的是"三流"，即物流、信息流、资金流。在数字化时代，物流和资金流正在被信息流所取代。例如，随着数字货币和移动支付的出现，无论是个人消费领域，还是企业与企业之间的交易结算，大多数资金流动行为都反映在相关账户的信息变动上。而对于物流来说，随着自动驾驶的逐渐落地，物体的整个移动过程（从前端的提取，到中间的流通，再到末端的配送）都将以信息流为中心。这样可以使企业实现路径规划、落地执行、动态优化等环节的自动化，或者人机协同的半自动化。

通过上述分析，我们可以知道，无论是内部的生产要素，还是外部的"三流"，都受到了数字化转型的影响。在当今时代，企业要想获得竞争力，就必须充分抓住数字化转型所带来的机遇。

（2）数字化的本质是什么

数字化的核心是数据，而数据是对现实世界的抽象描述。映射到企业中，就是对业务场景的抽象描述。数字化的本质是通过数据认清历史与现实，并对未来进行预测和模拟。企业可以从数据中发现规律，获得决策依据，再将其应用到现实世界，对现实世界进行数字化改造。

当然，现实世界并非天生就是数字化的。在现实世界中，无论是生产与制造环节，还是流通与消费环节，数字化改造都需要经历以下几个步骤。

（1）数字化目标和场景设计

在进行数字化改造时，企业首先要明确一个问题：要用数据做什么？只有明确了这个问题，企业才能有明确的目标，并选用合适的工具来获取数据。

例如，在数字医疗领域，企业如果想对病人的外部基本特征进行数字化处理，可以使用计算机视觉技术，提取病人的身高、性别、体貌等信息；如果想了解病人的心率能耗和作息特点，可以给病人佩戴内嵌各种接触式传感器的智能可穿戴式设备。

（2）数据产生

明确了数字化目标后，企业就可以结合自身现状，利用各种技术来搭建数字化系统，从而将物理空间中的现实对象，转化为数字空间中的虚拟对象。数字化的目标不同，企业使用的技术通常也不同。例如，企业想了解设备的运行状态，那就需要搭载可以自动获取其生产日志的技术；如果想获取其他非数字化"对象"的状态，那就需要各类传感器，以及连接这些传感器的物联网。

如果企业想对员工的工作流程，以及供应商、合作伙伴、客户的连接情况进行数字化处理，那就需要开发一系列运行在 PC 端、移动端，甚至其他专业设备上的软件。随后，通过各种机制确保员工、供应商、合作伙伴、客户都使用软件，从而记录其操作行为和使用轨迹。

（3）数据采集与连接

现实世界是由很多部分组成的整体，这些组成部分都可以转化为数据形式。企业应该根据自己的数字化目标，将自己需要的数据筛选出来，并想方设法将这些数据紧密地连接在一起，形成统一的模型和视图。这个模型和视图就是与现实世界相对应的"孪生数字空间"。

（4）数据分析

数据的最大优势之一，就是可以被分析，而且有越来越多、越来越强大的基础设施为数据分析提供有力的支持，如数据分析平台、智能存储和计算工具、各类 AI 框架及算法等。在进行数据分析时，企业可以整合人工智能和云端设备的强大算力，实现大规模、精细化、预测性的数据分析。

（5）数据应用

数据是对现实世界的抽象描述，当企业从现实世界中得到了数据，并对数据进行了深入的分析后，接下来就可以将数据应用到现实世界中，对现实世界进行优化和改造。

数据可以为企业优化和改造现实世界提供依据，而企业则可以通过可视化的决策系统更高效、透明地对现实世界进行优化和改造。现在随着各种智能设备和自动化系统的整合，企业甚至可以将自己从数据中分析出的趋势直接对接给业务系统，而且整个过程是自动的，无须人工干预。

2.3.3 变身数字化企业

所谓数字化企业，就是充分认识到了数字化技术的魅力，以数据作为核心生产要素，通过数字化转型对内改善运营效率，对外提升客户体验，并最终实现业务模式优化、竞争力提升等目标的企业。这些企业会通过如下的方法和路径将数字化转型落到实处。

要实现数字化转型，首先，企业要有数字化思维。

企业具备数字化思维的前提是拥有更多数字化人才。因此企业不仅要留住内部现有人才，还要从外部引入人才。除此之外，企业还要知道知道数字化转型的意义，以及如何实现数字化转型。只有弄清楚这些问题，企业才可以结合自身实际情况设计出与数字化时代相符的业务架构，从而推动数字化转型战略更好、更迅速地落地。

其次，要基于业务架构，设计、研发数字化产品。

有了合理的业务架构后，企业就可以找出其中相对薄弱，需要通过数字化产品进行补全的环节，如财务结算、客户管理、生产运营等环节。需要注意的是，企业无论是自己研发数字化产品，还是从外部购置数字化产品，都要以自身的业务架构为基础。

接下来，要打造数据资产底座/中台。

通过数字化产品将薄弱环节补全，使其实现线上化、数字化后，企业就可以打造数据资产底座（也可以称为中台）。企业需要借助数据资产底座对那些有价值的数据进行整理、整合、建模。虽然目前业界对数据资产底座褒贬不一，但如果透过现象看本质，在数字化时代，无论是什么类型的企业，建立中心化、服务化的数据资产底座都是绝对有必要且十分关键的。至于数据资产底座是好是坏，则没有那么重要。

然后，要从宏观到微观对数据进行分析。

有了数据，就有了分析数据的条件和基础。借助现在越来越成熟的大数据、人工智能等技术，企业可以从数据中找到问题和规律。与此同时，基于数据分析结果，结合一些确定性因素，企业可以更好地对自身发展情况进行预测，从而应对未来的不确定性。

最后，要将数据应用到业务进化中。

企业要将数据分析结果以可视化报表的方式展现示出来，以便更好地优化和调整业务流程及业务预警方式。企业需要通过各种数字化产品让数据应用到业务中，实现"数据从业务中来，到业务中去"的目的。

以上的数字化转型路径，与上一节中数字化方法论的 5 个步骤是相辅相成的，具体对应关系如图 2-5 所示。

在整个数字化转型过程中，数据治理规范和体系需要一以贯之。以主数据治理为例，企业需要在治理之初就规划好整个治理方案，这样可以确保企业的关键业务对象都可以实现全生命周期管理,而不会出现各种应用系统中出现某个环节突然断裂、各环节节奏不一致等问题。

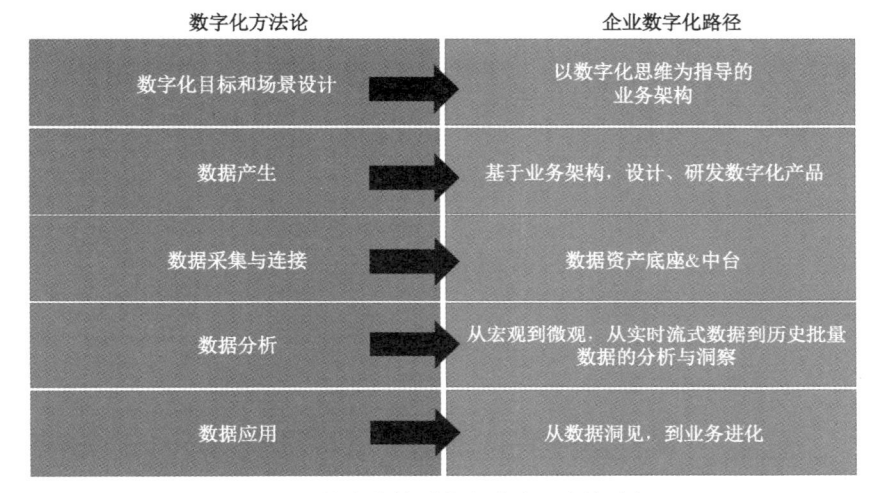

数字化方法论	企业数字化路径
数字化目标和场景设计	以数字化思维为指导的业务架构
数据产生	基于业务架构,设计、研发数字化产品
数据采集与连接	数据资产底座&中台
数据分析	从宏观到微观,从实时流式数据到历史批量数据的分析与洞察
数据应用	从数据洞见,到业务进化

图 2-5　数字化转型的方法论和实施路径

数字化转型对企业发展的作用是不言而喻的,任何企业都需要依赖有效的信息来进行决策和运营,并解决产品面向什么样的市场、开发什么样的产品、招聘什么样的员工等问题。这些问题都体现了企业对有效信息的掌握和利用程度。当企业掌握的各种信息都开始呈现出数字化趋势时,如果企业不进行数字化转型,那未来很大概率会被时代淘汰。在转型过程中率先拥有数字化能力的企业,将获得以下 4 点优势。

(1)更好、更全面、更及时地看清业务现状,增加自身优势,弥补短板。

(2)通过数据分析更有的放矢地优化业务流程中的问题,实现降本增效。

(3)更高效地连接上游供应商及合作伙伴,整合资源。

(4)通过数字化链接更好地了解和服务用户。

企业的数字化转型具有动态变化、可持续的特点,没有明确的终点。只要企业还在正常运转,就可以利用数字化思维、技术和产品,不断地进行业务优化,从而不断提升自身竞争力。

2.3.4 数字化转型战略的实例

在过去的几年里，Nike逐渐从传统的运动品牌向代表运动风尚的高科技服务企业转变。这个改变也是Nike在数字时代对互联网新兴企业发起的挑战。比技术优势更重要的是视野。Nike用互联网的眼光审视自身，使自己转变为代表运动风尚的服务类企业。

近几年，Nike通过推出SNKRS App、同名微信小程序等数字平台更高效地接触核心用户群，打造数字化生态，同时还积极推动新零售模式，促进零售模式的数字化转型。新推出的Nike App，很可能成为Nike实现数字化转型的核心工具。

除了购买衣服、鞋子等运动装备之外，用户还可以通过Nike App浏览Nike的相关资讯，定制专属的"Nike By You"服务。在不久的将来，Nike也会与其他软件进行连接，将旗下多个应用的用户数据全部整合在Nike App中。

Nike走在运动品牌时尚潮流的前沿，提前对企业的数字化转型进行了部署。Nike App帮助Nike建立了1对1的深度会员制度，在全面收集了用户的运动与健康数据后，与各类健康服务商建立了链接，致力于为用户提供更好、更快、更个性化的服务体验。

数字战略也是Nike品牌战略的一部分，Nike的数字运动部门与产品研发、推广营销等重要部门级别相同，具有极高的战略地位。在数字运动部门成立之前，数字化项目的运营都是由营销部门中的数字营销团队负责。这种架构调整也很能说明运动数字化在Nike的战略地位。

Nike将可穿戴的智能硬件与Nike App相连，搭建了新型营销渠道，用户可以借助这个平台交流与分享使用体验，在增强品牌忠诚度的同时，还不断为Nike带来新用户。Nike的一位店长表示，在北京市场中，四成的用户在购买了Nike出品的跑鞋后，还会继续购买其他产品。

Nike的目标群体是有敏锐的时尚潮流嗅觉的用户，这些用户的喜好在急速地变化着，如果 Nike 无法与他们建立更紧密的新型连接，就很可能被他们抛弃。因此，Nike 以最快的速度开启了数字化转型之路，启动了很多技术项目，并通过这种方式与目标用户同呼吸、共命运。

当然，这些技术项目的启动只是 Nike 数字化转型的起点，Nike 的最终目标是完成数字化系统与流程的建设工作，将固有资产与数字化转型相结合，借此在互联网市场竞争中占据优势地位。

第 3 章

借力：数字化转型需要技术支持

广泛的进化和颠覆性技术的实现是进行大范围数字化转型的前提。新型的生产工具使传统的生产方式被更高效的新方法取代，帮助企业优化工作流程，在更短时间内完成产品开发，更快地响应市场的需求。

从本质上来讲，所有建立在数字化基础上的技术，都可以应用于企业的数字化转型，如采集数据的传感器技术、云端数据存储与分析技术等。另外，还有一些基础的底层技术也很重要，如 5G、芯片技术等。这些技术虽然是构建数字化大厦的基石，但对于想解决实际业务问题的非数字原生企业来说，不一定要拥有这些技术。非数字原生企业最应该掌握的是大数据、人工智能、云计算、物联网、区块链等应用类技术。

3.1 大数据：帮助企业形成前瞻性视角

数字化转型离不开大数据的应用，过去企业制定市场策略大多是回溯性视角，即利用过往数据，来制定下一步的商业计划，这种做法容易使企业陷入经验主义的误区。而进行数字化转型的企业，会形成前瞻性视角，即利用所有可见数据，对未来进行有根据的合理预测。它可以让企业的决策更精准,从而实现降本增效。

3.1.1 大数据的商业化应用

谷歌人工智能机器人 Alpha Go 挑战世界围棋冠军李世石的事件引起了世界各国围棋爱好者及科技行业人士的广泛关注。最终谷歌人工智能 Alpha Go 五局四胜,击败了李世石。对于这一结果,大数据行业的业内人士毫不意外。

Alpha Go 的胜利,实际上是神经网络的胜利,其背后的原理就是大数据。Alpha Go 在 3500 万个棋谱中不断学习,自学能力非常强。换而言之,有了大数据的支持,机器不光能够超越我们,还能够帮助我们想到我们没有想到的解决方案。

我在和任职于谷歌的 Chuck Wu(吴昌勋)沟通 Alpha Go 的相关事宜时,他表示,其实在基础的人工智能层面,革命性突破并不是很多,但随着算力的增加,大数据技术越来越成熟,深度学习成为可能。他认为,从某种程度上来说,这是由量变引起的质变。

如今,大数据的应用领域日益广泛,如果我们能了解大数据蕴含的商业价值,就可以更有针对性地进行数据收集,更精准地判断用户需求,提供个性化、差异化的产品或服务,实现利益的最大化。大数据的商业价值主要体现在以下 4 个方面。

(1)精准划分用户群体

大数据时代极大地降低了用户数据的分析成本。我们可以根据用户的消费习惯、消费水平等将用户群体进行划分,对不同的群体采取不同的服务方式。同时,我们还可以对不同的用户群体进行更深层次的分析,从而增强用户黏性,降低用户流失率。

(2)个性化推荐

在获取大量的用户数据后,我们可以通过智能分析算法为用户提供个性化推荐。淘宝的商品推荐、应用商店的软件推荐、网易云音乐的歌曲推荐等都运用了这个原理。当我们了解用户偏好后,就可以将其进行商业化延伸,实现营销推广的精准投放。这样不仅可以有效节省营销成本，还可以增强营销效果，最大限度地提升投入产出比。

（3）模拟真实环境

在存储了海量的用户数据后，我们可以将产品使用效果、用户需求等进行数据化处理，通过数据模拟真实环境，满足用户更深层次的需求。例如，天津地铁 App 通过实景模拟的方式预测站内客流量，为用户提供车站客流热力地图，使用户可以更好地制订出行计划。

（4）加强部门间的联系

即使是对同一个用户提供服务，生产研发、宣传推广、售后处理等部门需要的数据也有所不同。数据共享程度的提高，不仅可以提高数据的利用效率及挖掘深度，还可以加强各部门之间的联系，提高整个产业链的运作效率。

作为一种新型生产要素，用户数据已经成为企业宝贵的经济资产。如今，所有的创新都以用户数据为基础。在了解大数据的商业价值后，我们才能精准地把握时代脉搏，更好地实现传统产业的转型升级。

3.1.2 企业如何发挥大数据的价值

随着互联网技术的快速发展，企业对数据的收集、整合、处理、存储等能力也得到了显著提升，大数据的应用范围也有所扩大。然而，受企业发展状况和科技发展水平的限制，许多企业还面临着数据来源不统一、无法实现数据互通、难以获得安全保障等问题。

为了充分发挥大数据的价值，促进大数据在企业中的应用，我们可以采取以下措施。

（1）建立数据共享体系

在了解数据流通规则后，可以综合考虑各部门的业务需求，建立更规范、更实用的数据流通规则，从而发挥大数据技术对企业创新发展的推动作用。例如，可以对企业的各项业务进行梳理与分析，绘制出各部门内部以及各部门之间的数据流通情况图，从而建立完善的数据共享体系，打破企业内部的数据壁垒。

（2）推动基础设施建设

充分发挥大数据技术的数据采集优势，加强重点领域的基础设施建设，扩大数据采集的范围，提升被采集数据的质量。同时，推进大数据中心的建设工作，为各个行业提供数据支撑，为实现大数据技术的稳定发展夯实基础。

（3）促进数据共享

充分发挥各个大数据中心的纽带作用，将大数据中心作为数据共享平台，建立完善的数据分级规范，明确各个企业的权利与责任，促进企业之间的数据共享。

（4）培育数据人才

如今，各企业都面临着前所未有的机遇和挑战，只有做好员工培训的相关工作，才可以打造一支能力很强、素质很高的团队，才能适应市场经济的变化。例如，可以对在职员工进行技能培训，提升团队的数据应用能力，促进企业的可持续发展。

（5）完善数据安全保障体系

此外，还需要完善数据安全保障体系，加强数据的安全防护，避免发生数据泄露的情况。例如，可以完善数据安全规范体系，基于企业特色制定数据安全标准，并建立对应的反馈机制与惩罚措施，严格管控数据的安全问题。同时，还可以进一步加快数据安全防护技术的研发工作，为数据共享提供安全保障。

大数据可以帮助企业优化资源配置，提升产品质量，降低生产成本，精准地将产品或服务投放给需求用户。充分认识并发挥大数据的价值，也因此成为企业实现高质量发展的基础推动力。

3.1.3 数据的存储与管理

数据仓库可以通过建立立体的数据模型更好地实现数据的存储与管理，数据仓库几乎承载了企业的全部业务数据，可以增强企业决策的科学性和可行性。下面我们就针对几种经典的数据模型简述数据仓库对企业的重要意义。

关系模型、维度模型、Data Vault 模型是数据仓库中较为经典的数据模型，我们可以根据实际的业务场景选择合适的模型。

（1）关系模型

关系模型即在梳理业务环节之间的关系后建立的模型，颇受数据仓库创始人 Bill Inmon 的推崇。关系模型的建立需要我们从企业的角度出发，将企业的主题进行抽象化处理，而不是使具体的业务流程与执行实体的关系抽象化。通常情况下，企业会在对数据的质量存在一致性的要求时使用该模型。

（2）维度模型

维度模型将业务拆分为事实表与维度表，并按照这种结构构建立体的数据模型。维度模型通常会将事实表放在中心位置，维度表则围绕在事实表的四周，如图 3-1 所示。

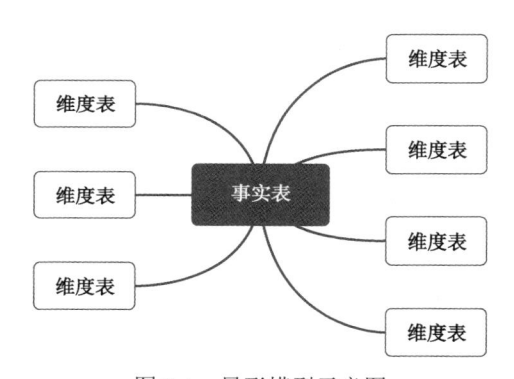

图 3-1　星形模型示意图

维度模型针对每个维度都进行了充分的预处理，如整理、统计、排序、分类等，对于分析部门内的小规模数据具有绝对的性能优势。这是因为在经过预处理后，数据仓库的数据分析能力将得到显著提升。同时，在维度划分合理的情况下，星形连接是最高效的数据传递方式，能大幅提升访问效率。因此，必须充分收集用户反馈，并通过反馈数据对维度模型的结构进行调整。

（3）Data Vault 模型

Data Vault 模型的建立需要对数据的来源进行追踪，其中每个数据集都需要包含数据来源、装载时间等基础信息，从而才能推测出数据的其他信息。Data Vault 模型会保留操作型系统的全部数据，不会对数据进行验证或清洗。这种拆解方式更适合用于构建数据仓库的底层，会提升分析业务场景的复杂程度，因此并未得到广泛的推广。

数据仓库与立体数据模型是大数据的重要应用方式，建立数据模型也是设计数据仓库的重要步骤，要根据企业的应用需求选择最合适的模型。

3.2 人工智能：企业无人化的助推力

曾经出现在科幻电影里的人工智能如今已逐渐进入了普通大众的视野，它帮助企业实现了生产、运营等工作无人化的设想，如无接触配送、关灯工厂、智能导购等，既减少了人力成本，又实现了企业整体效率的提升。

3.2.1 认识人工智能：发展阶段+分类

21世纪是人工智能的世纪。人工智能作为最重要的技术资源已经逐渐融入我们的日常生活中，为我们带来了极大的便利。"人工智能"概念的提出者约翰·麦卡锡将其定义为"创造智能机器的科学和工程"。如今，人工智能这个概念得到了进一步的延伸，成为计算机科学的一项分支技术，开始用于执行那些需要人类智能的复杂任务。

许多人都将人工智能分为通用型、专用型两种，但更确切地说，它们是人工智能发展的两个阶段。专用型人工智能是人工智能发展的初级阶段。这个阶段的机器不具备模拟人类思考的能力，它们只能执行系统内部预设的简单任务。语音助手 Siri、搜索引擎 Alexa、围棋机器人 Alpha Go，甚至类人机器人 Sophia 都是专用型机器人。

实际上，目前的技术水平仍处于初期阶段，基于当前技术制造出的人工智能产品都属于专用型人工智能。例如，最近推出多功能移动机器人的波士顿动力公司公开宣布，量产机器人的目标已经实现。名为 Stretch 的移动机器人就是波士顿动力公司的量产化实践成果。

Stretch 的前身是 Handle（波士顿动力公司在 2019 年发布的一款移动机器人），如图 3-2 所示。值得注意的是，Handle 是波士顿动力公司自 2019 年收购了初创企业 Kinema Systems 以来，首次真正涉足物流机器人领域的一次重要尝试。

图 3-2　Handle 的外观

Handle 的外观设计借鉴了四足动物，有与人类相似的平衡能力和移动操纵能力。在工作时，Handle 可以通过崎岖的地形，也可以完成爬楼梯、跳跃、开门等动作，甚至能以复杂的方式处理货物。例如，Handle 可以拾取和移动重量超过 13 公斤的箱子。

波士顿动力公司介绍，Handle 的多功能设计使其能在仓库中执行托盘构建、卸垛、卸货等任务，也能自动执行人类难以操作的任务，而且不需要安装复杂的附加设备。虽然 Handle 的功能很强大，但在实际抓握效果和效率上，Handle 的表现依然有上升空间。

因此，在 Handle 的基础上，波士顿动力公司又继续推出了 Handle 二代。从外形上来看，Handle 二代和 Handle 的差别不大，两者最明显的不同是 Handle 二代的双臂被升级为吸盘式抓手，而且体型也比 Handle 更大，如图 3-3 所示。

图 3-3　Handle 二代

从技术上来看，Handle 二代和 Handle 的不同之处在于"腿"。Handle 二代的"腿"可以模拟悬挂系统，从而改变"腿"的长度和支撑力。通过改变底座位置和"腿"的长度，Handle 二代的身体重心高度、左右位置、运行姿态等都可以被调整。这样可以增强 Handle 二代在搬运过程中对复杂路况的辨别能力和通行能力，其身体的平稳性及其在高速状态下转弯时的安全性也更有保障。

无论是 Handle 还是 Handle 二代，都是偏向实验性质的产品。相较而言，如今的 Stretch 已经成熟很多，具有移动灵活、运行便捷、工作高效等优势。最重要的是，Stretch 的成本更低，可以很好地满足部分企业的预期。

波士顿动力公司首席执行官 Robert Playter（罗伯特·普拉特）表示，Stretch 不仅成本大大降低，也使企业的物流工作更高效和可预测。不仅承担货物入库、存储、包装、分拣等对体力要求非常高的工作，Stretch 还提高了供应链的安全性，从而帮助零售商和物流公司更好地应对持续飙升的产品订单量。

根据波士顿动力公司提供的官方资料，Stretch 的第一个客户是 DHL Supply Chain（敦豪供应链）。敦豪于 2022 年 1 月预购了价值为 1500 万美元的 Stretch，以进一步实现北美仓库的自动化。波士顿动力公司计划在三年内向敦豪交付产品。

通用型人工智能是人工智能发展的高级阶段，这个阶段的机器将拥有人类的思考和决策能力。目前，通用型人工智能仍处于开发阶段，尚未出现公开的通用型人工智能实例。但以目前的科技发展速度来说，这一阶段离我们并不遥远。

实际上，包括霍金在内的很多科学家都认为这种人工智能还会继续发展为超越人类的人工超级智能，最终像科幻作品中描述的那样威胁人类的存在。

霍金认为："人工智能的完全发展可能意味着人类的终结……它将自行腾飞，并以不断增长的速度重新进行自我设计。人类受限于缓慢的生物进化过程，无法参与竞争，最终将被完全的人工智能取代。"

研制人工智能的主要目的是使机器代替人类完成复杂性、危险性较高的工作。因此，我们可以根据人工智能系统模拟人类的方式将其分为以下 3 种类型。

（1）认知 AI

认知 AI 通过持续地从数据挖掘、语言处理、智能自动化等技术中获取经验，显著提升了机器的交互能力，增强了人工智能的普适性。认知 AI 可以轻松地处理较复杂且拥有二义性的问题，通常用于处理那些具有较强不确定性的工作。

（2）机器学习 AI

机器学习 AI 仍处于研发阶段，但在研发成功后，势必会对人们的日常生活产生极大影响。机器学习 AI 会在庞大的数据库中寻找数据之间的共性，并利用这种共性对未来进行预测。例如，特斯拉已经成功部署自动转向系统，这个系统会将它收集的所有驾驶数据并发送至总部，从而不断完善现有的自动驾驶模式，实现自我升级。

机器学习 AI 的内置算法可以将混乱的数据转换为容易理解的数据资料。无监督算法可以找到原始数据中的内在结构，从而帮助我们了解市场的相关性、离群值等；有监督算法可以分析出某些指标指导数据集的方式，从而预测未来的数据趋势，通常用于用户需求的预测、内容推荐等方面。

（3）深度学习 AI

如果说机器学习是人工智能领域的前沿技术，那么深度学习就是这个领域中的更为尖端的技术。深度学习 AI 将大数据和无监督算法结合，将那些未经处理的数据结构化，使其形成互联的数据群集网络。

深度学习是识别语音、图像的基础方法，与传统的非学习类方法相比，它的准确性也会随着载入数据的增加而得到提升。未来，深度学习 AI 有望自主回答用户咨询，并基于庞大的数据库为企业提供产品的营销建议。

人类的每一次进步都伴随着工业的飞跃式前进，每一次工业的飞跃都是在新技术的推动下产生的。人工智能可以通过内置的数据结构进行自我升级，满足了人类社会发展更高级别的要求，无疑是行业发展最重要的动能引擎。

3.2.2　人工智能的应用场景

得益于大数据、云计算、物联网等数字技术的成熟，人工智能技术在近几年实现了突破性的进展。发展至今，人工智能已经成为数字化转型的核心引擎，得到了前所未有的重视，被广泛应用于各行各业中。下面我们以零售、交通、教育、物流行业为例，简述人工智能技术在数字化转型中的应用场景，希望能够给大家带来一些启发。

（1）零售行业

人工智能包含的机器学习、图像识别、自动推理等技术，使电脑可以智能识别产品信息，从而实现产品分拣、装配等环节的自动化。此外，人脸识别技术也能有效帮助零售行业记录如性别、购买的产品、滞留时长等用户信息，从而建立用户画像，进一步提升用户的转化率及复购率。

（2）交通行业

交通行业通常以物联网技术为基础，借助传感配件、云端系统构建智能交通体系，并利用人工智能分析车流量，从而实现对道路情况的智能监控。这样不仅可以有效减轻交通管理人员的工作负担，还可以提升道路的通行能力。

（3）教育行业

如今，语音识别、文字识别等技术日趋完善，电脑可以自主实现对各类信息的收集、分析和整合，越来越多的学校开始大规模地实行电脑阅卷。不仅如此，许多补习机构也开始将纠正发音、在线答疑等工作交给人工智能完成。这也在一定程度上缓解了教师资源分布不均衡、补习费用高昂等一系列的压力，同时也为学生们提供了更舒适的学习环境，有效提升了他们的学习效率。

（4）物流行业

配送、装卸和盘点是物流行业中较为基础但又比较繁杂的工作，人工智能技术可以将货物数据进行智能分析，自动生成资源配置的最优方案，进一步打造灵活多变的动态运输网络，进而实现对物流运输过程的自动化改造，全面提升货物的运输效率。

在物流行业，除了上面提到的 Stretch 这种几乎可以替代拣货工人的数字化产品以外，市场上还有很多致力于帮助企业实现物流自动化的厂商，这些厂商一直在为提升企业的物流效率而努力。就连知名物流巨头顺丰，都自主研发了一个长得很像狐獴的名为 Meerkat 的巡检机器人。Meerkat 长期处于警觉状态，可以很高效、便捷地帮助顺丰完成仓库巡检工作。

随着技术的不断发展，越来越多的企业认识到实现业务智能化的重要性，人工智能对数字化转型的推动作用也越来越明显。未来，人工智能将像互联网一样融入各行各业中，实现各行业服务体系、价值体系的创新，为经济发展提供推动力。

3.2.3 智能时代将企业推向何方

多项技术的有机结合推动了人工智能的发展。人工智能也汇聚了这些数字技术，成为科技领域中最热门的话题，引领了新一代科技潮流。智能时代，制定人工智能战略是企业建立核心竞争力的前提。那么，我们应该如何制定科学、合理的人工智能战略呢？

（1）构建创新性思维

企业的数字化转型是在不断探索中实现迭代升级的过程。就像进行科学实验一样，最初的假设会在探索的过程中被证伪，需要不断地利用最新数据验证自己的猜想。因此，企业的管理人员应该构建创新性思维，从而构想出指导性更强、可行性更高的发展目标，并为之制定相应的智能战略。

（2）建立数据团队

人工智能战略的监督和管理工作需要交由专业的数据团队进行。团队成员需要具有业务、技术或者数据分析等方面的专长，并具有部署与维护管理系统的技术能力。只有这样，才能保证制定出的战略切实可行，在战略的推进过程受到阻碍时，专业人员也能及时对其进行分析与解决。

（3）建立健康的数据生态

人工智能战略的执行需要建立在大量的数据的基础上。因此，建立一个健康的、能够获取高质量数据资源的数据生态是至关重要的。这就要求我们在不牺牲数据安全性的前提下，利用多种方法协调数据访问的灵活性，例如引入语音、图像、文字等数据源，增强数据管理能力。

（4）严格制定评判标准

大到对于战略目标的要求，小到如何验证开发模型，企业都需要与数据团队达成一致意见并制定标准。这是因为新建立的人工智能模型与传统的质量标准需要磨合一段时间，测试时的数据可能无法对生产实践产生指导作用，因此企业应该根据最新数据及时更新评判标准。

（5）建立QA与交付模型

完成部署后，我们需要将人工智能模式应用于实践中，并持续对其进行迭代与调整。在这个过程中，我们很难依照传统的战略模式制订迭代计划，也很难精准预测数据的更新间隔。这就要求我们建立相应的QA和交付模型，以持续、稳定地对人工智能模型进行维护，维护时还需要严格遵守初始模型的开发方式。

以上就是人工智能模型战略的制定要点。我们应该充分把握这些要点，借助人工智能实现人与机器的协同发展，抢占行业发展的先机。

3.3 云计算：企业上云，实现"减负"

云计算可以在短时间内处理数以万计的数据，为用户提供强大的网络服务，让用户不受时间和空间的限制，通过网络就能获取无限资源。现在越来越多的企业开始布局云计算，这意味着更多的服务器和机房不是必需的，只需联网即可满足企业业务发展需求。

3.3.1 云计算大有可为

云计算的本质是分布式计算，即通过网络将庞大的数据处理程序拆分为数个小程序，再将这些小程序的分析结果反馈给用户。其技术核心是虚拟化，但传统意义上的虚拟化与云计算在可扩展性、灵活性、灾难恢复、成本等方面都存在很大区别。

云计算作为实现数字化转型的技术基础之一，可以在保持业务相关性的前提下，帮助企业快速实现业务增长，提升企业的运营效率。同时，云计算还可以高效执行测试流程，帮助企业保持敏捷性，增强企业内部数据的安全性，降低系统故障可能带来的风险，具有广阔的发展前景。云计算的应用有以下5个方面。

其一，互联网数据中心是云计算最基础的应用方式。随着数字经济的发展，我国的数据存量出现井喷式增长。由于数据中心的利润十分可观，越来越多的企业致力于建设数据中心。如今，一线城市的数据中心市场逐渐饱和，但二三线城市、经济欠发达地区仍旧存在广阔的市场。

其二，随着百度、阿里巴巴、腾讯这几家互联网巨头企业的深入挖掘，公有云的格局基本确定。但各行各业对于公有云的需求有所不同，诸如UCloud、七牛云等为企业提供"行业云"服务的企业同样获得了良好的发展。给不同行业中的企业提供计算、安全、流量等方面的服务，也是一个很好的实现企业上云的机会。

其三，由于自身的数字化程度较低，传统企业在进行数字化转型时通常会寻求外部的技术支持，但那些需要严格保密的数据并不能使用公有云进行计算或储存。在这种情况下，混合云和私有云就可以满足这些企业的需求。同时，由于各大互联网巨头企业致力于拓展公有云市场的份额，混合云和私有云的市场还存在大片的空白。

其四，建设致力于为企业提供服务的 PaaS 平台和 SaaS 平台，同样是一个很好的实现企业"上云"的机会。我们可以利用容器、服务器管理等技术满足企业的需求。随着数据量的井喷式增长，数据的安全性值得重点关注。如果我们可以将被动防御升级为主动防御，那么就有机会实现利润的进一步增长。

其五，互联网将个人与企业的行为储存为非结构化的数据，大量的行为数据被储存在云端。如何筛选其中的有效数据，并将其进行分析整合也是数字时代企业实现数字化转型的重要发展方向，例如，利用行为数据预测流感的暴发时间或企业经济增长的黄金时段等。

数字化转型要求企业改变原有的运营模式，实现业务、产品、服务等全方位的转型。企业只有坚持自我革新才能在激烈的竞争中保持领先地位。云计算就是推动企业创新发展的强效催化剂，是企业实现数字化转型的基石。未来，企业八成以上的业务都将在云端进行，云计算的发展空间极其广阔。

3.3.2 业务上云势不可挡

通俗地说，企业的业务上云是指企业利用云计算技术实现了自身业务与社会资源的链接。上云后的企业可以通过网络获取需求资源，这将会显著降低企业的运营成本，提升企业管理水平，促进共享经济的持续发展。业务上云的常见类型如图3-4所示。

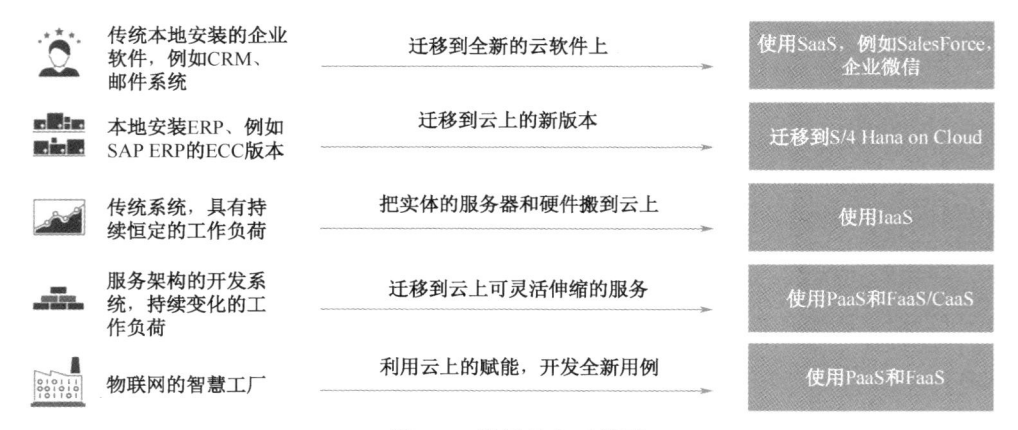

传统本地安装的企业软件，例如CRM、邮件系统	迁移到全新的云软件上	使用SaaS，例如SalesForce、企业微信
本地安装ERP、例如SAP ERP的ECC版本	迁移到云上的新版本	迁移到S/4 Hana on Cloud
传统系统，具有持续恒定的工作负荷	把实体的服务器和硬件搬到云上	使用IaaS
服务架构的开发系统，持续变化的工作负荷	迁移到云上可灵活伸缩的服务	使用PaaS和FaaS/CaaS
物联网的智慧工厂	利用云上的赋能，开发全新用例	使用PaaS和FaaS

图 3-4　常见的上云类型

实际上，大多数传统企业的业务管理系统都还没有成功上云。业务上云已经成为企业实现数字化转型的必然选择。政府发布的大量相关政策、逐渐互联网化的数据平台以及逐渐成为数字化转型核心驱动力的云计算技术，都使得企业的业务上云成为必然。

（1）政府发布相关产业政策

为了充分发挥数字技术的赋能作用，2020年4月，我国发改委以及中央网信办共同发布《关于推进"上云用数赋智"行动，培育新经济发展实施方案》，其中包含多条相关财税优惠政策，企业上云也开始成为一项基本政策。

（2）数据平台逐渐互联网化

传统的企业管理系统通常只用于增强企业管控能力或扩大信息获取渠道，各个部门之间的系统相互独立，系统间的各项数据并不共享。如今的企业管理系统越来越注重用户体验，开始根据用户需求不断迭代自身的数字化产品。

这种新型管理系统要求企业将作为基础支撑的数据平台以及前端的用户案例互联网化。为了降低运营成本，许多企业都选择将旧系统的硬件移植到云端，因此数据平台具有云计算能力。

（3）云计算技术是数字化转型的核心驱动力

云计算兼具多项数字技术的特性。与传统技术相比，云计算在数据的处理能力、迭代升级的速度以及计算性能的优化等方面都得到显著的提升。许多企业为了提升自身产品的性能，更好地融入行业生态，开始将云计算作为产品的主要技术架构。这种架构还可以帮助这些企业将资本性开销转变为运营性开销，极大地增强了企业财务模式的弹性，间接帮助企业实现了资本结构的优化。

如今，因为存储的数据大多是共享的，所以数据的安全风险越来越高。云计算具有风险防范机制。在企业实现业务上云后，可以借助这种机制，提升数据的安全性，节省数据安全管理的成本。

3.3.3 通过云平台实现传统零售数字化实例：良品铺子

良品铺子是一家集食品研发、加工、零售等业务于一体的零食品牌。2020年2月24日，良品铺子成功登陆A股，成为2020年第一个实现A股上市的新零售企业。2021年，良品铺子已经开设了2700家线下门店，拥有99个线上渠道入口，入选"新春零食礼包礼盒品牌线上发展排行榜单TOP10"，名列榜单第2名。

其实，良品铺子很早就开始进行数字化探索。但在实现数字化转型的过程中，良品铺子也不可避免地遇到了一些挑战。例如，如何处理重大促销活动期间激增的订单、保证系统平稳运行；如何突破网络壁垒，打造出全渠道一体化的智能零售平台；如何提升市场对新品的包容度，积极应对瞬息万变的零售市场。

随着华为云的入驻，良品铺子的一体化零售平台正式构建完成。华为云的扩展灵活性，使良品铺子可以轻松地应对百万级别的订单交付工作。同时，以华为云为基础的PaaS服务可以实现业务代码的克隆。这也进一步提升了良品铺子的新品研发效率。从前，进行新品研发前需要花费3天时间部署产品测试系统。如今，代码克隆功能使得搭建产品测试系统的时间缩短至不到3小时。

这意味着，除了从容地面对上述的各项挑战外，良品铺子还可以快速响应市场需求，实现精准营销，为用户提供极致的购物体验。

选择华为云是良品铺子对比多家服务商之后的决定。良品铺子首席信息官朱淑祥表示："良品铺子选择服务商是非常谨慎的。选择了华为就是看中了华为以客户为中心的服务理念以及对客户需求的快速响应和解决的能力。良品铺子将 SAP 系统部署在华为云上，通过华为混合云的解决方案能真正满足良品未来业务快速增长的需求。"

对于大多数企业而言，实现数字化转型都是一件困难的事情。但在获得华为云的技术支持后，良品铺子就能够很轻松地完成一体化零售平台的构建工作。这也是一条实现数字化转型的捷径。当我们挑选好适合的云计算服务商，并完成业务数据的迁移后，可伸缩的自适应云服务就可以帮助我们铺设数字化营销渠道，实现营销业务的数字化转型。

3.4 物联网：协同作战的好帮手

万物互联是未来的一种发展趋势，知名互联网技术公司思科曾预测，到 2023 年，全球联网设备将达到 489 亿台。设备联网是企业数字化转型的重要一步，它能消除企业内部的信息孤岛，增加各环节的协作能力，让企业的运转效率更高。

3.4.1 万物互联才刚刚开始

约翰·奈斯比特在《大趋势》一书中记录的大部分预言都已经得到《金融时报》的证实。对此，约翰·奈斯比特表示："人们以为我预言的都是未来，其实我只是把现状写下来，20 年来，我所写的都是已经发生了的事情，我所要分析的就是哪些事情会长久地影响社会。"冯仑也曾说过类似的话："看见未来的人才有未来。"

物联网技术的不断发展，为我们描绘出万物互联的发展图景。在"互联网+"的助力下，海量信息在全球范围内无成本流淌。人与人、人与物、物与物都可以自由地进行连接，万物互联似乎已经成为现实。

但实际上，这一切才刚刚开始。

在首届世界互联网大会上,软银集团创始人孙正义曾预言,在不久的将来,所有的事物将会通过物联网被连接起来。无论是手提电脑、手持的仪器,还是眼镜、衣服、鞋子、墙,甚至一头牛都有可能被物联网联系起来。到 2040 年时,这样的现象会非常普遍。所有的人和物都会通过移动设备联系起来。所有的数据都会被存储在云终端,具有非常高的处理速度以及非常大的容量。

他所预言的场景非常有吸引力。事实也证明,互联网的确正以较快的速度向万物互联进化。在这种情况下,人与人之间的连接就会变得越来越紧密,连接方式也会越来越多。

从人类生活的角度来看,万物互联不仅实现了生活的智能化,也提高了人类的创造能力。这样一来,人类就可以在享受高品质生活的同时做出更好的决策。从企业的角度来看,万物互联可以帮助企业获得更多有价值的信息,大幅度降低企业的运营成本,进一步提升用户体验。由此看来,万物互联确实拥有非常广阔的市场前景。

思科曾在一篇研究报告中对万物互联进行了深度预测。思科认为,2023 年,万物互联在世界范围内创造的价值将高达 19 万亿美元。但报告还指出目前尚未实现互联的实物高达 99.4%,可见万物互联的发展之路任重而道远。

3.4.2 物联网平台:实现资源最优配置

物联网即"物物相连的互联网",它利用射频识别、无线数据通信等技术,实现实物与互联网的连接。在物联网构想中,射频识别是让所有物品发起"交流沟通"的一种技术,其标签中存储着规范且具有实用性的信息。无线数据通信网络可以将这些信息自动采集到中央信息系统进行识别,进而实现交换和共享,形成万物互联。

早在 2003 年,知名零售商沃尔玛就推出了非常有影响力的强制令,要求其供应商必须在运往门店的产品上贴上无源的 RFID 标签。没过多久,其他零售商也纷纷推出了自己的 RFID 强制令。有了 RFID 标签,工作人员不需要再对着产品扫描，而是只需要一辆装满产品的大卡车经过 RFID 读码器，产品就可以在几十米外被自动捕捉到。对于整个零售行业来说，这是一次非常令人兴奋也非常重要的革新。

鉴于 RFID 在零售行业的价值，我成立了一家名为 T3Ci – Th Tag Track Company 的企业，并邀请 RFID 专家 Richard Swan（理查德·斯万）担任 CTO。很快，该企业就成为世界上读取和存储 RFID 数据最多的企业之一。如今，该企业已经进入了应用范围更广的零售行业，成为全球极具影响力的零售数据机构。

虽然后来因为成本、技术等多方面要素的限制，沃尔玛的强制令没有覆盖到每一个产品。但在服装、奢侈品、可循环回收产品上，该强制令都形成了非常完整的闭环。另外，在提升供应链效率、防伪与防盗追踪等方面，强制令也发挥了很大作用。

目前，物联网与先进的制造技术相结合，广泛应用于我国的工业生产。例如，物联网技术可以接入车载智能系统，帮助汽车进行路况识别，实现自动驾驶；物联网技术可以接入可穿戴设备，从而应用于医疗行业，将使用者的身体状况实时上传至中心系统；物联网技术还可以接入温室大棚，实时监测作物的生长情况，并根据作物生长需求自动给作物浇水、施肥。

当我们利用物联网技术将人、实物、数据、流程进行整合，就有机会改变各行各业的运行方式。例如，水务公司的运营体现在各个环节中，如管理坐落在大城小镇中的供水站、管理超百万的工作人员。当物联网出现后，水务公司的运营开始趋于数字化、智能化，这大大提高了运营效率，使用水供给与用水需求保持一种平衡的状态。

当用水供给大于用水需求时，系统会自动将闲置的水提供给储水装置；当用水需求大于用水供给时，系统会使储存在储水装置中的水填补用水供给的不足。通过这种方式，水的流向和储水装置的情况都可以被水务公司直接控制，从而简化运营流程。

此外，各大水务公司之间的资金流动也可以由智能设备控制，这不仅可以保证资产的安全，还可以提升买方的支付效率，缩短卖方收到资金的时间。从宏观层面看，物联网与水务领域融合可以促进资源和资产的双向流动。从微观层面看，物联网可以实现智能设备与储水装置的"即接即用"，而且只要满足相应的操作条件，这种"即接即用"就可以具备数字化和智能化的特征，进而使水务公司完成现代化运营。

一个全球化的无阻流动的经济已经展现在我们眼前，物联网技术也将以一种全新的方式创造人类经济活动的峰值。实现万物互联后，我们便能够实现资源配置的最优化，实现快速决策，这也是物联网平台最重要的作用。

3.5 区块链：提升各环节的信任力

区块链可以在信息不对称、环境未知的情况下打造出一个完善的信任生态体系，从而减少各业务环节获取信任的时间成本，让各环节衔接更加紧密，业务运转效率更高。

3.5.1 区块链本质：分布式账本

人们发现比特币在没有中心化机构的运营和管理时，依然可以保持稳定、无误地运行。因此，区块链技术被人们抽象提取出来。

区块链的本质就是"分布式账本"，其主要优势在于成本低、过程高效透明、无中介参与以及数据高度安全。与TCP/IP等底层技术相似，区块链在未来将会应用到越来越多的行业中。在任意一个需求领域，区块链技术都有可能为其带来技术变革。

一本账本必须具有唯一确定性的内容，否则它就会失去参考意义，这就使得记账成为一种中心化行为。在如今的信息时代，中心化的记账方式覆盖了社会生活的方方面面。然而，中心化的记账方式却有一些软肋，一旦中心被篡改或被损坏，整个系统就会面临危机。

中心化的记账方式对中心控制者的能力、参与者对中心控制者的信任以及相应的监管法律和手段都有极高的要求。那么，有没有可能建立一个不依赖中心及第三方却可靠的记账系统呢？

从设计记账系统的角度来说，系统的构建需要让所有参与方平等地拥有记账及保存账本的能力，但每个参与方接收到的信息不同，他们记录的财务数据也会有所不同。

中本聪构造的区块链系统，完美攻克了这项难题。在信息时代，我们将接入记账系统的每一台计算机看作一个节点，区块链就是以每个节点的算力竞争记账权的。例如，在比特币系统中，算力竞赛每10分钟进行一次，竞赛的胜利者就获得一次记账的权力，即向区块链这个总账本写入一个新区块的权力。

这就导致只有竞争的胜利者才能进行记账。在记录完成后，区块链就会与其他节点进行信息同步，产生新的区块。值得注意的是，算力竞争如同购买彩票一样，算力高的节点相当于一次购买多张彩票，只能相应地提升中奖概率，却并不一定会中奖。

这一竞争奖品就是比特币，奖励的过程也是比特币发行的过程。在中本聪的设计里，在竞争中获得胜利并完成记账的节点，都会得到系统给予的一定数量的比特币奖励。节点为了获得系统发行的比特币，就会不停地进行计算。这种设计将货币的发行与竞争记账机制完美结合，在促进竞争的同时，也解决了去中心化记账系统发行货币的难题。

这种去中心化的记账系统可以承载的各种价值形式，除了包括以比特币为代表的数字货币外，还包括能用数字定义的资产，如股权、产权、债权、版权、公证、投票等。这也意味着区块链可以定义为更复杂的交易逻辑，区块链技术也因此被广泛应用于各个领域中。

3.5.2 打造去中心化信任体系

互联网将全世界的人们紧密联系在一起，但随之而来的就是信任问题。现存的第三方中介组织的技术架构都是私密而且中心化的，这种模式永远都无法从根本上解决互信及价值转移的问题。因此，区块链技术可以利用去中心化的数据库架构打造数据交互的信任体系，实现全球互信的一大跨步。

实际上，区块链最重要的价值不在于比特币，而在于能够在信息不对称、环境未知的情况下打造出一个完善的信任生态体系。下面我们以"拜占庭将军问题"为例，简述区块链如何解决这种数据交互时可能出现的信任问题。

"拜占庭将军问题"由著名计算机科学家莱斯利·兰伯特提出，是现实问题转换而成的概念模型，即将军们如何在仅能依靠信使进行信息传递且有叛徒干扰的情况下，制定出统一的进攻计划。例如共有 5 位将军，每位将军向其他人传递一条信息，将会产生 20 条信息流。同时，每位将军提议的进攻时间未必相同，叛徒可能会同意多位将军的提议，导致信息处理成本大幅上升。

当我们引入区块链这个概念后，问题也会迎刃而解。区块链引入"工作量证明"这一概念，即在单位时间内，只有第一位完成规定"工作量"的将军才可以发起进攻提议，每位将军在对上一位将军的提议进行表决后，才能发起自己的提议。这样将会极大地提升叛徒传递虚假信息的成本，降低信息传递的效率，打造较为完善的信任体系。

在实际应用中，区块链是由多台计算机连接形成的共享网络，具有公开性、安全性和唯一性。使用者可以查看节点上的全部信息记录，但只能对自己的节点进行修改。如果区块链的某些节点数据损坏，只要还有一个节点存有相关数据，这些数据就会在重新建立连接后同步给其他节点。

我们不难发现，区块链改变了传统的交互模式。如今，数据的存储不再依赖中心节点，各节点之间的交互都会形成交互记录，提高了用户的"破坏"成本，由此形成了一种"无须信任"的信任体系，那些依赖信任关系的难题也就迎刃而解了。

3.5.3 区块链协助构建供应链生态网络

区块链技术出现之初，受到影响最深的就是金融行业。随着这项技术的不断发展，与其融合的领域越来越多，区块链与供应链之间也发生了"碰撞"。将区块链技术应用于供应链管理中，可以有效解决现有的问题，开创供应链领域的新模式。

传统的供应链包含多个环节，每个环节中都会产生大量的数据。产品的生产商、经销商、零售商，都只能掌握其中的一部分数据。这意味着，当产品出现问题时，我们很难确定问题出现在哪一个环节。不仅如此，由于大部分产品上没有流通数据的标记，要想实现所有问题产品的召回，需要消耗大量的时间和人工成本，给企业造成损失。

当我们将区块链技术应用到供应链管理后，上述问题也就迎刃而解了。区块链技术可以实现对相关数据的采集、挖掘、分析、存储，加强对供应链的监测力度，实现对各个环节的追踪。以此为基础，我们就可以利用最短的时间、最低的成本实现问题产品的召回。

盒马鲜生是阿里巴巴旗下的一个新零售代表，其中，"日日鲜"系列的蔬菜、水果、肉类、鸡蛋等各类食品均实现了全程动态化的追踪。扫描食品包装上的二维码，消费者不仅可以获得食品生产基地的照片，还可以获得食品的生产流程、生产商的信用资质、食品的检验报告等信息。

盒马鲜生相关负责人表示："我们采用了二维码追溯、无线采集工具、共享工作流、区块链等先进技术保障食品的安全，让消费者能够买到更加安全放心的食品。"从目前的情况来看，盒马鲜生已经成功实现了食品供应链监测与区块链技术的整合，构建了一个可持续运营的食品安全管控体系，实现了供应环节的全程监控。

区块链技术为我们提供了实时、精准的产品视图，使供应链生态网络的构建成为可能，有效提升了行业的透明度，降低了运营风险，极大地提升了各个相关企业的利润。

第 4 章

规划：数字化转型战略及指导框架

虽然很多企业都在推动数字化转型，但实际上数字化转型的成功率不足 20%，其中很大的原因是前期没有进行规划。企业不能在环境的驱使下改革，而要先知先觉，找到未来竞争的着眼点与新的商业模式，成为时代的先行者。

4.1 数字化转型从战略思维开始

想要对数字化转型做整体规划，企业要先形成数字化思维，明确改革的目标和愿景，找到改革的落地节奏和适合自己的转型方法。

4.1.1 梳理三到五年的数字化战略

企业在制定数字化战略前，要将未来三到五年的战略规划进行梳理，同时确定战略执行的具体步骤。以某银行制定的数字化战略为例，其战略愿景以及具体实施路径，如表 4-1 所示。

表4-1 某银行的数字化战略

战略愿景	深度用户经营	丰富产品服务	推动产能提升	加速渠道转型

发展目标	• 有效用户数
	  新客转化率提升20%
	  老客流失率降低20%
	• 价值用户数（>1000元）
	• 金卡以上用户数（>5万人）
	• 单客产品数
		• AUM
		• 存款付息率
		• 贷款收益率提升30%
		• 信用卡发卡量增加10万张
			• 零售网均存款规模
			• 零售网均收入提升200%
			• 营销带动收入
			• 销售团队人均产能提升20%
				• 线上用户覆盖率
				  新用户覆盖率
				  全量用户覆盖率
				• 用户端活跃用户比例
				• 移动收单带动零售存款
				• 客服中心营收提升10%

战略路径	• 新客获取
	  批量获客
	  推荐计划
	• 新客转化
	  新客营销活动体系
	  新客专属产品包
	• 存量用户提升
	  用户分层经营
	  战略客群经营
	• 流失用户挽回
	  流失用户定向优惠
	  大数据流失预警
		• 丰富负债产品
		  丰富创新存款产品
		  定期存款差异化定价
		  依托财富管理提升资金沉淀
		• 跨越式发展零售资产业务，提升资产业务收益率
		  丰富小微产品体系，深化用户经营
		  个人业务发展综合消费类信贷
		• 做大中收业务规模
		  做强财富管理
		  加速扩张信用卡
		  差异化费率定价
			• 精细化、专业化销售管理体系
			  军事化目标管理
			  自动化过程管理
			  精细化团队管理
			• 搭建营销体系，创新营销方式
			  打造营销管理体系
			  大数据驱动营销
				• 线下渠道优化
				  推进网点轻型化转型
				  渠道画像
				  渠道赋能
				• 线上渠道创新
				  迭代升级线上渠道，全面提升用户体验
				  用户服务中心职能转型
				• 线上线下一体化经营
				  线上精准定位高潜力用户
				  线下网点引流至线上虚拟店

第一步，明确战略愿景。

企业在制定数字化战略的过程中，蓬勃发展的数字技术会促使企业现有的商业模式发生变化。因此，企业需要明确自身战略愿景，如提升运营效率、增强用户黏性、创新产品品类等，并根据战略愿景细化发展目标和执行路径。

数据仓库、企业上云、万物互联、产业互联网等都是数字化变革的代名词。它们没有改变整个行业的内容、性质，只改变了企业的经营方式。传统的企业主要依靠人工经营，新型的经营方式可以轻松地实现数倍的效果，最终形成全新的商业模式。

第二步，拆分战略目标。

当我们完成对企业战略愿景的梳理后，就需要将其拆分为各个环节的目标。例如，某零售企业在制定下一个阶段的销售目标时，需要先对本阶段的销售情况进行复盘，并根据市场的发展趋势、供应商的变动等进行调整。在这之后，还要以月份、季度、部门为单位将其进行细分，确立每个阶段、每个部门的销售目标。

第三步，细化战略路径。

在将企业的整体战略愿景拆分成数个阶段性目标后，我们还需要将对目标的实施路径、执行团队等有清晰的认知，从而确保企业的战略目标能够被有序地推进。同时，我们还需要综合考量执行团队的员工结构以及员工的个人能力，从而有目的地分配资源，使实施路径具象化。

在战略推进的过程中，数字技术可以帮助我们更好地优化现有的业务模式。如果我们不能合理运用数字技术，就无法借助转型战略建立自身优势。正因如此，我们需要充分利用数据仓库、企业上云、万物互联、产业互联网等数字技术带动业务的进一步发展，满足用户的深度需求，创造更优质的商业运营方案。

4.1.2 各部门联动转型

各行各业都在进行数字化转型，但实践起来却极为不易。目前，很多企业在数字化转型中面临诸多困难，例如能力不足、方法不对、体系不健全等。事实上，数字化转型既是从上到下的"一把手"工程，也是从点到面的突破与革新。

从上到下是指数字化转型不只是 IT 部门的事，而需要企业各部门联动的工作。除了拥有数字化转型的相关技术外，企业还要挖掘数字化人才，转变思维与方法，实现数据驱动运营。

从点到面是指数字化转型要有节奏地落地，先找到突破点，进行技术突破（点），再将技术运用到业务场景中（线），最终构建起数字化的运营体系（面）。

以华为为例，华为全球技术服务部的数字化转型共历时三年，实现了"Digital GTS"的变革。首先，华为针对业务痛点，进行技术迭代与创新；然后，通过平台打通孤立系统；最后，通过统一的数智平台（GDE），连接多个业务场景，实现大规模的智能化。

依靠统一的数智平台，华为率先实现运营的数字化，完成了数字化转型。华为将自己所拥有的数字化转型的相关技术和经验提供给运营商，让运营商也能实现数字化运营，以促进整个行业协同发展。

4.1.3 互联网企业模式不是灵丹妙药

我国企业普遍喜欢投资新技术，认为只要升级硬件、更新系统就能有立竿见影的回报。然而，很多企业却无法依靠新技术真正提升经营水平，原因在于：第一，变革不是一蹴而就的；第二，许多企业缺乏对数字化转型的战略思考，在实战中只是"东拼西凑"。

管理者们必须明白，数字化转型对于企业的发展不应只起到锦上添花的作用。数字化不能只在某个部门中实现，而是要成为企业中所有部门的共识，让数字化贯穿整个组织、连接所有职能，落地到战略、组织、运营等各环节。对此，许多企业竞相模仿互联网企业，希望觅得一条数字化转型的捷径。

但是，一味地将互联网企业的数字化转型模式当作万能灵药，不思考自身业务的痛点，只会适得其反。另外，盲目投入资金把企业向互联网企业的模式改造，也将影响主营业务的研发。

以某运动品牌为例，该企业大力发展电商平台，在多个线上渠道投入资金，希望实现销量逆转。然而，该企业忽视了主营业务存在的问题，如品牌定位不清、库存管理落后、产品设计老旧等。这样一来，该企业的销售额不仅没有得到提升，反而使线上线下渠道产生冲突，流失了大量分销商，加速了企业的衰亡。

对于传统企业来说，进行数字化转型不等于抛弃主营业务。盲目跟风，只会自乱阵脚。企业应采取多层次的数字化转型策略，一边运用数字化技术升级现有业务，一边增强投资能力，创造新业务，实现可持续发展。

传统重资产企业应让自己变得更"轻"。例如，投资蕴含更多价值的软件、设计及服务。在这个过程中，企业可以利用云计算、大数据、人工智能等技术提升运营效率，或者用专业服务整合资源，朝着多维、生态化的方向发展。

例如，施耐德电气利用互联网技术和物联网平台推出了智能化解决方案，不仅提升了生产力，节约了成本，还因此更好地响应了医疗、乳制品等行业客户的用电需求。

4.1.4　通过深挖数据资产，找到新增长点：中国石化

中国石化打造的电商平台易派客正式运行后，彻底改变了传统的物资装备部门的职责定位，提升了采购部门的服务标准，为企业型客户提供了更优质的服务，为中国石化自身增加了利润增长点。

中国石化积极响应数字化时代的新要求，从供应链的需求与管理的角度出发，以产业链为基础，在现有的电子化采购系统的基础上建立了电商平台——易派客。除了为中国石化提供采购、销售、金融等服务外，易派客还可以为中国石化的下属企业实现降本增效提供保障。易派客为中国石化拓展了现有的服务领域，带来了新的价值。这将在一定程度上使中国石化现有的数据资产得到充分挖掘和利用，实现数据资产的市场化。

易派客平台秉持着以下三大核心原则，致力于为企业提供更优质的服务。

（1）优中选精

在选品方面，易派客坚持优中选精的原则，致力于打造全球最大的工业品推荐平台，并以各关联方的服务指数评价体系为依托，在世界范围内甄选最优质的工业品资源。时至今日，易派客已经从3万多家供应商与上百万种工业品中，挑选出了信誉好、技术强、服务优的126家供应商与近2000种工业品，这些企业与产品都将作为易派客平台上线的首批企业与产品。

（2）互利共赢

在服务方面，易派客坚持互利共赢的原则，致力于打造全球最大的工业品服务平台。同时，易派客全面扩展自身增值服务，推出了实现贸易环节全覆盖的多

项高性价比业务，打造出全流程、全方位、全天候的支持服务平台，全面提升成本的可控性、交易的安全性以及便捷性。

（3）融通供需

在交易方面，易派客坚持融通供需的原则，致力于打造全球最大的工业品贸易平台。易派客充分发挥中国石化具有遍布世界各地的专业贸易团队的优势，做好用户们的服务管家，为国际买家和供应商提供双向定制服务，满足他们更深层次的贸易需求，让供需双方互惠互利。

随着数字经济的发展，数字技术与社会经济的融合程度进一步加深。在国家战略的支持下，新一代数字技术与实体产业的融合速度进一步加快，新型的电商业态逐渐成为促进经济增长的新引擎。

4.2 生态合作实现强强联合

一个人的能力是有限的，一个企业的能力也是有限的。在数字化转型的过程中，如果企业只是单打独斗，那么注定会很艰难。企业除了要强调内部的合作，也要寻找外部合作。如果企业能联合外部资源，打造出一个智能生态，就可以获得更多的发展资源，加快企业数字化进程。

4.2.1 开放共享的智能生态

近几年，企业更倾向于提升自身的创新能力以及智能化水平，建立竞争优势。数字技术的迅猛发展使企业有机会更高效地将数字技术进一步深化。当越来越多的企业加入数字化转型的队伍中时，也就形成了一种顺应新时代的"智能生态"。

这种智能生态可以轻松地帮助企业实现多赢。在形成智能生态后，企业不仅可以快速学习前沿知识，还可以借鉴其他企业的实践经验，最大限度地规避了风险。不仅如此，这种智能生态还可以帮助企业清楚地认识自身的特点，从而缩短转型需要花费的时间，降低试错成本。

即使是对实现数字化转型有不同需求的中小企业，也有相关的数字化方案提升其运营效率，为其带来更多收益。例如，数字化转型服务商珍岛针对中小企业的发展痛点，以一站式智慧零售解决方案，帮助中小企业实现数字化转型，如图 4-1 所示。

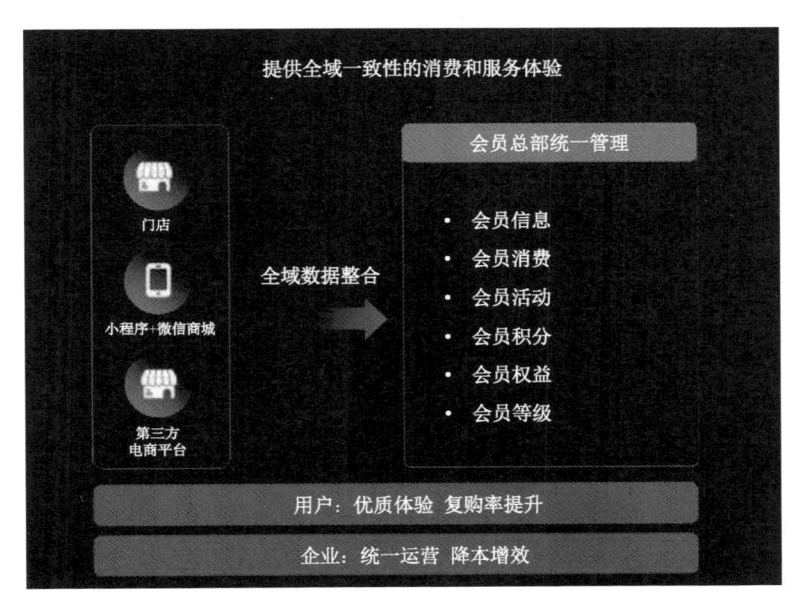

图 4-1 珍岛数据的一站式智慧零售解决方案

中小企业面临渠道分散、海量会员数据管理难等问题。珍岛通过 DTC（Direct To Customer，直面消费者）模式，结合数据资产运营平台进行全域数据整合，帮助企业打造一站式会员管理平台，对电商平台、门店、微信商城等多个平台的会员进行管理，打通数据中台、营销中台、会员管理体系，从而进一步优化会员服务和品牌体验，赋能会员拉新、复购等环节。

从成立之初，珍岛就瞄准问题比较多的中小企业，致力于为其提供数字化转型服务。在与几十万个中小企业达成深入合作后，珍岛便形成了自己的"护城河"，也拥有了完善的智能生态。更重要的是，智能生态内的企业有机会相互赋能，从而让珍岛有机会去服务大型企业。智能生态是珍岛的竞争力，使其在竞争中区别于一般的数字化机构。

在智能生态成功建立后，企业就会建立起更深的"护城河"，帮助企业在竞争中处于优势，甚至获得定价权。当然，冰冻三尺，非一日之寒。形成一个智能生态并不是短时间内能完成的事情，也不是在某一个行业内就能完成的事情，它需要各行各业多角度、全方位地进行协作。实际上，如果政府、各类企业、公共服务平台、科研院所、高校等都能平等地展开协作，就可以在最短的时间内形成智能生态，实现多方共赢。

4.2.2 引入战略合作伙伴，共享共建

当企业数字化转型速度过快时，很可能导致业绩增长进入乏力期。这时就需要我们引入战略合作伙伴，充分利用其资源优势，与其共建智能生态，从而降低企业面临的风险，扩大企业的盈利增长空间。

轻住就是一个与战略伙伴共享共建的典型例子。自成立以来，轻住的合作商家已覆盖全国 200 多个城市，开办了 3000 余家酒店。其创始人表示："集团与战略伙伴的合作不仅仅是一门生意，轻住集团以自身的品牌和运营优势与合作伙伴携手共进，帮助商家实现可持续发展。"

2021 年 4 月，轻住集团宣布与多家企业达成战略伙伴关系，其中包括雷神科技、携住科技、小帅科技等多家可以有效提升用户体验的智能服务型科技企业。此次合作将多种不同风格的品牌进行连接，提升了项目的用户适配性，全面拓宽了企业的增值渠道。

近年来，整个酒店行业都在积极推动产业结构升级，其用户群的消费行为也开始从产品消费升级为场景消费。轻住集团尝试通过引入战略合作伙伴的方式，打造更为完善的数字化生态网络，最终实现双方共同发展。

引入战略合作伙伴后，轻住集团在酒店运营、用户体验等多方面的业务得到显著提升。根据业界专业人士的预测，轻住集团将实现 5 倍的盈利增长，其市值预估有望突破 1.9 万亿元。随着合作的深入，轻住集团也将充分发挥战略合作优

势，持续提升品牌价值。

得益于和战略合作伙伴的友好合作，轻住集团市场扩张的速度也有了大幅度的提升，快速实现了数字化转型。我们也应该将合作伙伴视为数字化转型的战略基石，与合作伙伴共享发展红利，共建智能生态。

4.2.3 开放性平台打造健康生态圈：美年大健康

美年大健康的董事长俞熔在一次云栖大会上表示："美年大健康作为中国最大的大健康数据中心和最大的流量入口平台，目前美年大健康已经与阿里云展开合作，双方共建云计算平台，并开展了健康体检、医学影像等核心大数据分析及合作应用。通过与阿里云的强强联手，美年大健康将利用阿里云尖端的互联网技术，快速推进美年大健康 400 家体检中心的数字化、智能化。双方联合打造适应未来发展所需要的健康大数据开放平台以及中国最大的健康生态圈。"

在多次重量级会议召开后，医疗健康产业迎来了重要的发展机遇。作为整个医疗健康产业的入口，健康体检行业肩负着产业振兴的重任。如何利用最低的成本，创造最大的数据价值，也成为该行业中的企业提升自身核心竞争力的关键所在。

美年大健康以专业、高品质的体检为基础，以健康检查作为切入点，围绕疾病预防、健康保障等方面展开服务，致力于形成稳定的生态型商业闭环，实现健康大数据与互联网金融的结合，打造有价值的个人"健康银行"。

美年大健康的管理团队清晰地意识到云战略是企业发展的趋势，精准、连续、可靠的海量大健康数据是美年大健康的核心竞争优势，数据的充分挖掘和精细化管理始终是美年健康整体战略规划中最重要一环。云战略对美年健康具有重要的战略意义。

从云平台的规划、建设、运维到长远发展的角度出发，为了满足影像业务需求，构建全面、可扩展的影像云平台，美年大健康引入人工智能辅助诊断技术。如今，已有几十家门店成功接入影像云平台，其余门店也在陆续接入中，这极大地减轻了医生的工作量，节省了大量的医疗资源。美年大健康也通过流行病调查、健康白皮书等方式，用积累的医疗资源回馈社会，推动我国公共卫生事业的发展。

随着项目合作的不断深入，美年大健康打造的开放型数据平台终将成为远程疾病防控中心。在人工智能、云计算等数字技术的支持下，美年大健康实现了在医学影像、生物信息等领域的战略布局，进一步增强了健康产业生态系统的循环能力。

4.3 工作重心：提升数字化能力

数字技术正在以惊人的速度改变企业组织，疫情的突然暴发更是加快了企业的数字化进程。在这一大趋势的影响下，企业更应该努力提升自身的数字化能力，坚持稳健经营的发展理念，进一步优化风险管控策略，更好地平衡长期利益与短期利益的关系，实现长期、稳定的发展。

4.3.1 企业数字化能力建设

企业的数字化转型是一个逐渐深入的动态过程。在这个过程中，我们需要及时评估当前的转型程度，确保转型的顺利推进。我们把企业在数据的获取、表达、存储、传输、交付5个方面的能力作为评判标准，将企业的数字化能力划分为5个等级，如表4-2所示。

表4-2 数字化能力衡量模型

等级	数字化战略定位	数据化核心要素					组织架构
		获取	表达	存储	传输	交付	
1级	无数字化战略驱动或业务驱动意识，主要解决组织内部协同问题	无数据获取意识，主要解决机器替代人工问题	数据维度单一	关系型数据为主	ETL（数据仓库技术）实现批量数据同步	主流程自动化,定制报表	无独立数据部门，多在运维部门设置DBA（数据库管理员）相关岗位

续表

等级	数字化战略定位	数据化核心要素					组织架构
		获取	表达	存储	传输	交付	
2级	数字化决策支持,通过数据支持管理人员决策	关注业务环节的数据收集	数据维度逐渐丰富	面向主题的数据仓库	实时数据接口	数字化决策,数据在线报表	设置数据分析师岗位,可能存在独立的数据部门
3级	一切业务数据化,一切数据服务化	跨界数据应用,数据资产化	全领域数据融合,数据维度更加丰富	大数据平台	批流融合	基于数据的量化运营	设置独立的数据部门,设置数据分析师、算法工程师等相关岗位
4级	数字化平台	实现数据与业务相互促进,数据快速增多	数据维度更加多元	基于云的数据平台	一体化数据服务体系	数据平台化、智能化、自动化	管理人员设置数据管理相关岗位,成立独立的数据资产运营部门
5级	数字化开放生态	通过生态场景洞察和验证用户服务需求	千人千面,基于数据自主服务	基于云和边缘计算的数据平台	低延时云边协同	数据自驱动	设置首席增长官相关岗位,统一管理市场、数据、战略

随着数字化转型程度的深入,互联网技术将渗透到企业管理的各个方面,形成数据驱动式业务体系,全面提升企业的业务运作效率。

著名管理学家彼得·德鲁克曾说过:"你如果无法衡量它,就无法管理它。"在了解企业的数字化能力后,我们就能明确数字化建设的重点、难点,从而为企业制定最合适的数字化转型方案,进一步推动企业的数字化转型。

4.3.2 数字化能力:赋能、优化、转型

根据大型企业信息化发展的现状,在充分考虑企业组织架构、运营模式和业务发展的特点后,我们可以将企业的数字化能力简单分为赋能、优化、转型3个层级,如图4-2所示。下面我们以中国石化为例,对这3个层次进行详解。

数字化能力的第一个层级是赋能,也就是对传统的业务流程进行数字化赋能。中国石化通过搭建ERP、智能管道、资金集中等数字化系统,实现了对企业管理

模式的优化，企业的管控能力得到了加强，运行效率也得到了提升。以智能管道系统为例，它让中国石化能够精准掌控 3 万余公里的管道，全方位提升了中国石化的巡逻效率、防盗能力以及面对突发事件的指挥能力。

```
赋能
 ↓
优化
 ↓
转型
```

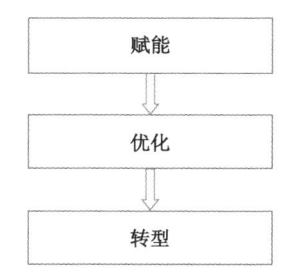

图 4-2　数字化能力的 3 个层次

在企业达到赋能层级后，其业务流程、设备装置等都会逐渐数字化，这也对企业的数据计算能力提出了更高的要求。达到数字化赋能层级的企业，业务会更标准，组织架构会更透明，员工的工作能力也会得到显著的提升。

数字化能力的第二个层级是优化。企业达到优化层级后，就可以借助大数据技术实现对业务流程的优化，这也可以有效提升企业的核心竞争力。例如，中国石化就利用数字技术建立了炼化项目的优化系统，这个系统可以针对供应商的技术特点为中国石化提供最优的原油采购方案，从而实现效益的最大化。此外，中国石化还在炼化装置中增加了过程控制系统，这个系统可以精准地控制生产，实现投入产出比的最大化。

达到优化层级的企业最大的特征是实现了数据资产化。这些企业可以将多年积累的数据沉淀为宝贵的数字资产，充分挖掘和利用数据的价值，从而促进业务流程的变革，最终使企业的组织架构更扁平。

数字化能力的第三个层级是转型，转型主要体现在企业的商业模式与运营模式的变革。例如，在"石化 e 贸"正式上线后，中国石化的销售模式就从传统的渠道销售转变为新型的平台销售。此外，中国石化还可以利用摄像头自动监控人员滞留情况，使巡检模式从定时巡检转变为发现问题时再巡检。

赋能和优化的本质是对现有业务的优化和改造，转型则是超越现有的业务与领域，创造全新的商业模式。数字化转型的3个层级是递进的，也是相互交叠的。企业不仅可以分布骤推进，还可以同步推进。当企业达到转型层级后，就可以向其他合作伙伴输出经验与技术，以换取其他资源。

4.4 建立数字化转型团队

人才是企业成功实现数字化转型的关键要素。数字化转型道阻且长，因此企业需要建立数字化转型团队，确保企业的数字化转型有科学的领导和精通技术的执行团队。

4.4.1 董事会：依据业务特性判断转型目标

数字化浪潮引领了各行各业的发展。数字化转型对于企业的影响也日益深远，越来越多的企业开始利用数字化技术进行自身产品和服务的创新，实现经济效益的最大化。企业要想实现数字化转型就必须对组织进行数字化调整、明确转型定位。在企业的数字化转型进程中，董事会扮演着重要的角色。

通常情况下，董事会会通过以下3种方式充分利用企业内部的信息化数据，全面推进企业的发展规划，进一步加速企业的数字化进程。

（1）梳理转型方案

董事会是整个企业组织架构的顶端，其工作重点在于战略的制定。但在数字化转型的过程中，除了要制定企业的发展战略外，董事会还要持续跟进数字化转型的过程，并根据执行情况及时调整转型方向。因此，董事会需要对数字化转型的整体方案进行梳理，并以行业发展的趋势和企业的业务特点为基础，确立转型的战略目标及阶段目标。

（2）设立监督组织

持续跟进转型进程需要耗费大量的时间和精力，对此，董事会可以设立专门的监督组织，对转型的进程及效果进行监督管理，为后续的战略制定提供更多的参考依据。作为政策的制定者，董事会并不会直接参与数字化转型的具体工作。因此，董事会还需要选用合适的人才作为执行团队的成员，从而保证执行团队的业务能力及调控能力。

（3）聘请数字化人才

数字化的浪潮不仅会颠覆传统行业的业务模式及管理模式，还会对董事会的组织架构产生冲击。因此，为积极应对数字化转型过程中的挑战，董事会需要聘请数字化人才，增强相关决策的科学性和可行性。引入拥有数字化转型经验的新成员，可以优化传统的企业架构，制定有利于数字化业务执行的模式及制度，由内而外地推动企业数字化转型。

在企业进行数字化转型的过程中，董事会还要依据企业的业务特性判断转型目标，并利用数字化技术优化自身的业务和产品，充分挖掘数字化转型的价值，在激烈的市场竞争中立于不败之地。

4.4.2　CEO：协调各方资源促进转型

数字化时代，实现数字化转型几乎成为每家企业的迫切需求。在上一小节中，我们已经讲述了董事会该如何推进数字化转型，那么CEO又该如何把握数字化转型的脉搏，推进企业的数字化转型呢？

CEO可以通过搭建数字化领导组织的方式协调各方资源，从而促进企业的数字化转型。企业的组织架构是企业进行资源分配、开展业务、落实管理制定的基本保障。组织架构的搭建，可以增强团队的协作能力，使团队成员的配合更默契、更规范，从而提升团队的整体工作效率。

在搭建组织架构的过程中，CEO需要对团队的职能进行梳理，并根据每个人的能力为其分配不同的工作内容。在搭建数字化领导组织过程中，除了要考虑企业的战略规划外，CEO还需要考虑项目的预算成本、现有的技术水平及当前的经营模式，从而有序、稳定地推进数字化转型。

在数字化领导组织搭建完毕后，CEO 还要选择各项业务的核心负责人。选出的核心负责人需要配合 CEO 搭建数字化的组织架构，并带领团队积极应对转型过程中的挑战。

数字化领导组织的搭建加强了不同领域的领导之间的合作与交流，为数字化团队实现信息共享和资源协作提供了沟通与协作的平台。

4.4.3　建设数字化人才管理系统

如今是信息化、数字化、科技化的时代。那些原本依赖劳动力的工作，现在都可以由相应的机器设备来完成。这也意味着，企业对普通劳动力的依赖越来越小，对高素质人才的需求越来越大，现代企业之间的竞争也逐步转化为人才软实力的竞争。因此，我们应该着手打造数字化人才库，积极推进企业的数字化布局。

我们可以从以下两个方面入手打造数字化人才库，如图 4-3 所示。

1. 建立人才信息库
2. 充分挖掘数据价值

图 4-3　打造数字化人才库的方法

（1）建立人才信息库

在建立人才信息库前，我们需要将企业内外部的简历资源进行全面整合，并利用大数据、人工智能等互联网技术对简历进行分拣与解析，分别绘制岗位与所需人才的画像。通过这种方式匹配与岗位最合适的人才。当然，不同类型的企业所建立的人才信息库也应该有所不同，我们应该根据企业的实际情况建立对应的人才信息库。

建立人才信息库后，我们就可以对企业的现有人才及储备人才进行管理，不断沉淀企业外部的优质人才，为企业的数字化转型提供强有力的人才支持。

（2）充分挖掘数据价值

数字时代，我们更应该充分发挥企业的数据分析能力，深入挖掘人力资源数据的价值，利用数据了解企业的需求人才，增强人力决策的科学性。

在建立数字化人才库后，我们就可以在其基础上建立人才管理系统，自动生成可视化图表，如团队绩效、招聘效能、招聘结果分析报告等，如图 4-4 所示。

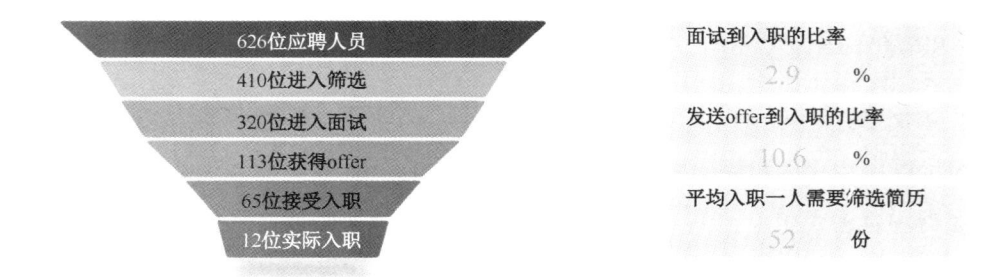

```
626位应聘人员
410位进入筛选
320位进入面试
113位获得offer
65位接受入职
12位实际入职
```

面试到入职的比率
2.9 %

发送offer到入职的比率
10.6 %

平均入职一人需要筛选简历
52 份

图 4-4 招聘结果分析报告

这些可视化图表可以帮助管理人员更直观地了解招聘指标间的关联与发展趋势，做好企业的人才储备，进一步推动企业的人力资源数字化进程。

在移动互联网时代，数据的地位越来越突出，对于任何行业而言，打造数字化人才库都是一项极为重要的工作。因此，我们也需要积累更多有效数据，打造数字化人才库，全方位推动企业的数字化进程。

第5章

落地：数字化治理体系及落地战术

数字化转型不只是解决技术应用问题，也不只是解决战略和框架问题，而是要从根本上改变企业的运行模式，即从完全靠"人"驱动的传统运营模式，转化到以数据为抓手的"人机协作"智能运营模式。在拥有数字化技术能力，以及数字化战略和框架后，企业就要制定切实可行的战术，使数字化转型战略顺利落地。

5.1 数字化治理体系

数字化治理体系需要以数字化战略为指导目标，以"三大支撑"和"八项战术"为落地保障，沿着"准备—实施—回顾—推广"的路径，不断地由点及面，扩大变革范围，直到最后实现核心业务的全面转型。

5.1.1 数字化治理体系设计

我将数字化治理体系整理成图，以便企业更清楚地了解应该如何设计一个科学、合理的数字化治理体系，如图 5-1 所示。

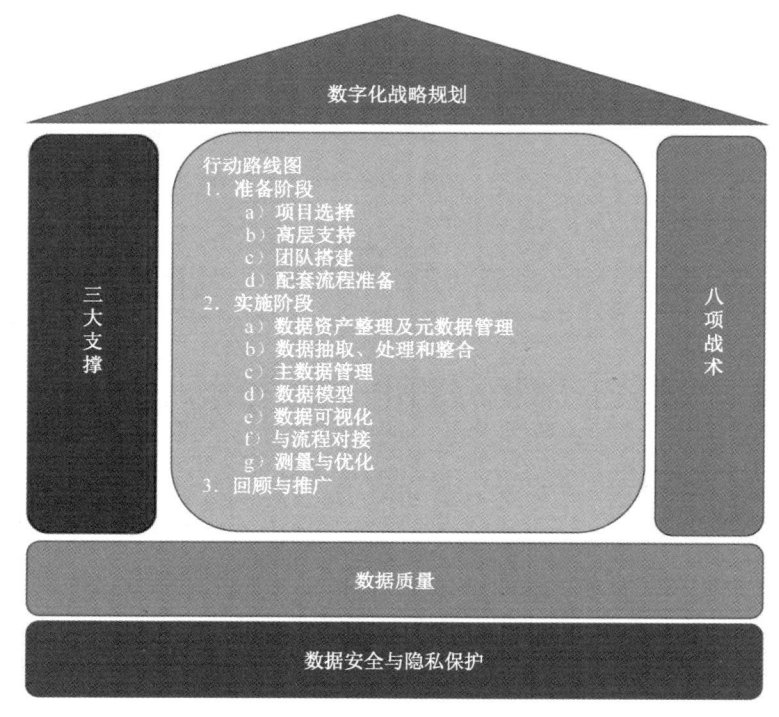

```
                    数字化战略规划

        行动路线图
        1. 准备阶段
             a) 项目选择
             b) 高层支持
   三       c) 团队搭建                     八
   大       d) 配套流程准备                 项
   支    2. 实施阶段                        战
   撑       a) 数据资产整理及元数据管理     术
            b) 数据抽取、处理和整合
            c) 主数据管理
            d) 数据模型
            e) 数据可视化
            f) 与流程对接
            g) 测量与优化
        3. 回顾与推广

                    数据质量

              数据安全与隐私保护
```

图 5-1　数字化治理体系

第一，企业必须有明确的数字化战略规划，这是一切行动的方向。如果企业在进行数字化转型时总是抱着"走一步看一步"的想法，无异于浪费资源。

第二，有了清晰的数字化战略规划，企业就应该思考，如果实施数字化转型方案，需要哪些方面的投入和支撑。我基于数字化转型的需要提出了三大支撑（图中左边），即思维与文化、人才与技术、组织与流程。

第三，数字化转型需要一些科学、有效的战术，以帮助企业达成数字化转型的目标。我总结了八项战术（图中右边），包括从上到下与从下到上、由点到面、由内到外、从现有到创造、共享共赢、跨部门与模块、测量、生命周期管理。

第四，综合上述内容，企业就可以描绘出完整的数字化转型行动路线图（图中中间）。

需要注意的是，在数字化转型过程中，数据质量、数据安全与隐私保护是企业可以成功打造上层建筑的基础保障（图中下边）。

5.1.2 数字化应用的三大支撑条件

所谓支撑条件，其实就是必要条件，即进行数字化转型所必须具备的资源，如图 5-2 所示。

图 5-2　数字化应用的三大支撑条件

（1）思维与文化

思维与文化看似很空泛，却是孕育一切的"孵化器"。如果企业长期在现行模式下运营，就会形成惯性思维。这些思维也许在以前是正确的，曾经帮助企业获得了更好的发展，但在数字化时代来临时，却很可能成为阻碍企业发展的因素。

核心管理层和决策层必须深刻地认识到，数字化时代企业转型的必要性和紧迫性也必须了解到，数字化转型所带来的极大变革。在这种情况下，企业要么选择拥抱这个趋势，要么就只能被竞争对手打败，被时代淘汰。他们只有充分认识到这一点，才可以练就打破思维定式和现有利益格局的勇气与魄力。

当然，只有管理层和决策层有这种认识是不够的，企业需要自上而下地推广这种认识。只有将数字化思维植入每个员工的思想中，企业才可能更顺利地完成数字化转型。

（2）人才与技术

除了要对数字化转型有足够的认识，企业还要引进技术人才。具体而言，一个成功的数字化人才至少需要具备以下 3 种基本技能。

1）计算机技能。企业需要软件工程师、数据工程师等传统 IT 人才建立灵活的数据管理系统，将所有业务数据都储存、整合到数据库中。此外，企业还要设计开放式接口，以便与其他企业进行更高效的数据交换与共享。

2）业务技能。数据能够反映业务逻辑，也能够解决业务中存在的问题。这就意味着，如果没有资深的业务顾问，即使企业拥有海量数据，也不知道应该如何挖掘价值。

3）数据分析与挖掘技能。基于对业务逻辑和目标的深入了解，数据工程师或数据分析师可以对数据库中的数据进行分析和价值挖掘，然后形成适用于不同业务的数据模型。这些数据模型一旦通过验证，就可以推动企业的数字化转型进程。如果企业将这些数据模型植入到数字化系统中，还可以对业务情况进行实时监控、分析和预警。

事实上，企业通常很难找到同时拥有以上 3 种技能的人才。因此，企业需要引进拥有不同技能的人才，让他们充分融合和协作，共同推动企业的数字化转型进程。

（3）组织与流程

即使企业引进了有技能的人才，但如果没有组织与流程方面的保障，数字化转型还是无法顺利进行。数字化转型不仅需要数据部门收集和分析数据，企业还要从实际业务出发，通过数据发现问题和机会，然后将数据分析结果与运营和执行系统对接，从而将已经发现的问题与机会变成可行性方案，并通过配套流程使方案成功落地。

具体而言，企业可从以下几个方面着手建立适用于数字化转型的组织与流程。

第一，设置首席数据官。

并非只有互联网公司需要首席数据官（CDO）。传统企业如果想全面实现数字化战略，也应当设置 CDO，而且 CDO 应该直接向 CEO 汇报工作。这样有利于保证数字化项目可以得到企业高层人员的长期支持。

通常 CDO 的主要职责是制定和实施企业的数字化战略，该职责的实现需要职能部门和业务部门的支持，甚至可能需要对现有的职能部门和业务部门进行一定程度的改造。所以，企业只有设置CDO，才有可能实现各部门的协调与沟通，从而扫除数字化转型过程中的障碍。

第二，重新定位信息技术部门。

传统企业的信息技术（IT）部门通常只是一个独立部门，其主要职责是为企业各项业务提供技术支持、维护计算机和网络的正常运行等。

但在数字化时代，IT部门在原来职责的基础上，需要增加新职责，即构建与维护企业的数字化系统。因为数字化转型必须与实际业务紧密结合，所以数字化系统也需要与业务部门无缝对接，以便企业可以及时获取业务部门的数据和业务需求，并将这些数据和业务需求整合到数字化系统中，保证数字化系统输出的结果能与业务部门的执行流程顺利对接。

第三，给关键业务部门配备数字化专家。

在传统企业中，IT部门虽然有计算机技能，但对具体的业务可能了解不深。而业务部门虽然有良好的业务技能，但通常无法将自己的需求顺利转化为数字化系统中的实用功能。因此，为了使数字化战略成功落地，企业必须将计算机技能、业务技能、数据分析与挖掘技能结合起来。为了达到这个目标，企业需要给关键业务部门配备数字化专家或数据分析师。

一方面，数字化专家或数据分析师每天在业务部门工作，对业务逻辑和细节有比较深入的了解；另一方面，他们需要与IT部门紧密合作，将数据和业务需求及时反馈给IT部门，再由IT部门进行数据整合。然后，他们可以基于数字化系统，对数据进行分析和挖掘，并将结果，即数据模型，应用到实际的业务流程中，从而帮助企业进一步优化流程。

第四，建立相关流程，保障数据分析结果可以自动或人工执行。

一旦企业有了数字化系统和数据模型，就应该建立合适的流程来保障其中的数据可以产生有价值的结果，将这个结果及时应用于数字化实践中。这种应用可以是自动的，也可以是人工的。自动应用指的是将数据模型输出的结果直接对接到业务系统中，触发业务系统中的活动。人工应用指的是将结果及时送达给相关决策者或执行者，由他们采取某些措施。无论是自动应用还是人工应用，企业都必须建立流程，否则数字化战略将无法成功落地。

5.2 数字化应用的八大关键战术

明确了战略目标，并且有了思维与文化、组织与流程、人才与技术 3 项核心保障之后，企业在正式实施数字化变革项目之前，还需要在战术层面做一些准备，从而达到事半功倍的效果。

5.2.1 从上到下与从下到上

从上到下与从下到上是两种不同的解决问题的方式。

从上到下指的是从宏观到微观、先制订计划再执行的解决问题的方式。以建筑设计为例，首先要由资深设计师将整个建筑的方方面面规划清楚，然后再由施工队按照图纸严格施工。传统企业的运作模式也大多如此。

从下到上体现了一种自由的演进，主要依靠每个个体发挥各自的能动性，然后在群体层面实现目标。人类社会的发展，以及互联网本身的发展，都是从下到上演进的结果。

进行数字化转型时，如果企业依靠从上到下的方式，那就要有正确的数字化战略和执行数字化战略的团队。这个团队需要对企业的方方面面都有深入的了解，然后在此基础上规划企业的数字化系统。然而，企业管理层制定的数字化发展战略不一定是正确的，执行团队在执行过程中也有可能出现偏差，因此，由上到下的方式可能导致企业的数字化转型失败，或者导致组织缺乏活力。

与之相对，如果使用从下到上的方式执行数字化战略，没有统一的设计和规划，需要团队自己完成项目和流程，那么团队就要有非常高的数据意识和数据素养，但其实很少有团队具备这个条件。

综上所述，企业既不能完全依靠从上到下的方式，也不能只使用从下到上的方式，而是要综合两者的优势，将两者结合起来执行数字化转型战略。具体而言，企业除了要建立一支核心团队，并为该团队设定数字化战略及目标以外，还要为各部门选拔和培养数字化人才，持续不断地为各部门提供支持。

同时，那些被选拔和培养为数字化战略执行者的员工，需要回归到关键的职能部门，并结合数字化战略、自身技能、业务实际等因素，从下到上地提出和执行有价值的数字化项目。通过这样的方式，企业不仅不会浪费资源，还可以从下到上地激发团队的创造性和活力。

5.2.2 由点到面

在执行数字化战略时，一些没有完善的传统 BI 系统的企业，可以先根据自身实际情况，选择一些关键的业务"点"进行实验。这些实验既可以帮助企业孕育应用数据的文化，还可以为企业培养有数据思维和技能的团队。

当"点"的实验成功后，企业就可以对实验项目的价值、收益，以及执行过程中的经验进行总结，发挥其良好的示范作用。那些对数字化战略持保守态度的员工，在成功案例的影响下也可以打消顾虑，形成正面、积极的态度。

综上所述，除非企业已经具有非常扎实的用数据运营业务的基础，否则盲目地实施数字化战略，很可能会遭遇难以想象的障碍和阻力。在没有实验的情况下全面推行数字化战略，代价非常高，一旦遭遇到风险，企业就会对数字化战略的价值和有效性产生怀疑。

因此，企业可以使用由点到面的战术。在这个战术中，"点"的选择非常重要。企业最好先选用一些关键、难度适中的项目进行数字化实验，这样可以降低数字化转型的风险。在这些实验项目顺利完成并取得很好的结果后，企业就可以扩大数字化转型战略的执行范围。

5.2.3 由内到外

由内到外的意思是，企业首先要梳理内部数据资产，如生产数据、销售数据、库存数据、客户数据等，并对这些数据进行应用。同时，企业又不能只关注这些数据，因为外部也存在大量和业务相关的数据，例如来自供应链上下游、终端消费者的数据。

数字化系统是开放而非封闭的系统，企业只有利用好内外部数据，才可以拥有全方位的洞察业务情况的能力。但需要注意的是，数字化系统是一个从点到面不断演化和成熟的系统，这就要求企业先从使用成本低、投资回报率高的内部数据出发，逐渐扩大数据应用范围。

5.2.4 从现有到创造

数字化转型以解决业务问题为目的，所以企业首先应该明确自己有哪些业务问题，然后通过内外部可支配和使用的数据来解决这些问题。但有时企业会发现很多数据（包括自有数据和外部数据）质量不高，不足以解决这些问题。在这种情况下，企业就要主动设计场景，保证自己可以收集更多有价值、高质量的数据。

需要说明的是，这里所说的"设计场景"，与传统的市场调研是不同的。虽然在数字化转型过程中，企业并不会拒绝以人工的方式进行数据收集，但更多时候，企业还是更倾向于以数字化的方式（如互联网、软件系统、传感器、RFID 等）进行自动式数据收集。

在数字化时代，大量的人、物、事都在适应数字化趋势。如果企业获取的数据不够多，那就在一定程度上说明有一些关键场景还没有被数字化。此时，企业要做的就是通过成熟的软件和硬件将自己更多的场景实现数字化。

5.2.5 共享共赢

要想实现数字化转型，企业需要解放思想，秉持"共享共赢"的理念，与其他企业进行数据交换与共享。

当企业共享出来的数据可以帮助自己的合作伙伴或客户优化决策时，其实也是在帮助自己提升效率。例如，零售巨头沃尔玛在很多年前就投入巨资建立了一个名为 Retail Link 的互联网系统，用来免费向供应商分享产品数据以及每家门店每天的销售量和库存量。

沃尔玛之所以舍得在数据共享上投入巨资，就是因为其深刻意识到：当所有供应商了解了终端的运营状态时，这些供应商就可以更好地对产品的设计、生产、补货等方面提供优化建议，提升产品在终端的销售量和销售额。

5.2.6 跨部门与模块

数字化系统虽然是以数据为基础的，但并不是面向数据的。数字化系统应该面向企业的核心业务，以解决具体、有价值的业务问题为目标。在企业内部，能产生完整价值的不是一个个独立的职能部门，而是由各业务部门参与的一条条端到端的价值链。

数字化系统是用来解决具体的业务问题的，这就导致数字化战略的实施必然是一项跨部门、跨模块的活动。除非企业要解决的是一个相对独立、局限在某部门内部，或者可以假定外部环境稳定的业务问题。这时，企业可以在该部门内部进行小范围的数字化转型。

5.2.7 测量

著名管理学家彼得·德鲁克说过："无量化，无管理；先量化，后决策。"这一观点和我国的传统管理思想不是完全契合的，但这一观点比较适合用在以数字化信息为基础的数字化转型过程。由于数字化转型不是一蹴而就的，而是由数据驱动的不断改革和优化的动态过程。为了能够对每一次改革和优化的效果进行评估，测量的步骤必不可少。

企业可以通过设定关键 KPI 的方式对数字化转型过程进行衡量，即根据数字化转型要解决的业务问题，设计与该问题密切相关的 KPI 指标，然后不断评估这些指标，判断数字化转型是否真的有助于解决该问题。

例如在零售行业，如果零售商想重点解决门店缺货问题，那就可以在应用相关数字化系统的同时，将门店缺货率或货架缺货率等数据作为 KPI 指标来进行考核。根据考核结果，零售商可以对数字化系统和数字化战略进行有针对性的调整。

5.2.8 生命周期管理

数字化转型不是一个项目，更不是一个产品，而是在数字化时代，企业必须学会的一种思维方式和经营手段。从这个意义上来说，在企业运营的整个生命周期中，数字化转型没有终点。这就要求企业根据业务的动态发展，不断调整、优化、升级可以帮助自己进行"智慧决策"的数字化系统。

企业起初可能会从一个或几个部门开始，实施一些带有实验性质的数字化项目，然后逐渐在更多部门开展数字化项目，直到所有部门都实现由数据驱动的智能化发展。这个过程中，不仅企业的数字化转型广度会得到提升，智能化深度也会得到不断提升。

从基础的业务可视化，到通过数据模型发现问题、解决问题，再到将数据模型输出的数据直接与业务系统对接，企业的数字化转型能够实现系统自动解决问题。这意味着数字化系统地解决问题的能力会随着企业智能化水平的提升而得到提升。因此，企业必须对数字化系统进行生命周期管理。

5.3 数字化应用执行路线图

前文阐述了成功实施数字化战略所需要的三大支撑条件和八大战术，本节将综合这些内容，描绘出企业进行数字化转型的完整路线图。我将数字化战略的执行过程分为 3 个阶段：准备阶段、实施阶段、回顾与推广阶段。

5.3.1 准备阶段

企业在准备阶段的主要任务是选定数字化项目，并确定数字化项目顺利运行所需要的各项关键资源，具体主要包括以下 4 个要点。

（1）项目选择

因为数字化转型解决的是业务问题，所以企业首先应该从实际出发，确定自己面临的商业挑战。下面是一些常见的商业挑战，如表 5-1 所示。

表 5-1 常见的商业挑战

供应与采购	生产与运营	市场与销售	客户服务
降低采购成本 拓展新的供应商 提升供应链效率 优化库存管理	提升生产效率 降低生产成本 减少次品比例 提升员工满意度	市场竞争分析 获取客户需求 新市场开发 获取新客户 维持高价值老客户 提升销售业绩	提升服务效率 提升客户满意度 降低客户流失

企业需要给这些商业挑战设定优先级，并最终选择一个或几个难度适中、数据基础较好、成本可控、对业务改善比较关键的项目进行数字化改造。

（2）高层支持

数字化转型一定要有高层的参与和支持。决心进行数字化转型的价值的企业应该设置 CDO，并要求 CDO 直接向 CEO 汇报工作。即使企业暂时还没有这样的关键角色，在实施数字化战略的过程中，也应该指定级别较高的管理者来管理和协调项目进程。

数字化项目之所以需要高层支持，是因为数字化项目以解决业务问题为导向，在实施过程中往往需要各部门的参与和支持。在这个过程中，各部门不仅需要花费时间和人力资源，而且还可能影响其运作流程和管理机制，从而或多或少地对现有体系造成影响，甚至还可能影响一些部门的既得利益。所以，如果没有高层支持，项目很容易中途遇到阻碍并流于形式。

（3）团队搭建

一个数字化项目中需要有计算机专家、数据分析专家、业务专家3种不同的角色。计算机专家一般来自IT部门；数据分析专家根据企业的性质和组织架构的不同，可能隶属于IT部门，也可能隶属于业务部门（例如有些企业会为市场部门配备专业的数据分析人员）；业务专家毫无疑问是隶属于业务部门。企业需要根据数字化项目的实际发展需要，将这些角色整合到一个团队中，使大家紧密协作，共同推动企业的数字化转型进程。

很多中小企业可能根本没有具备数据分析技能的人才，其IT人员可能也不具备大规模、分布式处理和存储数据的技能。对于这种情况，企业应当积极向外部寻求支持。随着行业整体数字化转型的不断推进，未来会有越来越多第三方机构基于云计算、人工智能等技术向中小企业提供数字化服务。这类机构可以很好地弥补中小企业缺乏数字化技能的短板。

图5-3展示了中小企业使用第三方大数据云平台的方式。

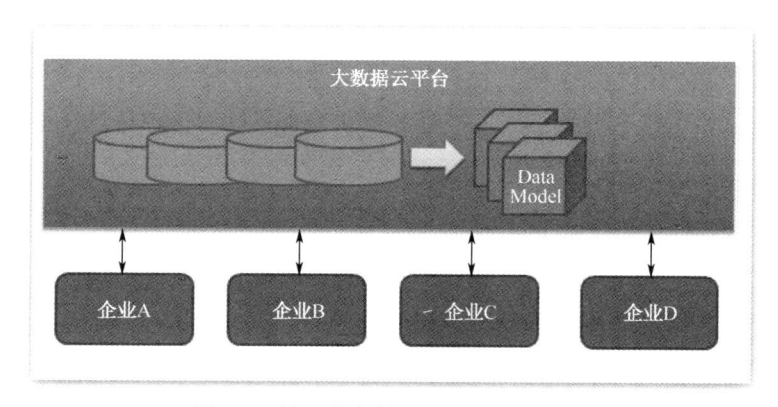

图5-3 第三方大数据云平台使用方式

中小企业使用第三方大数据云平台的步骤有以下几个

① 大数据云平台的业务顾问可以与企业的业务人员对接，了解企业的业务现状以及企业想要解决的业务问题。

② 基于对业务问题的理解，业务顾问会着手了解企业内部和外部所有与待解

决问题相关的数据,并为企业制定科学、合理的解决方案。

③ 数据工程师会根据数据需求为企业设计数据存储、抽取、清理的逻辑和程序,等这些自动化程序设计好后,企业的数据就会被整合到大数据云平台的数据库中。

④ 数据工程师可以基于整合好的数据进行深入的数据分析与挖掘,通过云端可视化报表等方式,让企业清楚地了解自己的业务中存在的问题。

⑤ 业务顾问基于数据分析结果,可以与企业的业务人员再一次对接,推动业务解决方案在企业内部落地和实施。

依托于第三方的服务,中小企业可以拥有实施数字化战略的能力。这种服务只要按需定制和付费。相较于投入巨资在企业内部实施数字化项目,选择与提供这种服务的第三方合作会让企业的数字化转型成本低很多。

(4) 配套流程准备

因为数字化系统不是传统的商业智能系统,所以从数据中分析出问题并不是最终目的,企业还需要根据数据分析结果,建立相应的执行系统,将数据分析结果真正转化为推动业务变革的力量。这要求各业务部门提前梳理执行的流程,从而更充分有效地应用数据分析结果。

例如,一家提供网络和电话订餐服务的连锁快餐品牌,经过多年发展已经拥有了上百万个用户。之前,该企业只是被动地接受预订,然后制作和配送餐品,并没有充分利用用户数据。现在该企业想要依靠数字化技术进行精准营销,即根据某个用户的消费习惯为其推送定制促销信息,或者当发现某个用户即将流失时,为其推送优惠服务将其挽回。

利用数字化技术,企业可以根据用户数据对用户进行分类和标签化,然后为每类用户制定不同的优化建议;也可以通过用户流失模型对用户流失率进行预测,一旦发现用户流失率超过警戒线,就将即将流失的用户加入观察名单。

然而,即使这些分析结果可以每天定时地由数字化系统推送给执行部门,但如果执行部门没有配套的流程来将这些分析结果应用在实践中,那么数字化项目也不能顺利进行。只有执行部门设定了自动或半自动化的流程，将根据这些分析结果得出的优化建议通过短信、电话或邮件的形式发送给用户，才能真正地使数字化项目的价值发挥出来。

5.3.2 实施阶段

实施阶段主要分为 3 个部分，如图 5-4 所示。第一部分是数据，即根据项目范围，将企业内部和外部与业务问题相关的所有数据进行清理和整合；第二部分是分析，即数据分析人员将对数据进行基础分析和高级分析；第三部分是执行，即根据数据分析结果，与业务部门确定执行流程，使数据分析结果得到妥善应用。

```
数据
  • （1）数据资产整理与元数据管理
  • （2）数据抽取、处理和整合
  • （3）主数据管理

分析
  • （4）数据模型
  • （5）数据可视化

执行
  • （6）与流程对接
  • （7）测量与优化
```

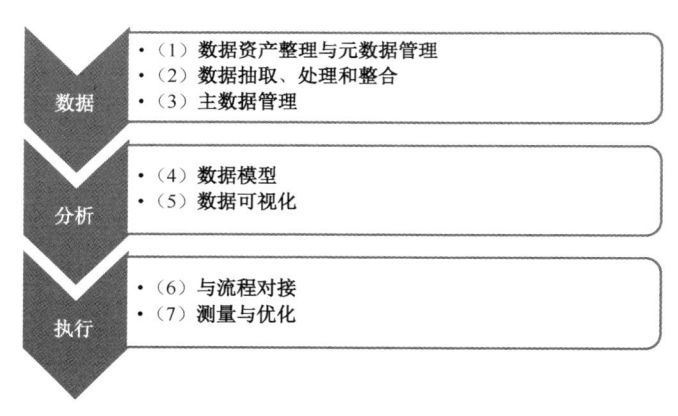

图 5-4　数字化应用实施阶段

（1）数据资产整理与元数据管理

企业的数据资产是与业务相关的所有数据的总和。以往，很多企业并未将数据作为资产。但随着数字化时代的来临，数据作为企业的核心竞争力，将会成为企业重要的资产之一。既然数据是重要资产，那么数据就应该像现金或者固定资产一样，被高效和精确地管理，因为有效管理是高效应用的前提。

记录数据资产情况的数据是"元数据"，即关于数据的数据。企业也可以将元数据看作数据资产的清单。通过元数据，企业可以清楚了解到内外部数据的具体情况，包括这些数据来源于哪里、与什么相关、颗粒度是多少、是结构化还是非结构化的、更新机制和频率如何等。随着计算机、互联网，以及各种软件、应用的普及，内外部数据的种类越来越丰富。企业可以从以下几个角度对这些数据进行分类。

① 从类型角度，企业可以将数据分为结构化数据、非结构化数据、半结构化数据。

② 从来源角度，企业可以将数据分为内部数据、外部数据。

③ 从格式角度，企业可以将数据分为图片、文字、声音、视频等。

这些分类方法可以结合使用，以便对数据进行更精准的定位。表 5-2 是常见的典型数据分类。

表 5-2　典型数据分类

	结构化数据	非结构化数据
内部数据	采购和订单系统数据 ERP 系统数据 CRM 系统数据 BI/DW 数据 财务数据	邮件系统数据 企业内部各类文档、图片、视频等数据
外部数据	宏观经济及人口统计数据 市场调研数据（如尼尔森） 上游供应商系统 下游客户系统数据 公共服务数据：如 GPS	互联网社交网络数据 竞争情报数据 品牌及社会舆论

对数据精准分类后，接下来企业就可以建立元数据库。由于很多企业只是对某一个或几个特定项目进行数字化应用实践，因此这些企业不必为所有数据建档，而是重点关注与项目相关的数据即可。企业可以在项目实施过程中建立元数据管理模板，记录重点关注的数据，并将元数据管理模板在内部共享。将来，随着项目在企业内部的不断推进，越来越多数据会以同样的格式被记录到元数据管理模板中，如表 5-3 所示。

表 5-3　元数据管理模板

数据名称	数据源	数据格式	数据颗粒度	更新方式	更新频率	说明
…	…	…	…	…	…	…

① 数据名称：数据所包含内容的概要描述。

② 数据源：数据存放在哪里。

③ 数据格式：结构化数据还是非结构化数据？如果是结构化数据，说明其包含哪些字段；如果是非结构化数据，详细描述其格式。

④ 数据颗粒度：数据集组成的最小单元是什么。

⑤ 更新方法：是静态数据还是动态数据？若是动态数据，由谁以何种方式更新？

⑥ 更新频率：数据多久更新一次？

⑦ 说明：除上述信息之外的其他关键信息。

（2）数据抽取、处理和整合

在对数据有一个比较清楚的了解后，企业就要建立数据库，并将数据从各种不同的数据源中自动抽取到数字化平台上。如果数据规模不大，那么企业可以采用传统的数据库储存数据；如果数据规模很大，一台计算机或一个服务器无法承载，那么企业就要采用分布式储存系统。根据数据的不同类型，企业需要选择不同的储存系统，表 5-4 是常用的数据储存方式。

表 5-4　数据储存系统

数据类型	储存方式
结构化关系数据	1. 传统关系数据库，如 Microsoft SQL Server、IBM DB2、Oracle 2. 大规模并行处理数据库，如 Vertica、Greenplum
非结构化数据	1. 分布式文件系统，如 Hadoop HDFS、Google Big Table 2. 非关系型数据库，如 Hbase、MongoDB

有了数据存储系统，企业下一步要做的就是设计数据的抽取和转换逻辑，将数据从各数据源中复制或迁移到大数据平台上。这个过程要使用各种编程语言，如 Java、Scala、Python 等，也可以使用商业类或开源类数据软件，如 IBM 的

DataStage、Informatica 的 PowerCenter、微软公司的 SSIS，以及开源的 Kettle 等。

（3）主数据管理

主数据是在企业运营过程中，对关键业务对象的识别和描述信息。例如，对于零售行业而言，与产品、门店、顾客、设备等相关的数据都属于主数据。主数据之所以关键，是因为它会在企业的各部门及各种不同的计算机系统中被共享。如果主数据出现错误，就会使其他数据无法进行有效关联，最终导致数据无法正确地反映业务情况。如果基于这样的数据进行决策，就会出现决策偏差和失误。所以，主数据的质量非常重要。

以零售行业的产品编号为例，某制造商制造的产品，可能在很多不同的超市、便利店、网上进行零售，这些零售渠道会为同一种产品分配不同的编号。

假设制造商想了解某件产品在所有渠道的销售业绩，那就需要关联来自不同渠道的编号。这时比较好的方法就是将各种不同的编号都统一映射到唯一的条形识别码上。对于制造商来说，条形码及该条形码所对应的各渠道的编号都是关键的主数据。

企业要想使用好主数据，就需要对主数据进行中心化管理，而且最好通过唯一入口对主数据进行更新和维护。

（4）数据模型

当所有数据都被整合到统一的数据平台上时，就可以对这些数据进行分析了。需要注意的是，由于当前对非结构化数据直接进行分析和挖掘的计算机算法还不是很完善，因此企业通常还是会先把非结构化数据转化为结构化数据，然后再对其进行分析。

例如，企业可以采集用户访问日志中的非结构化数据，然后以此为基础对用户进行标签化处理，这个处理过程其实就是将非结构化数据结构化。有了这些结构化数据，企业就可以使用相应的工具对用户行为进行分析。

在分析数据时，企业可以使用现成的软件，如 Excel、SPSS、SAS 等，也可以使用微软、IBM等公司提供的数据分析工具，甚至还可以使用程序开发语言，如SQL、R、Python等。

（5）数据可视化

数据分析结果的一个主要呈现方式，就是可视化报表。通过可视化报表，企业的运营者和决策者可以非常直观地了解业务情况，并对业务问题进行及时干预和处理。在数据可视化领域，有很多的现成的商业类软件或开源类软件可以使用。商业类软件包括微软的Power BI、IBM的Cognos、SAP的Crystal Report，以及最近几年非常流行的Tableau，如帆软的报表体系等。开源类软件包括Pentaho、Birt等。

传统的数据可视化，主要以历史数据的分析和展示为主。当前结合先进的批流一体技术，使得一些领先的数字化企业，可以实现实时业务数据的可视化，例如数字可视化大屏等。通过看板，企业可以实时看到全国范围内各个区域的业务运营状况。

一些大型数据分析软件供应商已经提供了一整套比较完善的工具组件，企业可以利用这些工具进行从数据清洗、整理、存储，到数据分析与建模，再到数据可视化的全部数据操作。

想进行数字化转型的企业要根据数据环境、规模、成本等因素选择适合自己的数据分析工具。需要注意的是，数据分析工具本身不产生任何价值，企业需要熟悉这些工具的使用方法和编程接口，结合自己对业务的了解，利用这些工具建立面向业务的分析模型。

（6）与流程对接

将数据分析结果展示在可视化报表上是远远不够的，更重要的是实现基于"人机结合"的智能化运营。这需要企业将自己得到的有价值的、可以直接驱动执行的数据实时发送到执行系统上，优化相应的业务环节。

也就是说，数据模型和数字化系统有两个输出接口，一个接口是对"人"的，即数据的可视化展示，以及实时业务异常预警；另一个接口是对"机器"的，即将数量多、规则明确、无须人干预、可直接被执行的数据发送到执行系统上，使这些数据可以被自动处理。

（7）测量与优化

测量是为了衡量数字化转型的效果。通过不断监控一些重要的 KPI 指标，企业可以知道基于数字化分析所给出的建议是否可以真正解决业务问题。如果企业发现数字化转型的效果不佳，那就应该立刻对模型进行优化，继续测量，直到达到预期效果。

5.3.3 回顾与推广阶段

当一个或若干个数字化项目被顺利执行，企业就可以趁势在内部对其进行大力推广，从而使数字化转型的效果最大化，最终实现全方位的数字化运营。

企业可以重点从以下几个方面进行回顾与推广。

（1）项目的目标；

（2）实施项目的过程；

（3）获得的收益和改变；

（4）实施过程中遇到的挑战；

（5）总结出的最佳实践方法。

企业可以根据项目的收益，对参与项目的相关人员和团队进行奖励。这种奖励可以将企业的收益与个人的收益统一起来，有利于在内部产生示范和激励效应。

5.4 数字化应用过程中的数据管理

高质量的数据分析结果必须以高质量的数据为基础。因此，数据管理也是数字化转型过程中的一个重要环节。

5.4.1 数据质量

为了进行数据分析，企业要整合来自各种不同数据源的结构化数据和非结构化数据，而不同的数据源，其数据质量可能差异很大。一般关键业务系统中的结构化数据，质量可能远远高于网上的社交数据。为了提高数据质量，企业可以采用以下有效方法。

（1）规范关键数据的格式与规则

以时间数据为例，不同的企业可能会将时间数据以不同的格式储存，例如"2022-08-10"和"Aug.10.2022"表示的是同一个日期，但因为格式不同，会造成数据分析的障碍。对于这些格式不同，但表达同样含义的数据，在数据整合的过程中，企业需要将其识别出来，并对其进行规范化和一致化处理。

（2）数据评估与数据清洗处理计划

对于不同来源的数据，企业在整合前，可以对数据的正确性和完整性进行事前评估，并对不同的数据给予不同的置信度。在此基础上，企业可以为不同的数据建立不同的分析计划，例如，对于某些字段的空白记录，企业可以留空，也可以借助一些技术对空值进行拟合填充。

（3）建立数据审计系统，报告数据变化趋势

在流动过程中，数据可能会因为各种原因丢失或者出现错误。以审计为例，成熟企业在实施数字化战略的同时，可以着手建立数据审计机制，如图5-5所示。

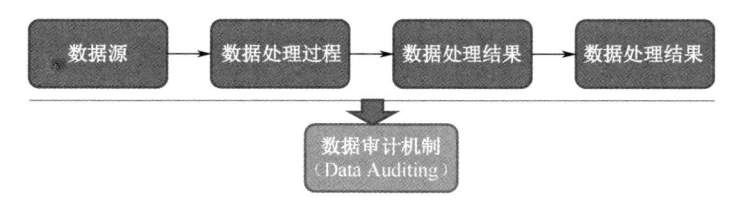

图 5-5 数据审计机制

数据审计可以监控数据总量或一些关键数据的汇总指标，也可以采用动态随机抽样的方式对数据质量进行实时判断和预警。引进这个系统的成本不高，企业

还可以借助这个系统对数据在流动过程中的各种异常情况进行识别和处理。

5.4.2 数据安全与隐私保护

由于数据分析可能涉及一些非常私密的信息，例如员工的邮件和即时通信内容，来自社交平台的私人信息，CRM 系统中的用户联系方式等。企业在实施数字化战略时，一定要事先建立好数据保护机制，具体要做到以下几点。

（1）不在未经允许的情况下使用具有侵犯隐私嫌疑的数据；

（2）私密信息需要做加密处理，而且只有专门的人员或系统可以对其进行访问；

（3）对于关键数据或隐私数据，需要有机制能够监控这些数据的所有流动和使用情况。

在法律法规层面，近年来关于数据保护的法律条款很多，企业也需要特别注意不要违反法律规定。

《中华人民共和国数据安全法》已经由中华人民共和国第十三届全国人民代表大会常务委员会第二十九次会议于 2021 年 6 月 10 日通过，自 2021 年 9 月 1 日起施行。

另外，如果企业和欧盟国家有业务往来，或有来自欧盟的消费者、客户，那还需要注意遵守 GDPR（《通用数据保护条例》）。该条例的适用范围非常广泛，任何收集、传输、保留或处理涉及欧盟所有成员国的个人信息的机构组织均受该条例的约束。例如，即使一个主体不属于欧盟成员国的企业（包括提供免费服务的企业），只要满足下列两个条件之一，就受到 GDPR 的约束。

（1）为了向欧盟境内可识别的自然人提供商品和服务而收集、处理他们的信息。

（2）为了监控欧盟境内可识别的自然人的活动而收集、处理他们的信息。

第 6 章

升维：按下数字化转型的"快捷键"

随着互联网与各产业的深度融合，消费互联网逐渐向产业互联网迈进。这无疑加大了企业对数据的需求。便捷、灵活的中台系统就成了推动企业转型的最佳工具。

6.1 转型的高级形态：产业互联网

产业互联网是指基于互联网技术，对各个产业进行重塑，从而让它们形成互联网形态和生态。产业互联网利用信息技术与互联网平台，充分发挥互联网在资源配置中的优化、集成作用，实现互联网与各产业深度融合，可以说它是一种更高级的数字化转型。

6.1.1 理论基础：什么是产业互联网

"产业互联网"这个概念一经提出就引起了业界的广泛关注，龙头企业的拥趸以及资本的加持更是把这个概念推向了风口浪尖。

很多人将产业互联网视为互联网的延续。他们认为产业互联网与互联网只存在连接对象的差异。产业互联网诞生初期，企业通常将其用于维护自身的中心性，但这种方式只能短暂地获取 B 端流量，并不能够实际解决企业面临的发展问题。

企业对于产业互联网的错误理解并没有对它的发展造成阻碍。随着实践的深入，人们对产业互联网的本质、产业互联网落地方式等问题也有了新的理解。我们可以从互联网龙头企业的业务布局中发现一些端倪。阿里巴巴打造的 C2M 超级工厂、京东的智慧零售战略以及拼多多研发的分布式 AI 技术，它们的底层逻辑其实都是去中心化。

中心化、平台化的互联网企业将作为一个环节、一项流程成为产业的一部分。互联网企业也将通过新型技术与传统行业进行融合，以一种全新的方式实现产业端与消费端的对接。拼多多研发的分布式 AI 技术增强了互联网的普惠性，使产业更多元、消费更均衡。这种去中心化的逻辑也是拼多多有机会借助产业互联网的浪潮崛起的关键原因。

随着数字技术的深入发展，以去中心化为核心逻辑，推动产业多元化发展的产业互联网逐渐成为企业的发展重点。在不远的将来，产业互联网将彻底与互联网模式区分开，并进入全新的发展阶段中，拉开产业互联网时代的序幕。

6.1.2　新时代的生产力革命

在某种意义上，人类文明的发展过程就是生产力的发展过程。数字化时代给企业带来了一场新型的生产力革命——产业互联网。产业互联网借助数字化科技的力量，对各个行业的产业链、价值链进行重构，使整个行业产生质的飞跃。

产业互联网的发展路径与消费互联网截然不同，它对于生产流程的控制性具有更高的要求，这也意味着，流水线型生产更容易促进产业互联网的发展。以物流行业为例，标准化、流程化的运营模式能够显著提升物流企业的运输效率。物流企业可以将物流运输经验总结为标准化的体系或产品，物流行业的服务也因此越来越细化。例如，现在的整车运输、零担运输曾经被统称为运输服务，零担运输也可以进一步细分为大票零担、小票零担等。

为某个行业提供深度细分的解决方案，也是产业互联网的社会使命。它将企业千差万别的需求进行分类与汇总，并为其提供一系列的相关服务，精准地创造价值。

6G 网络、量子计算机等新技术的出现将会进一步拓展产业互联网的发展空间。在不远的将来，企业可以借助产业互联网的力量，填补需求差异与执行标准之间的鸿沟，更好地实现产业互联网的社会使命，优化行业资源，促进传统行业的数字化转型。

6.1.3 搭建产业互联网

将每位用户、每家企业进行串联，让每个人都能参与到互联网的建设之中，这是产业互联网最大的特点。随着支付手段的完善、安全认证体系的建立，大量的批发业务从线下转到了线上，产业互联网也因此被人们所熟知。在搭建产业互联网的过程中，企业需要遵循以下几个基本步骤。

第一，寻找产业边界。

企业需要对产业进行研究，找到可以借助互联网技术打破的产业边界（如地域、技术、服务等），以解决产业核心需求为切入点，快速推行新业务的实施。这样企业就可以在扩大产业规模的同时，进一步提升运营效率。

例如，互联网提升了信息的传输速率和范围，同时提高了信息的透明度。我们可以借助这个特性，将产品的设计、生产、物流、库存等信息聚集起来，让所有工作人员都可以实时获取产品信息，有效提升产品的生产和物流效率，解决供需不平衡的问题。

第二，创造产业价值。

产业互联网的实现以增强产业价值为前提。如果我们建立的产业互联网不能激发用户或供应商的消费欲望，或者不能节省企业的运营成本，那它也就失去了价值。我们可以在建设初期，综合考虑产业高利润区与企业的业务规划，有针对性地选择产业互联网的建设方向。

第三，建设基础设施。

基础设施是产业互联网形成竞争优势的关键，如互联网、物联网、PaaS 平台等都是产业互联网的基础设施。企业可以利用这些基础设施,对产品进行深度量化,从而实现产品的标准化、规范化。优质的基础设施也可以帮助企业形成技术壁垒。基础设施的建设过程,在某种意义上也是形成服务价值的过程。

第四,形成规模优势。

企业达到一定规模后,企业的收益会随成本的降低而增加,这意味企业利用自身的规模优势形成了规模效应。互联网的边际成本更低、用户量更大。如果企业可以借助资本的力量形成规模优势,就可以充分利用规模效应进一步降低服务成本,增强自身的核心竞争力。

第五,构建平台生态。

形成规模优势后,大量的活跃用户又会反过来吸引供应端企业加入,从而形成完整的平台生态。这种现象又称"梅特卡夫定律",即网络价值以用户数量的平方的速度增长。产业互联网初具规模后,企业就需要建立完善的运营模式以及利益分配机制,同时还要将平台用户进行深度细分,从而吸引供应端企业加入,进一步完善平台生态。

第六,建立数据模型。

产业互联网投入使用后,随着使用人数的增加,系统内部会沉积大量数据。这时企业需要充分挖掘数据间的关联性,并利用这种关联性建立用户数据模型,进一步提升用户的转化率,充分发挥产业互联网的价值。

成功建立产业互联网后,企业就可以利用线下资源拓展线上平台,建立物流运输平台以及集成交易平台,实现线上、线下的一体化管理,充分实现企业与互联网之间的融合。

6.2 转型的利器:中台

为了满足前台快速迭代和后台稳定性的需求,中台应运而生。中台可以在前台产生需求时,快速响应,并在短时间内获得后台支持,从而提升研发效率,降低成本，提高整体工作效率。

6.2.1 什么是中台

在传统的互联网企业中，通常会按照功能将研发团队划分为前台与后台。前台即用户直接接触的部分，如 App、网站等；后台即那些不会被用户感知的部分，如企业的内部管理、后勤支持等。通常情况下，后台为整个应用提供技术支持，前台将后台的内容进行封装，用更通俗的形式展示出来。前台与后台的服务模式如图 6-1 所示。

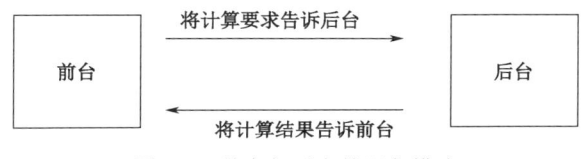

图 6-1 前台与后台的服务模式

实际上，这种前后台的模式可以最快捷地为企业提供解决方案。前台负责进行展示与交互，后台负责解决用户需求，这两者结合就是一个最简单的产品。

但随着企业业务线的增加，中台为许多企业解决了如何继续发展这一实际问题。日益激烈的市场竞争使企业不得不持续更新自身产品，前台也必须快速迭代。在这种情况下，为了支撑起更多的业务，后台会变得越来越庞大，最终无法适应前台的变化。

以电商平台为例，在企业未引入中台这个概念时，前台的每项功能都需要与后台进行对接，如图 6-2 所示。

这种链接方式要求后台的每一个模块都要与前台适配，这极大地增加了后台的研发工作量与前台的启动工作量。当后台需要进行功能升级或结构调整时，研发人员需要考虑到前后台的匹配问题，并逐一进行调整，这些琐碎的环节会在一定程度上浪费研发人员的时间与精力，从而降低研发效率。

引入中台后，企业就可以将中台作为对接枢纽，将后台的各项系统进行封装，让前台可以直接使用这些服务，无须再设计专属通道。这将会最大限度地简化企业的业务架构,如图 6-3 所示。

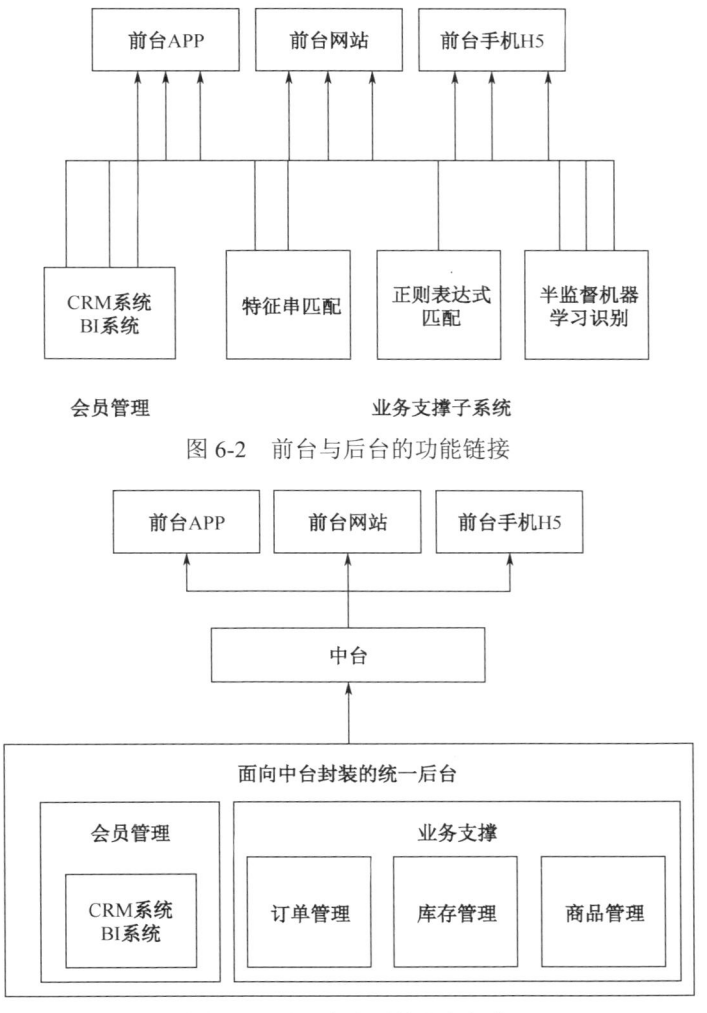

图 6-2 前台与后台的功能链接

图 6-3 引入中台后的业务架构

中台可以利用后台的服务架构快速实现试错与创新,其本质就是服务共享。企业可以将中台视为标准化的中间件。例如,研发团队可以将"用户昵称"这个项目模块化,设置成一个中台结构。当前台需要使用"用户昵称"这个项目时,可以直接调用对应的中台,从而快速实现与后台系统的对接。

如今，如何利用最低的成本在最短的时间内实现业务创新，不仅是企业提升市场份额的重要课题，更是企业实现高质量发展的重要课题。中台可以对企业的业务结构进行重构，最大限度地提升了研发团队的工作效率。

6.2.2 三种中台架构

随着数字技术的发展，用户逐渐成为商业战场上争夺的主要资源。建设中台不仅可以打破用户增量瓶颈、快速响应用户需求，还可以增强企业各部门间的协同作用和对资本市场的适应能力。中台逐渐成为企业发展的核心推动力。

我们通常会根据面向对象的不同将中台分为数据中台、技术中台、业务中台3种。

（1）数据中台

数据中台通常会从后台以及业务中台获取需求数据，在将这些数据进行整合、分析、计算、存储后，构建可复用的数据能力中心，为前台提供便于使用的数据资产。数据中台的架构如图6-4所示。

（2）技术中台

技术中台是通过资源整合将企业自有能力进行沉淀，为前台提供技术、数据等资源支持的平台。它由平台化的架构演化而来。微服务开发框架、容器云、PaaS 平台等都是技术中台的具体形式，它们都在最大限度上将烦琐的技术细节涵盖在中台内部，为前台和其他中台提供快速、便捷的基础技术。技术中台的架构如图6-5所示。

（3）业务中台

业务中台将业务管理系统汇聚起来，形成一体化的业务处理平台，如产品系统、订单系统、物流系统。它将后台的业务资源进行整合，提升了前台的业务处理能力。业务中台将各项业务的底层逻辑与实际应用分离，不仅有效降低了各部门的沟通成本，还增强了各项业务的运作效率以及员工之间、部门之间的协作效率。业务中台的架构如图6-6所示。

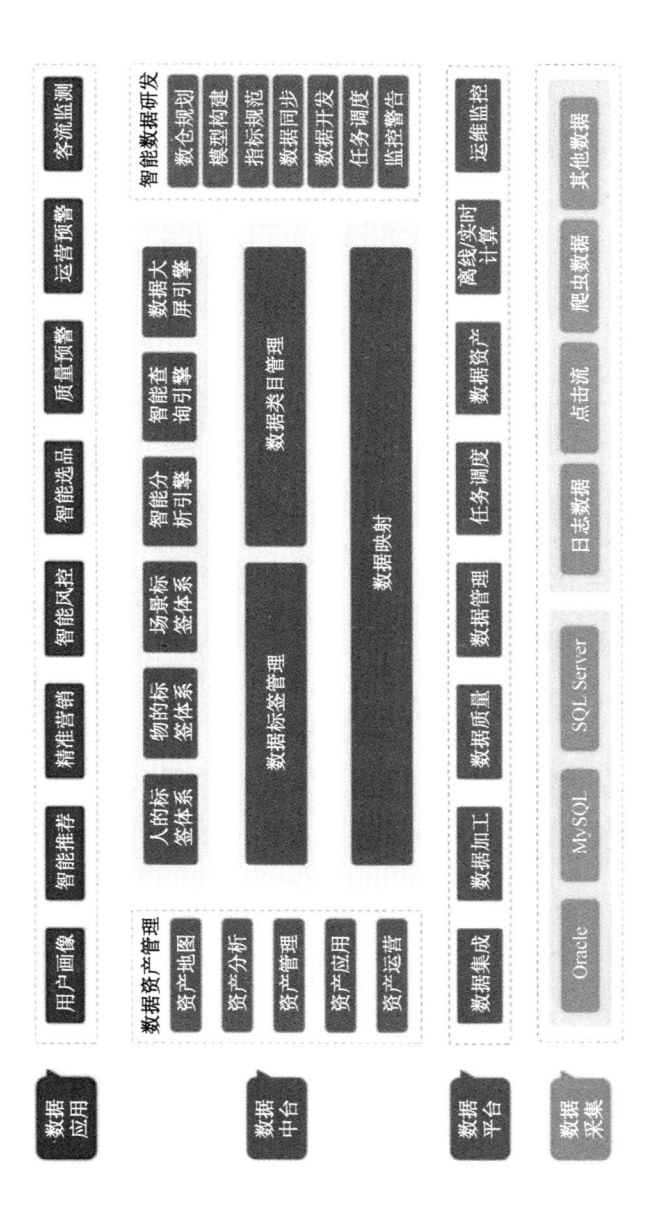

图 6-4 数据中台架构图

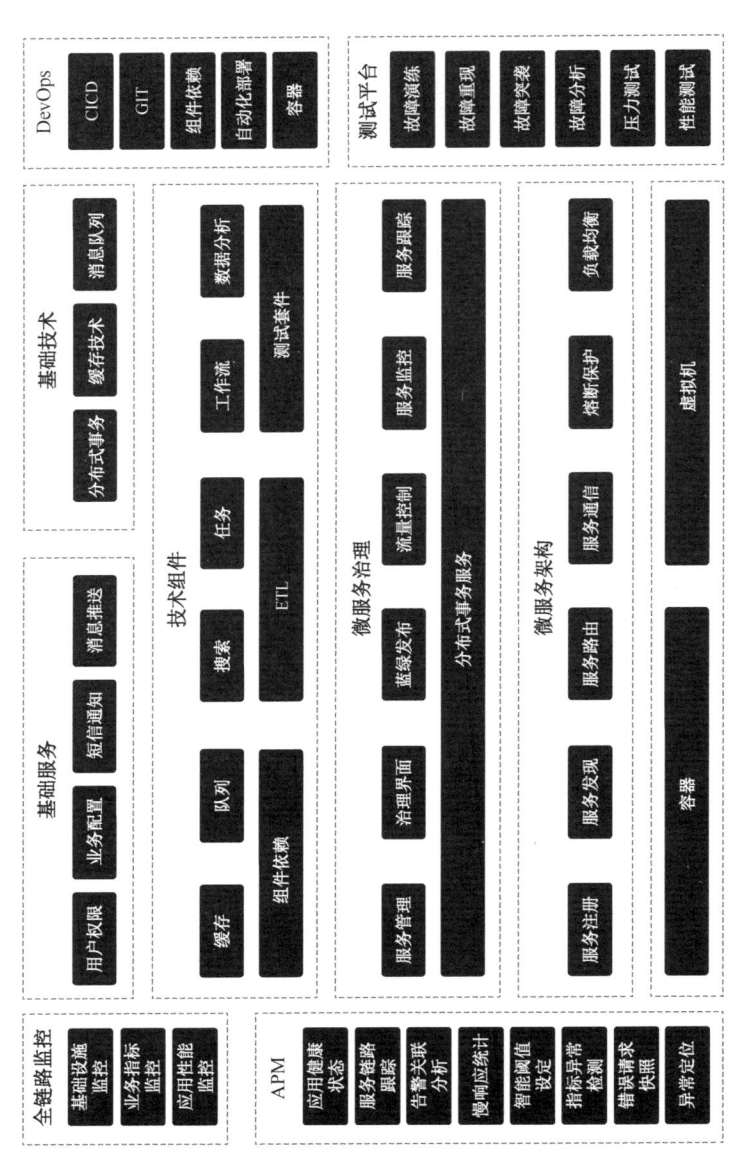

图 6-5 技术中台架构图

```
┌─────────────────────────────────────────────────────────────────────────────┐
│ 核心业务系统   智能技术系统   应用支撑系统   API共享系统   统一用户系统   智能门户系统 │
└─────────────────────────────────────────────────────────────────────────────┘

┌─────────────────────────────────────────────────────────────────────────────┐
│                         业务中台-共享服务能力中心                            │
│  用户中心      账户中心      会员中心      产品中心     渠道中心      服务中心 │
│ ◆用户身份验证  ◆统一用户身份 ◆等级互换    ◆工程侧产品  ◆搜索引擎    ◆支付相关 │
│ ◆用户登录/注册 ◆验证码登录   ◆积分互换    ◆服务侧产品  ◆社交网络    ◆权益保障 │
│ ◆多渠道用户关系◆第三方认证登录◆权益互换    ◆营销侧产品  ◆网络媒体    ◆不良信息举报│
│                                                                             │
│  交易中心      支付中心      评价中心      风控中心     API共享中心   数据支撑中心│
│ ◆商品交易订单  ◆支付商户     ◆即时评价    ◆账户安全    ◆推荐引擎    ◆对象/归档存储│
│ ◆用户与物品关系◆支付渠道     ◆评价记录    ◆机制预警    ◆查询服务    ◆数据传输服务│
│ ◆交易流程与详情◆流水/对账/分析◆报表分析    ◆黑/白名单设置◆数据服务    ◆云数据库  │
│                                                                             │
│                         业务中台微服务架构                                   │
└─────────────────────────────────────────────────────────────────────────────┘
```

图 6-6　业务中台架构图

中台将企业的数据、技术、业务需求场景化，将那些可复用的流程进行有机组合，显著提升了部门内部以及各部门之间的协作效率，降低了企业的运营成本。因此，企业需要结合自身的实际经营情况，围绕核心业务建设所需中台，同步推进技术工具、分析能力以及业务流程的数字化进程，尽快形成数据、技术、业务的完整闭环。这可以帮助企业建立完善的战略机制，促进企业的良性发展。

6.2.3　建设中台的注意事项

为提升自身的需求响应能力，几乎所有企业都在全力建立产业互联网。但仅拥有产业互联网是远远不够的，企业还需要以自身的实际经营情况为基础，建设最能推动企业发展的中台，从而提升企业各项业务的反应速度，降低企业的试错成本。企业在建设中台的过程中需要遵循以下原则，如图6-7所示。

- 战略举措优先原则
- 业务决策优先原则
- 赋能优先原则

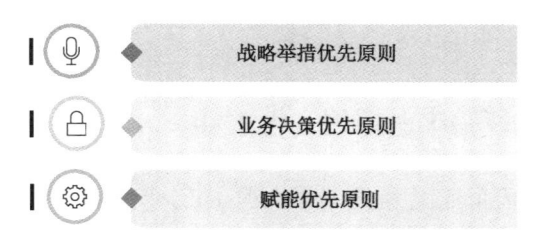

图 6-7　中台建设的3项原则

（1）战略举措优先原则

企业要将建设中台上升到战略举措的高度。这意味着企业需要打通业务部门与技术部门的决策通道，同时还要明确各项问题的处理优先级以及构建中台的职能分工。在明确战略方向后，企业还要定期对战略目标的完成情况进行跟踪。

（2）业务决策优先原则

通常情况下，中台战略会改变企业的业务形态。企业的业务部门因此需要围绕自身的发展战略，对业务决策进行调整。在明确中台规划以及中台与业务之间的协作关系后，企业就可以利用中台支撑前台的业务发展。

如果企业在建设中台的过程中严格遵循业务决策优先的原则，那么企业的业务诉求就可以在中台中得到满足，这将显著降低中台的价值风险。

（3）赋能优先原则

企业建设中台的过程中，降低运营成本和提升响应能力之间存在不可调和的矛盾，企业很难同时满足这两种需求。在将业务流程中台化后，企业就可以利用中台为业务赋能，从而找到这两种需求之间的最佳平衡点。

当企业将中台的建设工作提升到战略高度后，对于企业来说，中台就不只是一个成本中心了。业务决策优先以及强化赋能的思路，会使企业的关注重点从是否显著降低运营成本、是否使用多项数字技术等表层问题，转移到业务收益的提升、业务结构的优化等深层次的问题上。

许多企业都曾尝试过建设中台，但由于并未遵守上述原则，导致中台形同虚设，企业架构的转型也因此搁浅。数字技术的发展推动了共享生态的发展，中台可以帮助企业最大化地发挥数据的价值。中台也将成为企业最宝贵的数据资产，为企业持续赋能。

6.2.4　数字化营销中台搭建：恺士佳

某国际医疗器械企业是世界上最大的生产和销售医疗设备、医疗系统和试剂的医疗技术公司之一。该企业致力于提高全世界人类的健康水平，专注于改进药物治疗，提高传染性疾病诊断的质量和速度，推进新型药物和疫苗的研发。

医疗器械企业的数字化转型之路会更加曲折，主要原因是医疗器械是通过医药代表销售的，很多时候起到决策影响力的是护士长等人群，该医疗器械企业也不具备直接面对消费者的能力。因此，如何搭建数字化营销平台，推动业务增长，对于该医疗器械企业来说是一个挑战。

在恺仕佳的帮助下，该医疗器械企业运用互联网思维，通过数字媒体整合运营方式，实现内容线上化，创建数据平台，使数据赋能销售。该医疗器械企业将线上推广与线下推广相结合，深度触达终端用户，以实现营销业务的数字化和轻量化转型的目标。在这个模式里，最核心的就是用数字化的手段给目标客户开展教育和培训，在销售端更好地服务客户，促成客户的购买决策。

2020年初，该医疗器械企业开展了营销活动，全面实施数字化运营战略，确定了数字化转型的4个方向。

（1）打造整合型移动端媒体平台。无缝对接社交软件、直播平台、在线视频播放平台等主流媒体工具，实现多渠道触达终端用户。

（2）围绕核心产品产出高质量的内容。推出以医护人员和患者需求为核心，包括学术研究、医护培训、患者教育等多个方面的线上内容。

（3）建立营销数据中台。通过数字化端对端的数据运营，打通多个业务系统的数据，消除数据壁垒，实现海量数据的科学化管理。

（4）通过大数据分析结果赋能业务。通过数据中台分析营销链路上各环节的数据，进行指标追踪、内容推荐、内容迭代、活动效果监测等方面的分析，赋能业务，形成良性循环的数字化营销生态系统。

该医疗器械企业进行数字化转型所采取的具体措施有以下几个。

（1）打造以用户需求为核心的内容平台

截至2020年年中，该医疗器械企业完成了公众号、门户网站和线下营销活动推广业务的重组，形成了以公众号为统一入口，以小程序内容平台为载体，对接第三方媒体平台的新型运营模式。该模式以用户需求为核心打造内容平台，借助移动端社交平台和媒体平台传播快捷的优势，极大地拉近了与广大医护人员的距离，为其长期以来积累的优质医疗教育资源（如教学视频、活动、文章、学术论文等），提供了绝佳的传播环境。

（2）建立数据中台，整合数据资产，打通系统间数据壁垒

前端应用模式的形成，使得该企业在产品、医疗教育资源推广方面拥有了相对完备的工具基础。那么，如何合理使用这些工具使其价值最大化，如何量化这些工具的价值，该企业开始了数字化营销战略的第二步，建立营销业务数据中台，具体体现在以下3个方面。

① 多应用、全链路数据打通，消除数据孤岛。该企业在2021年4月，实现了公众号、小程序、直播平台、媒体平台等超过10个媒体平台数据的打通。

② 打造全自动数据流水线。数据平台每天从前端各应用自动获取上百万条行为记录，通过数据降噪、去重、聚合等方式，输出可供各部门营销人员直接使用的干净数据。

③ 实现高度数据共享。2021年9月，该企业完成了销售、经销商、内容、医院主数据等核心数据与用户行为数据的打通，实现了业务和数据的无缝连接。

（3）结合业务场景，利用数据赋能业务增长

2021年10月，该企业的营销数据中台初步建设完成，强大的数据资产管理能力使其在业务支持方面更加得心应手，具体体现在以下3个方面。

① 快速的数据处理速度。该企业基本实现了数据的自动化处理，极大地缩短了人工处理数据的时间。

② 及时的指标监控。2021年10月，该企业完成了业务指标手机看板的上线。业务人员可以直接通过小程序实时查看用户拜访、活动推广效果等数据。

③ 智能的数据分析。2021年年初到2022年年中，该企业相继推出了用户分析、流量分析、市场覆盖分析、用户画像、医院画像等一系列营销分析服务，帮助业务部门发现问题、解决问题，辅助业务部门制定策略。

截至2022年年中，在恺仕佳的帮助下，该医疗器械企业在内容运营、媒体整

合、数据管理、销售赋能等方面都取得了显著的成绩,具体体现在以下几个方面。

(1)累计产出超过1000篇原创内容,超过500万人次访问,注册医护人员数量超过70万,覆盖超过全国14000家医院。

(2)移动端小程序对接超过10家媒体平台,利用数据中台的数据融合功能将自身平台用户与媒体平台流量数据打通,消除系统间的数据壁垒,实现了数据闭环管理。

(3)通过数据中台的数据整合能力,实现了指标监测、内容标签处理、用户标签处理、内容推荐等功能,为内容运营、用户体验、业绩监测提供了数据支撑。

6.3 实战指南:数字化转型的升维策略

产业互联网和中台的建设可以有效帮助企业提升运营效率,按下数字化转型的加速键。下面通过两个案例来具体说明企业数字化转型的升维策略。

6.3.1 产业互联网数字化升级:影子科技

影子科技运用多种新兴的数字技术打造产业互联网平台,改变了现有的猪肉产业链,推动农牧行业的数字化转型。影子科技打造了新型的商业生态平台,建立了独特的智能引擎,致力于为企业提供更好的服务,驱动从农场到餐桌的完整产业链的数字化转型。

扬翔股份是一家以产业互联网为基础,致力于实现智能养殖的高科技农牧企业。影子科技与扬翔股份建立了良好的生态合作关系,影子科技的核心团队认为,要想借助产业互联网的思维带动整个农牧行业的发展,就要从细分领域着手。因此,影子科技决定从猪肉养殖入手,为供应链上的其他业务提供更深层次的服务。

此外,影子科技还将进一步推动从农场到餐桌的整条产业链的数字化进程,在产品的流通过程中积极与监管部门合作。在某些重要的检验环节,影子科技还经过第三方的认证,在根本上避免造假等恶性事件的发生,增强产品的可靠性。

同时，影子科技将进一步推进产业链各个环节智能化发展，加快生产过程数字化档案的形成，借助动物识别技术实现肉类产品的溯源，提升肉制品的安全性和可追溯性。

对于数字技术在农业领域的应用，影子科技的CEO何京翔表示，这些数字技术有许多的应用机会，但真正解决行业需求，体现数字经济的价值的应用并不多见，相关企业应该从产业需求的角度出发，加深对行业的整体理解，从而更好地利用数字技术应对农牧行业的行业需求。

影子科技瞄准的农牧行业具有广阔的市场发展前景。如何抓住数字化转型的机遇，实现数字技术在农牧行业的落地，不仅是影子科技的目标，更是所有入局者共同的目标。对数字技术的应用模式的探索中，农牧行业要充分发挥协作精神，共同面对时代的挑战。

6.3.2 通过数字中台加速企业迭代升级：爱驰汽车

爱驰汽车是一家面向国际市场的智能汽车企业，也是首家实现用户深度参与的智能出行企业，致力于为用户提供新型的出行方式。爱驰汽车的CEO杭瑜峰表示："中台在架构上保证了我们未来的技术扩展能力和业务迭代能力。未来不可推测，但中台恰恰是我们面向未来的架构。"

前台、中台、后台是爱驰汽车的组织架构形式。在这3种架构中，前台主要负责各项业务的落实，中台主要负责为前台提供集中性强的技术支撑，后台主要负责计算力的统筹管理。爱驰汽车将提升对现有业务模式的支撑作为规划中台架构的切入点。这种规划方式帮助爱驰汽车同步实现了3种组织架构的建设，全面提升了自身的数字效能。

互联网行业的中台比爱驰汽车的中台具有更宽泛的含义。爱驰汽车的中台是所有业务线的集成者和服务者，将业务发展需要和技术环境情况作为发展重心。

数字化帮助爱驰汽车提升了各条生产线的效能，中台更是以连接枢纽的形式存在，全面提升了爱驰汽车的技术创新能力与业务迭代能力。失去中台后，爱驰汽车将无法及时实现对部分系统的交付工作，对某些关键业务的支持工作也将受到一定程度的影响，最终导致汽车投产出现延期。

在中台的帮助下，爱驰汽车利用3年的时间快速实现了从0到1的数字化建设。在现有的业务架构下，对现有的业务组件与数据交换的条件进行调整，以最快的速度实现企业的迭代升级，让企业能够以不变应对瞬息万变的资本市场。

下篇

数字化转型落地方案

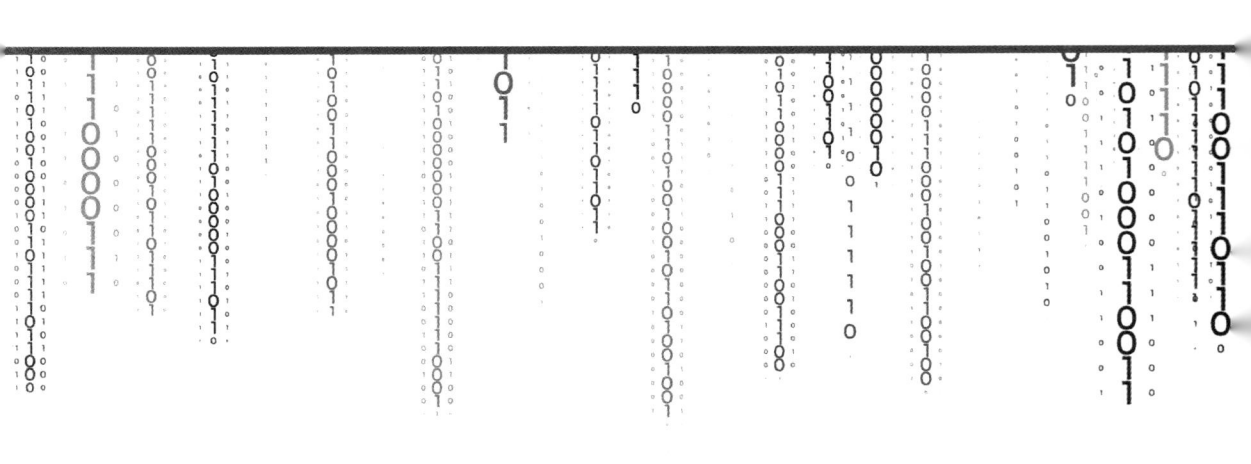

第 7 章

商业模式的数字化转型

商业模式变革是企业数字化转型进程的重要步骤之一，它重新定义了企业创造价值的方式。商业模式的数字化转型将重新绘制客户画像，避免不必要的商业行为，用全新的数字化流程创造新的价值。未来，商业模式的变革将帮助企业在数字化领域建立竞争优势，获得更长远的发展。

7.1 简化盈利模式

盈利模式即企业收入结构、成本结构的分配方式。那么如何简化盈利模式，使企业更快获得利润？企业可以从扩大盈利空间、聚焦股东利益与用户价值、轻资产运营3方面着手。

7.1.1 扩大盈利空间

传统盈利模式的收入与成本联系紧密，企业盈利空间较为有限。如果企业可以对盈利模式的基本元素进行创新，就能有效扩大盈利渠道，实现长期、稳定的盈利。

以手机销售模式的转变为例。随着盈利模式的调整，手机销售的渠道从门店专卖转变为电商直销。这个过程就是对销售成本的调整，有效节省了大量人工成本，极大地拓宽了产品的盈利增长空间。

奈克史特（Next）是一家新兴的高档创意餐厅。与餐饮行业的传统消费模式不同，Next不支持现场点餐，而是会根据时令蔬菜为顾客提供新鲜、营养丰富的创意菜品。除此之外，Next还采用了独特的门票验证机制——只有持有网络上购买门票的顾客才能进入餐厅就餐。

自创办以来，Next斩获无数好评，不仅获得了《芝加哥论坛报》邀请的15位美食评论家的四星好评，还获得了具有"美食界的奥斯卡"之称的詹姆斯比尔德奖。开业不到4年，Next就已经接待了2万余位顾客。

Next餐厅大堂中摆放了许多2人、4人、6人的餐桌，餐厅内部还设置了许多能够容纳7~10人的独立房间。餐厅会根据顾客选择的位置及用餐时间收取不同的费用，人均消费为90~165美元。Next会根据季节的变化为顾客提供不同主题的菜品，每种食材都会邀请顶级厨师制作。为提升顾客的消费体验，Next还推出年票服务，购买年票的顾客可以在特定的时间享受美食。

这种提前预订、不接受点餐的模式，有利于餐厅进行统一管理，有效避免了食材的浪费。同时，由于餐厅不需要依靠自然人流吸引顾客，Next可以将餐厅开设在租金更低廉、环境更高雅的地方，进一步地降低了运营成本。

对于顾客而言，在Next用餐不仅可以在不同季度享受顶级厨师制作的美食，还可以摆脱选餐的烦恼，节省等待的时间。在这种餐厅用餐带来的特殊体验，会激发顾客为这种别具创意的餐厅宣传的行为。

通过这个案例，我们不难发现，企业业务的各个方面都可以作为模式优化的着手点。在对盈利模式进行创新后，企业有可能获得长期、稳定的营业收入，企业的成长空间也会得到进一步的扩展。

7.1.2 聚焦股东利益与用户价值

在激烈的市场竞争中，那些没有深厚背景和稳定用户的企业最容易被淘汰。因此，企业在简化盈利模式时，还要充分关注股东利益和用户价值，这样才能最大限度地避免在简化自身业务时出现经济损失。

投资人在投资前最关注的问题就是企业能否带给自己丰厚的投资回报，以及企业给股东的优惠待遇。据相关记者调查，四川的乐山、宜宾、成都、泸州等地的多家企业融资后都通过建立股权分配制度、加大投资人关系管理等方式回报股东，这些企业也无一例外地得到了长足的发展。泸州老窖就是通过股权分配制度扩大盈利空间的经典案例。

泸州老窖的董事长表示，在股权分置改革之前，公司的现金分红是一种被动行为；在股权分置改革之后，公司董事会转变观念，对积极回报投资者、给投资者以真实回报有了进一步认识，现金分红成为管理层的主动行为，以及回馈投资者的主要手段。同时，公司实际控制人利用分红，打造白酒配套产业链，又反过来促进了公司的发展。

关注用户价值要求企业更好地解决用户需求，通过价值的创造使得品牌成为具有相同需求用户的聚集地。

随着小米的发展，"为发烧而生"已经成为小米品牌的定位。在不了解手机的细节特性时，这样的宣传口号可以更深刻地体现小米"低价格""高性价比"的特点，从而吸引大量存在相同需求的用户。

利用产品价值聚集用户后，企业就需要持续性地进行价值输出。只有持续进行价值输出，才能有效维持品牌与用户之间的关系，激发用户的归属感，提升用户的留存率。

小米的直营客户服务中心——小米之家，致力于为广大"米粉"提供小米手机及配件的自提、售后、维修等服务，是小米用户最主要的交流场所。它带给用户一种温馨的感觉，让身处其中的人感觉自己是这个群体中必不可少的一员。

当我们把股东利益与用户价值放在首位后，就能更清晰地认识到支持企业发展的核心动力，并将最核心的资源集中用于实现最重要的目标。只有这样，企业才能实现更高效、更有序的运作，从而更好地面对变幻莫测的资本市场，最终实现基业长青。

从表面上看，这些基于利益机制的模式转变和数字化转型的关联度不高，实则不然。

在整个机制里，数字化起到非常关键的作用。例如，步步高在2017年启动全员合伙人制度后，前后经历过4次非常大的调整，才真正落地。其中最核心的原因就是计划缺乏数字化工具的支撑：筛选机制、考核机制、核算机制，甚至是培训评分，都是在具备了数字化工具以后，才真正发挥作用的。因为依赖于可量化，并且组织形态高度分散，缺乏数字化工具，所以政策就没有真正实现落地。

亲自指导此项目的中欧国际工商学院黄钰昌教授在复盘步步高合伙人计划时认为，合伙人计划的核心要素在于"人+智慧系统"。黄教授通过第三方的视角，清楚地明白智慧系统这个数字化工具才是战略落地的核心推动力。

7.1.3　合伙人机制的数字化：步步高

步步高作为国内知名的大型连锁品牌，其旗下拥有超市、百货商场、电器城等多种业态，是当之无愧的零售业佼佼者。步步高之所以能够达到今天的高度，其董事长王填功不可没。

王填对市场变化高度敏感。1995年，他在报纸上看到"连锁超市是中国零售业未来"的观点后，便开了湖南省第一家超市。2013年，他在电视上看到"传统零售是冷兵器，互联网是机关枪"的观点后，就迅速引入外部人才组建电商团队，自建电商平台云猴网。然而几年后，投入了大量成本，步步高的电商业务还是没有找到正向盈利的方式。

到了2016年下半年，王填意识到自建电商平台的路子走不通，他要继续寻找转型方向。恰好在2016年年底，阿里巴巴、京东、腾讯等互联网巨头开始布局实体零售业，王填再一次意识到机会来临。他认为，新零售模式将是线下企业的未来。

2017年1月初，当由数字技术驱动、重新整合零售价值链的新零售革命还未开始时，王填就在管理层年会上迅速提出了步步高的数字化转型战略："未来三年步步高将转型为一家由数据驱动、线上线下融合的新零售企业。"随后，步步高开始绘制数字化蓝图，并制定了数字化转型战略的3年路径：2017年重心落于基础建设；2018年推动顾客与商品数字化；2019年全局推广数字化运营。

2018年初，步步高引入腾讯为第二大股东、京东为第三大股东，开始战略合作。《战略合作框架协议》写道："三方共同以'去中心化'为理念，以技术革新为驱动，以数据产品、互联网工具、供应链能力为赋能手段，推动以经营进销差为核心的传统模式，向经营顾客全生命周期的新模式转型。"同年4月，步步高成立了智慧零售事业部。步步高的数字化转型由此步入正轨。

步步高在跨部门组织协同上走了很多弯路，例如，刚开始通过引入外部人才组建独立电商团队，但团队业务创新与公司业务脱节；后来为了沟通顺畅，步步高在内部组建新部门，但受限于公司业务和审批流程，业务推进仍然困难。

在2018年的这次部门组建中，王填吸取教训，任用了2001年加入公司的CIO彭雄挂帅智慧零售事业部，并从公司一线中抽调人员，组建了一个60人左右的研发团队和10人的业务测试团队。这样既确保数字化创新不脱离公司业务，又确保了团队创新不受公司流程限制。

（1）合伙人机制。

王填在数字化转型之路上几次受阻却最终都能够柳暗花明，离不开步步高公司全体管理层和员工的努力。步步高内部之所以能够上下一心，归功于王填对利益分享的重视——他引入了合伙人机制，让公司所有人都能从公司运营中获得利润。

早在1995年创业时，王填就将沃尔玛连锁超市的利润分享方法牢记在心。因此，在2000年，王填就开始尝试股权激励；到了2008年公司上市，他更是拿出10亿元市值分享给中高层管理者。而2016年自营电商的失败，让王填开始重新审视激励机制。他认为步步高的再造要从精神上开始，然后转化到物质上去。

步步高所在的传统零售行业是一个劳动密集型行业。步步高公司上下的几万名员工以营业员和促销员为主，他们主要拿固定薪酬，收入水平较低。王填认为，步步高要想将数字化战略落地执行，不仅需要数字化技术驱动，更需要公司管理机制创新，他要让所有员工都享受到数字化转型带来的好处，进而实现自我驱动。

为了能够尽快将这一想法落地，王填找来人力资本总监龙蓉晖一起探讨合伙人制的可行性。2017年8月，步步高各事业部成立合伙人项目委员会，积极制定各事业部合伙人制方案；10月，合伙人制1.0开始试行。

步步高合伙人制1.0方案借鉴了京瓷创始人稻盛和夫原创的阿米巴模式。通过本土化改良，步步高的阿米巴方案在组织划分方面，将每个超市门店按照生鲜、非生鲜等品类分成若干个小店独立经营。每个小店有6个合伙人，设一个小队长，由店长管理。支持部门也可以建立合伙人团队，如收银小店、后勤小店，参与门店总利润分红。各个小店自主经营，在订货、定价、营销、人事上享受充分的自主权。

虽然短期内门店业绩增长，员工收入也提高了，但是运营效率却没有任何改善，甚至还出现了舞弊行为。因为阿米巴方案的目标设定不够合理与准确，员工的工作责任划分不清，时效和劳效的核算没有具体标准而且较复杂，也没有相应工具跟进结果，所以不到一年，这一方案就被叫停。

阿米巴2.0方案从2018年8月起试行。在组织方面，建立了合伙人选拔标准和流程；在考核方面，增加了人才培养指标；在激励方面，增加了大店时效激励体系以及超额利润分档测算分享比例等。此外，2.0方案还引入了赛马机制，通过销售同比、销售环比、毛利率、耗损率、周转天数、客流占店比、人才培养、进销存得分、运营标准五星评估等指标评估，选拔优秀团队，淘汰落后团队。

阿米巴2.0方案虽然做出了一系列改进，但合伙人制在公司从上至下的推动中进展缓慢。主要是因为员工的工作难以考核、核算复杂，让这个方案看似理想，实则纸上谈兵，操作落地非常困难。

（2）数字化导入激励

2019年初，步步高人力资本总监龙蓉晖与智慧零售事业部的彭雄一致认为，公司数字化转型探索和合伙人制的探索要互相配合。数字化转型的深入发展离不开合伙人制的推行，而合伙人制的推行需要数字化转型的场景。因此，步步高的 HR 部门与智慧零售事业部开始合力探索如何通过激励机制的导入加速数字化转型进程。

HR 部门发现，智慧零售团队竟然用数字化的跨界思维解决了阻碍激励机制落地推广的最大难题，即员工绩效难以量化的问题——彭雄团队通过数字化手段对门店员工的工作进行拆解重组、标准化，实现了工作的可视化、可量化、可评估。有了数字化工具的赋能，员工对数字化转型不积极的问题就迎刃而解了。HR 部门在彭雄试点的梓园路门店开始了薪酬改革，将基层员工的工资从固定收入调整为"底薪+提成"，一些岗位如收银、拣货、打秤、杀鱼、搬运、卸货等则采用计件薪酬法。

刚开始推行计件薪酬法，梓园路门店员工一片哗然。有的员工担心随着效率普遍提升，干活多钱却少；有的员工则担心收入会受销售淡旺季波动影响，淡季收入不稳定；甚至还有员工认为彭雄开展数字化就是在针对他们。

为了改变大家对计件薪酬法的抵触情绪，龙蓉晖开启了"分类提效"行动。一开始将提成比例抬高，用高提成将配合转型的员工和吃"大锅饭"的员工迅速分层；同时引入竞争机制，将生鲜分为 2 组，杂货分为 4 组，每个小组内设定一个毛利目标，超过业绩指标就另外奖励超额奖金。新制度实行两个月后，门店淘汰了一批不配合转型的员工，表现积极的员工的收入有了明显增加，各项业务运营指标都开始提升。

与此同时，HR 部门也学会了"小规模测试"的方法，通过在试点门店的测试迭代，HR 部门推出了更符合门店实际情况的合伙人制 3.0 版本。对比前两版，3.0 版本进行了大幅简化，降低了核算难度。同时，在数据工具的帮助下，基层员工 KPI 可以精确量化到每日的工作，大家可以实时看到自己的收入，提升了工作积极性。例如，梓园路门店一位理货员每月的固定薪资为 2500 元，在引入新机制后，包括薪资、绩效和动态用工佣金在内，他一个月最多可以拿到 7500 元。梓园路门店的成功增强了全公司上下员工的工作积极性。

（3）数字化人才培养。

步步高有几万名一线员工，他们的培训很难完全在线下开展。智慧零售团队想到了利用数字化方案解决人才培养问题。他们将所有与数字化运营相关的，包括流程、标准、产品、工具等环节串联在一起，形成标准化的在线内容。同时，将各个业务的规范流程录制成视频课程，供门店员工学习。

然而课程上线后，员工学习的积极性并不高。为了增强员工自主学习的动力，HR 团队和智慧零售团队参考驾照考试思路设计了一套能力认证流程，全体员工都需要认证上岗。不同工种的员工有自己的学习地图，都需要按要求完成学习任务、参加理论和实践应用考试。基层员工需要通过学员认证，店长则需要通过教练认证。店长管理的员工如果出现系统提醒订货却没及时处理、系统提醒出清却没及时出清等"违章"行为，会同时影响店长的成绩。

此外，步步高还通过搭建数字化运营训练营的形式，将行动学习法在各个区域复制推广，帮助员工完成从数字化知识的应知、应会到能用、会用的转变。

得益于数字化转型的驱动，2020 年，步步高的销售业绩和利润率都有了较大增长，如表 7-1、表 7-2 所示。

表 7-1 合伙人制 3.0 导入后业绩呈现（2020 年）

		湖南	江西	广西	四川	超市业态总计
销售	全比增长	8%	12%	10%	20%	10%
	可比增长	6.3%	7%	7.1%	12.9%	7%
生鲜毛利率	毛利率增长	6.99%	2.57%	2.86%	3.88%	5.59%
劳效	2020 年	12.21	10.73	9.41	9.01	11.21
	2019 年	9.71	6.84	8.69	6.50	8.97
	提升	2.5	3.89	0.72	2.51	2.34

注：劳效为单位时间内人均销售额。

表 7-2　合伙人制 4.0 导入后业绩呈现（2020 年 35 家跟投门店数据）

销售可比增长	12.8%	劳效提升	18.3%
利润可比增长	95.61%	人力成本率下降	0.92%
前台毛利可比增长	14.13%	员工收入增长	12.6%
费用率下降	2.21%	——	——

7.1.4　轻资产运营，提升周转效率

采用轻资产模式的企业往往可以灵活运用资产杠杆、负债杠杆以及价值杠杆。正因如此，这些企业整合关键资源的能力更强，资本运作的效率更高，能够以较低的资本投入，获得极快的周转速度和极高的资本收益。

由于采用轻资产模式的企业通常具有较小的资本规模和较低的资产负债率，它们往往会获得较高的利润净值，它们的盈利能力势必会比采用重资产模式的企业强。小米就实行了轻资产的运营模式。它将生产、物流配送环节外包出去，自己负责研发、设计、售后服务等环节，从而减少了固定成本的投入和摊销，避免了可能出现的资金积压，极大地提升了资金的周转速率。

万达集团的核心子公司万达商管于 2021 年启动了"轻资产化"的升级战略。这意味着万达集团的轻资产模式步入了新纪元。

除了有效降低万达商管的商用地产库存风险外，轻资产模式还可以帮助万达商管快速抢占市场份额，利用最小的资金投入，获取最大的经济收益。万达商管运用这种新型运营模式的必然性主要体现在以下 3 个方面。

（1）随着数字经济的迅猛发展，市场需求也发生了日新月异的变化。企业只有减轻自身的资产负担，才能更好地适应市场的变化。房地产行业的传统运营模式是，在取得土地使用权的过程中通过融资获取建设资金，在项目建成后再通过项目销售进行回款。这种运营模式虽然能够撬动大量资金，但企业也需要承担巨大的资金压力。在这种情况下，企业通过战略转型减轻自身资产负担，也是时代发展的大势所趋。

（2）土地价格上涨，房地产企业使用土地的成本随之增多，越来越多的持有

型物业也使企业的资金压力大幅增加。在这种情况下，轻资产模式可以优化企业资产架构，有效增强企业的抗风险能力，推动企业的快速发展。

（3）传统的重资产模式将业务、资产作为企业的发展重心，轻资产模式则将创造价值作为企业发展的核心战略。万达商管则从重在赚取资产升值收益转变为致力于品牌打造，即为目标企业提供选址、设计、建造、运营等在内的一体化服务。这样可以将存量市场作为发展原点，从根本上降低企业的资产负债率。

轻资产模式不是简单地将现有资产进行整合，而是打造资产的共生生态。万达商管在实现全面轻资产化后，由商业管理型企业彻底转型为商业服务型企业，通过一体化服务为更多企业赋能，最终构建万达集团商业生态系统。

通过万达商管的案例，我们不难发现，轻资产模式可以显著降低企业的资产负债率，稳定地推动企业发展。这种运营模式不仅符合现代社会的发展规律，而且可以帮助企业适应快速变化的资本市场，全面推动社会经济的快速发展。

7.2 重组商业模式

传统的商业模式大多是通过数据流量消费的增长实现企业营业收入的增长。然而，流量的增长只能提升产品的曝光度解决企业的部分商业需求，但用户转化率、复购率等问题都没有得到解决。为了解决以上问题，企业需要借助数字化转型来重组商业模式，谋求更长远的发展。

7.2.1 摆脱企业对流量的依赖

传统的商业模式对流量存在极强的依赖性。随着流量成本的增加，企业能从中获得的利润越来越少，这种商业模式的弊端也逐渐显露。

与此同时，企业的经营习惯、同质化的产品与服务进一步加速了这种商业模式的消亡。如今的企业大多都没有摆脱思维定式，依然将流量作为企业降本增效的秘密武器。而每一次的技术升级都会引领全新的战略风向，这就导致了价格战。

"9.9元包邮"已经成为打造爆款产品最常用的营销方法之一。这种方法可以在短时间内提升产品销量,但它只能为企业带来与品牌定位不一致的、无法提升复购率的流量,不能为产品背后的品牌增强用户黏性。不仅如此,过度依赖流量的企业也很难获得长足的发展。

当然,基于流量的商业模式对于那些用户量较少、不需要实时监控的业务场景十分适用,这种模式也不会就此消亡。企业应该顺应时代的变化,对现有的商业模式进行数字化创新,扩展企业的成长空间。

7.2.2 IP商业化:唤醒用户的认同感

对于一家企业而言,品牌核心价值是品牌资产的主体部分,用户的注意力永远是稀缺资源,他们可能记不住企业的名字,但能轻易地记住品牌的名字。实际上,实现品牌IP的商业化,可以唤醒用户的人格认同感和质量认同感,为企业带来庞大的流量。

心理学中的社会认同效应很好地解释了这种用户心理。社会认同出现在用户的决定具有不确定性的时候。当用户遇到自己拿不准,或者不确定性过大的事件时,会通过观察其他人的行为而做出相同的行为。这时,一个实现IP商业化的品牌更能获得用户的青睐。

当一个品牌在自己的领域中占据相对强势的地位后,就能通过这种心理学效应潜移默化地影响用户行为。很多用户在淘宝、京东等电商平台上购买产品时,会选择销量更高、名气更大的品牌。当有许多人称赞一个产品时,其他用户也会觉得这个产品是优质的;当有人有理有据地陈述产品的问题时,一些用户的购物热情也有可能会下降。

用户购买的不仅仅是产品,还包括服务态度、生活方式、情感等。他们并不总是理性的产品功能追求者,有时也需要情感上的认同,这种情感认同随着社会经济的发展和个人工作、生活压力的增大而更加迫切。因此,学会利用用户的"情感痛点"去影响用户的选择,能有效促使忠实用户群的形成。

品牌 IP 商业化能通过提升品牌的知名度和影响力轻易地唤醒用户的人格认同感。在用户眼中，实现品牌 IP 商业化就是实力的表现，实力强大的品牌生产的产品也更有质量保证。这种认同感会影响用户的购物决策，为品牌带来巨大的流量。这也是品牌 IP 商业化的核心价值所在。

品牌知名度和影响力是企业的无形资产，这些无形资产能为企业带来巨大的品牌价值。一个有影响力的品牌可以使企业拥有更大的市场和更多的利润，对企业的长远发展有着不可估量的作用。

7.2.3 数字原生的商业模式

在了解了现有商业模式优劣后，我们将以拼多多为例，简述数字化商业模式是如何为企业扩展成长空间的。

从创立到 IPO 上市，拼多多仅用了 34 个月的时间。2018 年 7 月，拼多多在上海和纽约两地同时敲钟，以股票代码"PDD"在纳斯达克上市。上市当天，其股价为 26.7 美元/ADS，其市值为 351 亿美元，相当于 2/3 个京东。

那么，拼多多凭借什么快速汇聚了 3 亿多用户和几百万卖家，实现数千亿元的商品交易规模和数百亿美元的资本估值，成为一家能与阿里、腾讯、百度、京东、网易等互联网巨头并驾齐驱的企业？答案就是其采用了数字化的商业模式。

拼多多依靠"社交+拼团"的模式发展，通过微信提供的流量入口打造庞大的流量池，快速奠定社交模式的基础；其拼团模式所必备的支付工具也可以通过微信支付轻易解决。如此一来，拼多多借助腾讯的流量，吸引更多的人加入拼多多，通过拼单、砍价等玩法吸引消费者将链接分享到微信群和朋友圈，促使消费者拉新以享受活动的优惠。这样一方面增加用户黏性，另一方面提高交易频次，快速建立新的生态圈。

拼多多创始人黄峥曾表示，拼多多做的永远是匹配，将好的东西以优惠的价格匹配给适合的人。他在给股东写的信中说："拼多多建立并推广了一个全新的购物理念和体验——'拼'。"这里的"拼"既是拼团也是拼价，拼团建立在成熟的社交商业模式基础上，如腾讯的微信社交；拼价建立在成熟的电商模式基础上，如顺丰的物流、相对成熟的电商体系、强大的制造业支持。

另外，黄峥非常清晰地看到了实现商业模式的用户土壤。他一再强调："平心而论，做拼多多这个东西一大半靠运气，不是靠一个团队纯努力与经验就能搞出来的，这源于深层次的底层力量推动。很像是三四十年前深圳的改革开放，热火朝天、生机蓬勃、野蛮生长，背后是由于市场经济改革与开放带来的推动力。我们是上面开花的人，你做什么就会有爆炸式的增长，这是大势推动的，单凭个人和一个小团队的力量是绝对做不到的。"

事实上，拼多多的成功不仅源自新颖的销售战略，还源自不断创新变化的数字化商业模式。例如，拼多多力求通过大数据为用户定制差异化、个性化的"Facebook 式电商"，其推出的"新品牌计划"，也使得大规模、定制化的 C2M 模式成为可能。

拼多多将原有的商业模式与数字化战略进行了有机结合，同时不断创新自身独有的"拼团"模式，快速颠覆了现有的行业格局。这也是拼多多成功的必然原因，这种数字化战略值得大多数的创新企业借鉴。

7.3 完善业务体系

许多企业都喜欢复杂的业务模式，似乎业务体系越庞大就意味着体系越完善、越能形成竞争壁垒。但在实践中我们会发现，为企业增添新业务非常容易，但对纷繁复杂的业务进行精简，却十分困难。面对以上问题，企业亟须优化业务结构，聚焦核心业务，让业务体系形成一个完整的闭环。

7.3.1 关注核心业务

在企业发展初期，我们只有将资源聚焦到公司的核心业务，才能在激烈的市场竞争中立于不败之地。

孟子云:"人有不为也,而后可以有为。"这个道理对企业运营同样适用:企业只有知道在某个阶段可以不做什么,才能将时间与精力聚焦于重要的事。如果企业能够化繁为简,战略性地放弃那些不必要的业务,就能实现更为高效、有序的运作。

德国超市奥乐齐是坚持核心业务的杰出代表。奥乐齐开店初衷只是为了满足第二次世界大战后人们最基本的生存需要。与其他大型超市的经营理念有所不同,奥乐齐放弃了大多数品类,专注于经营食品及最基本的日常用品,且只售卖少量固定的品牌。这种经营模式帮助奥乐齐与许多优质信誉的供应商建立起友好互信的合作关系,极大地降低了进货成本。

随着规模的扩张,奥乐齐依然将核心业务作为经营重心,极力节省在人员管理、产品包装及营销推广等方面的成本。如今,奥乐齐已经从一家小小的食品杂货铺发展成世界驰名的连锁超市,在全球范围内拥有1万余家分店,每年的销售额都超过700亿美元。

近些年,网约车市场争夺战也体现出关注核心业务的重要性。为占据市场份额,滴滴出行在发展初期放弃了用户使用体验、预约服务、用户反馈等功能,专注于为用户提供最基本的约车服务。这种运作模式也帮助滴滴成功在一众约车软件中脱颖而出,实现营业收入的快速增长。在获得绝对优势后,滴滴才开始将产品优化、提升用户体验作为新的发展重点。

在发展的初级阶段,企业应该综合考虑公司内部的利益矛盾及外部市场环境的变化趋势,将有限的资源用于促进核心业务的发展。这样可以极大地提升企业运作效能,带领企业走向更为辉煌的未来。

7.3.2 三步优化业务结构

当企业搭建好业务结构后,还要实现业务结构与公司经营现状的匹配,及时地发现并解决企业运作过程中出现的问题,最大限度地提升员工工作效率。"三步法"是对企业业务结构进行评估与优化的方法，我们可以利用这个方法对企业的业务结构进行合理调整，进一步简化企业的盈利模式。"三步法"的具体步骤如下。

第一步，确定评估对象。

除了核心业务外，企业内部还存在大量的重要业务及辅助业务。因此，企业需要选择最有代表性的业务，将它们的评估结果扩展应用到相似业务中，从而最大限度地节省时间成本及人工成本。在通常情况下，企业会在涉及核心竞争力的业务、成熟度较低的业务、绩效波动大且容易出现失误的业务中进行挑选，以确定评估对象。

第二步，进行业务评估。

在确定评估对象后，企业需要根据业务的盈利情况及实际的实施情况提炼多个评估指标，对各项业务的运作流程进行实时监控及分析，及时记录评估结果。在评估的过程中，企业还应该标明每项业务的执行人员、具体内容、预期目标与执行范围，从而提升后期的调整及落实效率。

第三步，优化业务流程。

第二步中获得的评估结果，就是企业进行业务优化的主要依据。当然，在此基础上，企业还需要进一步收集业务数据，并对其进行横向与纵向的比较，进一步掌握业务现状，深入了解需要优化的环节，为其制定相应的优化方案。

要想突破发展瓶颈，就必须充分了解企业的整体架构，建立竞争优势，降低运营成本。这就要求我们对企业现有的业务结构进行优化，为企业的战略模式提供强有力的支撑，从而扩大企业的盈利空间。

第 8 章

组织管理的数字化转型

组织管理特别是行政工作往往十分琐碎繁杂，需要多部门进行协同。因此行政管理的数字化转型成为近年来数字化转型的热门话题。数字化转型能够大大提高行政部门的工作效率，减少员工不必要的内耗，使员工能够更快、更精准地响应业务需求。

8.1 数字化带来的组织变革

在现代化管理当中，组织架构占据着非常关键的地位，会对企业整体的发展效率和发展方向产生影响。数字化能够为行政管理带来重要的组织变革，为企业精简工作流程，降低运营成本。

8.1.1 组织如何可持续变革

随着数字技术的发展，企业的组织架构也产生了重大的变革。做任何事情都追求流程完整、步骤明确，设置组织架构当然也不例外。联创世纪商学院总结出设置组织架构的"5步法"，即战略对接、选择类型、划分部门、划分职能、确定层级。

第一步，战略对接。组织架构的设置应该以战略为先，依照战略设置出来的组织架构更加科学，而且资源分配和方向的制定也比较合理。另外，因为战略和组织架构相互契合，所以企业的发展较难偏离轨道，管理者只需要衡量目标有没有达成即可。

第二步，选择类型。设置组织架构的第二步是选择类型，即到底是采用直线型、职能型，还是矩阵型、事业部型、区域型。在进行这一步时，必须以战略、企业管理方式等因素为基础。不同发展阶段所需要的组织架构也不同，因此企业也要根据实际情况选择合适的组织架构类型。

第三步，划分部门。完成战略对接，选择好类型以后，企业就可以开始进行部门的划分。随着企业的发展壮大，企业的业务会越来越多，分工也会越来越细。但是当细到一定程度时，一个层级的管理就超出了限度。在这种情况下，企业就可以把职能相近或者联系度高的部门整合在一起，然后再指派能力较强的管理者负责管理。

第四步，划分职能。企业选择的组织架构类型不同，所需要的职能也会有所不同。企业中的每个部门都有自己的职能，都要承担相应的责任和义务。职能划分得越具体，各部门的岗位设置就会越合理，员工的工作内容就会更明确，企业的发展态势也就有可能迅猛。

第五步，确定层级。一般情况下，一个企业的内部管理可以分为决策层、管理层、执行层、操作层4个层级。其中，决策层的人数最少，操作层的人数最多。要确定合理的层级，除要考虑企业的职能划分以外，还应该设定有效的管理制度。同时，各层级之间都应该自上而下地实施管理与监督的权力。

企业只有加大组织变革的管理力度，才能更好地适应变幻莫测的数字化时代。那些在数字技术影响下自发形成的工具或方法往往具有更好的实践效果，企业也需要正确利用"滚雪球"效应，用成功案例激发各个组织、员工的潜能，实现企业的可持续变革。

8.1.2 价值驱动决策

未来的组织形态可能多种多样，但一定具备一致、自主的共性。组织和个体需要在一致性和自主性中找到平衡。一致性与自主性高度相关，但属于两个不同的维度。

（1）低一致性、低自主性：管理者下达指令，团队执行；

（2）高一致性、低自主性：管理者告诉团队要做什么，以及怎么做；

（3）低一致性、高自主性：团队各行其是，管理者没有实权；

（4）高一致性、高自主性：管理者提出需要解决的问题，团队寻找解决方案。

企业中的所有员工能够为了一致性的目标完成具有创造性、挑战性的任务，就表明组织形态具有优越性。因此，企业需要培养具有高度的灵活性及较强的响应能力的组织。

企业可以用价值驱动决策，提升组织的响应能力。价值驱动决策的本质是根据产品及业务的价值确定企业接下来的发展方向。

价值驱动决策致力于实现投资、管理的价值最大化，它会为企业的战略目标匹配最契合的执行方针，显著增强企业的市场响应能力。企业可以通过以下步骤实现用价值驱动决策。

第一步，规划发展战略。

需要与整个业务部门在业务管理机制的问题上达成共识，并从组织架构层面出发，对企业的商业愿景、目标、行动方案等问题做出规划。这需要企业以用户为中心，及时根据市场运营的价值反馈对发展战略进行调整。

第二步，建立可视化的待办事项列表。

完成发展战略的制定工作后，企业需要将其中的愿景、目标进行可视化处理，对每个行动方案进行深度分析，建立可视化的待办事项列表。

第三步，建立评审与决策机制，对待办事项列表进行审核与调整。

评审与决策机制需要由项目负责人、业务人员、市场运营人员共同决定。同时，他们还需要对项目的用户反馈、运营数据进行整理，并对是否调整项目战略、各个决策专题的优先级等问题进行深度推演。

第四步，选用最佳的项目实施方案。

通常情况下，策划团队会提出多个实施方案。企业需要根据评审结果对这些方案进行拆解，将优先级最高的专题规划到即刻实施的版本中，形成几个不断迭代升级的滚动式方案，将最佳的实施方案交付给研发团队，以便研发团队开始后续的研发工作。

价值驱动决策是最佳的高响应力组织的培养方式。价值驱动决策会促使企业根据商业愿景制定最适宜的产品策略，同时促使企业根据市场反馈持续对产品策略进行调整。

8.1.3 从传统企业到生态型孵化平台：海尔

海尔集团是全球领先的家电品牌。2021年1月，世界权威调研机构欧睿国际发布了2020年全球大型家用电器品牌零售量调查报告。数据显示，海尔的大型家电零售量位列全球第一，这也是海尔第12次蝉联全球第一。

如今的海尔，已经从一家资不抵债的传统家电制造企业，变成一家引领物联网时代的生态型孵化平台。随着数字技术的发展，海尔进行了数字化转型，从组织架构、经营理念、薪资模式等方面进行改革，全方位地颠覆了旧有模式。正因如此，越来越多的企业家前往海尔进行调研，学习海尔的组织转型经验。

随着经营理念的升级，海尔CEO张瑞敏提出了"人单合一"的新型商业模式。这是一种将员工价值与用户价值进行紧密结合的商业模式，在这种模式下，员工将以满足用户需求为己任，直接与用户进行对接，管理人员则成为资源的供给者。10余年的探索使这种商业模式在海尔初具规模，提升了海尔的沟通和决策效率，增强了海尔的市场竞争力。

这种经营理念的变化推动了组织架构的变革，海尔的组织架构从传统的科层制向新型的小微生态圈转变，如图8-1所示。

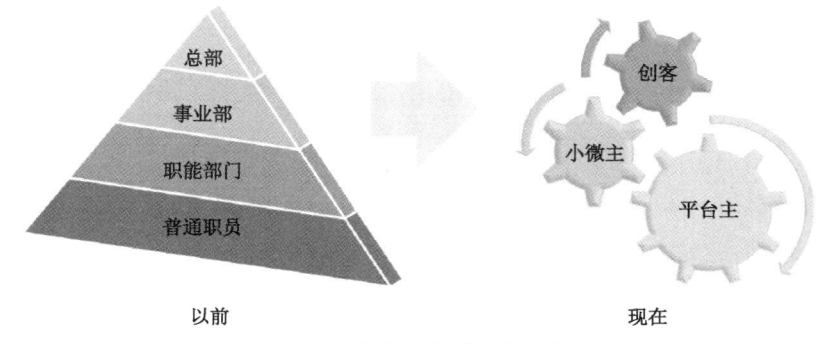

图 8-1 海尔的组织架构对比

"人单合一"的商业模式也改变了海尔的薪资模式。它将员工的薪资标准由上级评价、企业付薪转变为用户评价、用户付薪，最大限度地提升了员工对于用户需求的重视程度。此外，海尔创立的独特的经营核算体系，将战略损益表、日清表和人单酬表作为员工工作业绩的考核依据。这几张表单增强了工作内容、工作重点、工作目标、工作奖励等信息的透明度，有效激发了员工的工作热情。

海尔利用自身的渠道及技术优势，为各个高校的洗衣机安装了物联网模块，高校的学生可以通过"海尔洗衣"App查询并预约处于闲置状态的洗衣机，借助第三方支付平台进行付款。每完成一笔交易，海尔洗衣都能从中抽取10%作为服务费。

在海尔的资源支持和小村资本的资金支持下，这个项目很快就取得了成功。试运行仅一年，小村资本的投资就增值10倍。

在海尔内部，还有许多类似的创业项目，这些项目使海尔变成一个孵化平台。那些具有想法和能力的创业团队都会得到海尔的大力扶植。以海尔洗衣为例，在创业初期，海尔为海尔洗衣引入了风险资本方小村资本，在聚集社会资源的同时降低了团队的创业风险。当海尔洗衣的发展步入正轨后，海尔则溢价回购了小村资本持有的部分股份，再为其吸引新的风险投资，不断推进海尔洗衣的上市计划。

这种孵化模式不仅使海尔从一家有着扁平化的组织架构的传统企业升级为引领物联网时代发展的创业项目孵化平台，还帮助海尔规避了创业风险，盘活了闲置资源。这种生态型的组织转型势必会成为大型企业进行组织转型的新态势。

8.2 文化创新：由控制走向赋能

最近几年，移动互联网不断发展，企业面临的挑战越来越严峻。因此，企业需要不断提升自己的竞争力来应对挑战。企业想要实现文化创新，打造专属于自己的文化，就需要充分解放员工的个性，由控制走向赋能。

8.2.1 愿景与业务相关

理解业务战略，根据企业的业务战略设置企业愿景，将其与行政管理工作结合，是企业提升竞争力的最佳方法之一。企业需要根据业务战略的变化对企业的愿景进行调整。当外部市场环境发生变化或者内部经营环境发生变化时，企业需要重新制定或调整业务战略，企业的发展愿景也要进行相应的调整，为全新的业务战略指引方向。

例如，某企业制定了 5 年之内规模和盈利达到行业前 3 名的目标，但由于一次重大失误导致目前的实力无法支撑这一目标。这时，企业就需要根据发展战略重新调整愿景，思考如何通过资本运作解决现存的问题，助力目标的实现。

业务战略与企业的经营、管理和服务能否取得良好的效果息息相关。A 企业是一家综合性企业，其核心业务是房地产开发，也是其最主要的利润来源。但是，因为房地产市场的竞争日益激烈，资源越来越紧张，所以 A 企业决定将矿产开发扩展为新兴的业务并进行重点扶持。

A 企业原本的业务战略是围绕房地产开发制定的，新增了业务后，A 企业就对自身的发展愿景、组织架构、岗位设置等方面进行了调整，针对矿产的开发与管理组建了新部门。对于 A 企业而言，矿产开发不仅是新兴的业务，更是二次创业的支柱产业。在该业务初步发展的关键阶段，A 企业需要对进度、需求、工作情况进行全面把控，充分满足业务战略的发展需要。

根据发展战略设置愿景，可以对企业实现高质量发展产生激励作用，还可以与外部经济建立联系，使企业跟上市场发展的潮流。处在数字化转型关键阶段的企业，更加不能忽视愿景与业务战略的相关性。

8.2.2 用 OKR 管理新生代

OKR 是一套目标管理与目标沟通的管理工具，O 是 Objectives（目标）的缩写，KR 是 Key Results（关键结果）的缩写。它打破了以往分配目标的方法，强调上下双向地制定目标。它给组织带来的价值是：上下一致，左右对齐，自我驱动。

OKR 的管理理念得到了越来越多的企业的认可，互联网行业的头部企业都纷纷开始应用 OKR，字节跳动就是其中最典型的代表之一。

字节跳动旗下的产品和业务快速扩张，在市场上占据了领先地位，在短视频领域取得了让整个互联网行业都为之震惊的成绩，如图 8-2 所示。

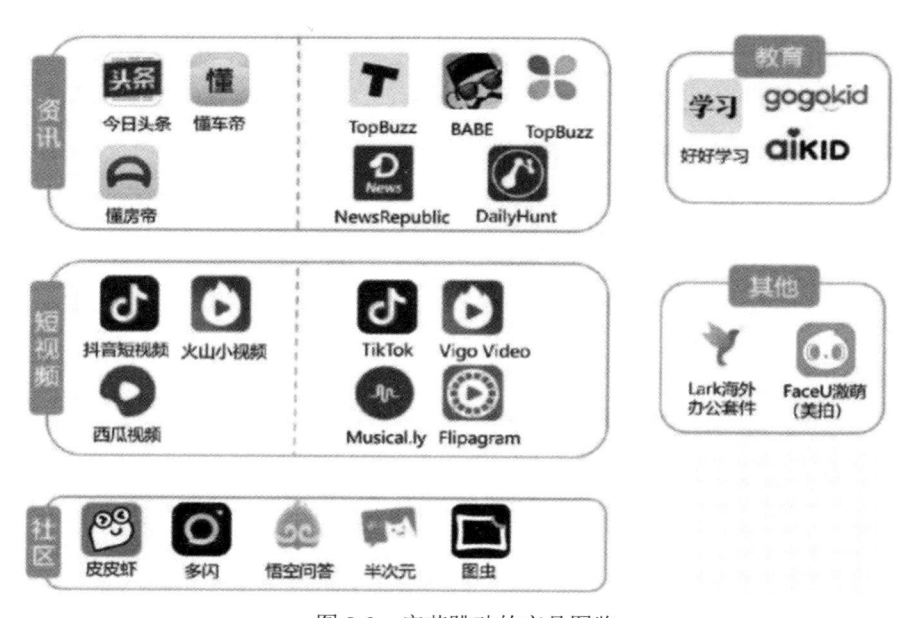

图 8-2 字节跳动的产品图鉴

字节跳动的迅速发展与OKR的应用紧密相关。在字节跳动，OKR可以记录员工的工作情况并向所有人公开，普通员工也可以查看总裁的OKR。

员工的工作内容与工作目标是公开、透明的，管理层的管理工作进行得非常顺利。目前，大多数公司员工的工作内容和工作目标只有员工自己与领导知道，这就隐形地在员工之间竖起了一道屏障。

字节跳动创始人张一鸣希望公司最核心的文化是透明。透明的企业文化能够给予员工期望与归属感。据有关调查结果显示，高达85%的年轻员工都表示希望自己的工作是透明的。

因此，要想实现从控制型文化到赋能型文化的升级，企业必须坚持使用OKR目标管理法管理员工。除了充分激发员工的潜力和价值外，OKR还有许多其他的好处。

（1）提高员工的参与度。

OKR是激励员工最有效的方法之一。OKR可以使员工的工作变得公开、透明，从而增强员工的责任意识，提升员工的工作效率与忠诚度。不仅如此，OKR还能有效缓解员工的压力，创造更轻松的工作氛围，员工可以在这样的氛围中畅所欲言，提高自身的参与度。

（2）确保方向和行动一致。

利用OKR进行管理不仅能够让员工明确企业的战略、发展目标、愿景等，还能够帮助员工理解自己在团队中扮演的角色。如此一来，员工在工作时会更积极、主动，协作与决策能力也会更强。如果员工与员工之间、部门与部门之间的OKR、进度以及评分都是公开透明的，就可以确保所有人的方向和行动是一致的，从而节省很多沟通成本，能更高效地解决问题。

正所谓"得人心者得天下"，OKR会将一些不涉及机密的信息公开，这会使企业的文化与员工的工作更透明，使员工更信任企业，员工有归属感和主人翁意识。企业和员工就像鱼和水一样，二者相辅相成，企业的良好发展与员工的努力是分不开的。因此，企业更应该利用 OKR 管理员工，形成积极、健康的企业氛围，使企业上下团结一致，最大限度地提升企业的经营效益。

OKR 既有目标，也有关键结果，关键结果是根据目标制定的。要想在一个庞大的组织中实现员工的协同，用来实施 OKR 的数字化工具就非常关键。角色管理、目标设定、关键结果拆解、过程追踪、结果量化等都需要借助数字化工具，字节跳动将飞书作为实施 OKR 的数字化工具。整个组织可以通过飞书共享目标和关键结果。

8.2.3 开放协作，业务与技术积极联动

如今，经济与技术高速发展，市场上的产品种类十分丰富，用户拥有极大的选择空间。在这种环境下，企业要想生存，就必须形成自己的竞争优势。文化建设是增强企业竞争力的法宝。企业要想从市场竞争中脱颖而出，就必须从实际情况出发，建立业务部门与技术部门之间的连接，拓展企业的文化边界，打造一个开放协作的环境，为企业的发展提供动力和保障。

随着企业的深入发展，员工接触到的信息也更加丰富，他们的思维模式也发生了转变，一部分员工能够在经营、产品开发、战略部署等方面为企业提供更深层次的意见与建议。建立业务部门与技术部门之间的连接，形成开放、协作的工作环境俨然成为新时代企业发展的主旋律。

下面以阳光保险集团为例。业务部门与技术部门的连接帮助阳光保险集团拓展了企业边界，形成了开放协作的管理格局，它也从一家注册资金为 100 万元的小企业发展为进入"2020 年中国最具价值品牌 100 强"榜单的知名企业。近年来，为了增加市场占有率，更好地满足用户需求，阳光保险集团加强了业务部门与技术部门之间的合作，积极实施拓展边界的战略，实现了用户洞察、产品创新、风险管控、营销运营等多个环节的数字化管理。

实现了业务部门与技术部门的连接后，阳光保险集团的机动性得到了显著增强，它可以更好地借鉴先进企业的优势弥补自身的劣势，提高了自身应对风险的

能力和市场竞争力。

如今，全球化的步伐逐渐加快，业务部门与技术部门的连接可以帮助企业从实际情况出发，精准定位企业产品，提升部门间的协作能力，从而进行超前的思考和谋划，预测市场的发展趋势，找准突破点精准抢占先机。

拓展边界、开放协作是经济发展的趋势。实现业务与技术的积极联动能有效帮助企业形成全面开放的新格局。因此，企业要紧跟时代发展的步伐，根据时代发展的特点与企业的实际情况，建立业务部门与技术部门之间的连接，为企业制定开放协作的发展路径。

8.2.4 鼓励数字化创新的企业文化：奈飞

优良的文化氛围不仅可以增强员工的凝聚力，还可以保障各项工作的质量和效率。在数字化时代，鼓励数字化创新的企业文化可以推动企业的数字化转型进程，使员工更好地参与企业的数字化转型。但是，在打造鼓励数字化创新的企业文化的过程中，企业可能会遇到各种各样的难题，这就需要企业坚定信心，将问题逐一解决。奈飞（Netflix）便是通过打造鼓励数字化创新的企业文化推动企业的数字化转型的典型案例。

奈飞是"美股四剑客"中最籍籍无名的一个，其他的三个分别为Facebook、亚马逊、谷歌。奈飞因其独特的企业文化成为无数硅谷企业效仿的对象，《奈飞文化集》累计访问量超过1500万次。对奈飞而言，企业文化是除企业的业务流程、发展战略之外最核心的内容。在企业文化的帮助下，奈飞打造出具有极强的数字化创新与内容生产能力的团队，企业的效益呈指数级发展。曾任奈飞首席人才官的帕蒂·麦考德将奈飞的企业文化总结为八大准则，如图8-3所示。

文化的形成不可能一蹴而就。在了解奈飞的企业文化后，我们将企业文化的打造方法总结为以下5个步骤。

（1）提出文化的理念。我们可以将文化理念看作旗帜，它会引领全体员工向正确的方向奋勇前进。一般来说，文化理念不需要太长，最好是生动、短小的语句，这样可以让员工产生有效的记忆。

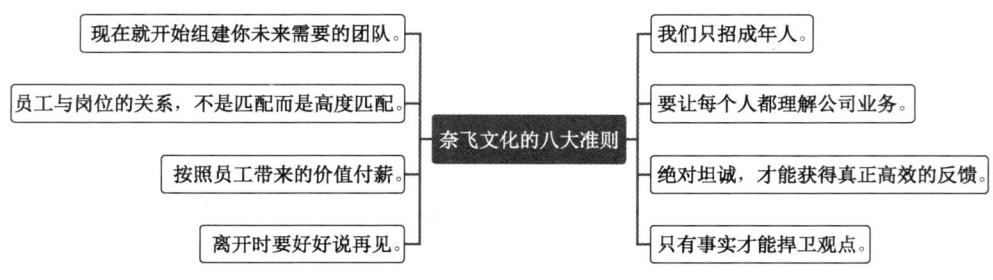

奈飞文化的八大准则：
- 现在就开始组建你未来需要的团队。
- 员工与岗位的关系，不是匹配而是高度匹配。
- 按照员工带来的价值付薪。
- 离开时要好好说再见。
- 我们只招成年人。
- 要让每个人都理解公司业务。
- 绝对坦诚，才能获得真正高效的反馈。
- 只有事实才能捍卫观点。

图 8-3　奈飞企业文化的八大准则

（2）把文化编制成手册。我们可以将文化以手册的方式展现出来，并将其作为员工的行为纲领，以及开展各项工作的基本准则。如今，很多企业都会通过手册将企业文化传递给员工，通过这种方式加深员工对企业的文化理念、价值观的认知。

（3）创办企业内部刊物。为了让员工接受企业的文化，我们可以将企业的文化改编成故事，将其装订成册，作为企业的内部刊物。内部刊物也会比手册更加生动具体，可以更好地弘扬企业的价值观和文化理念。

（4）定时举办培训宣讲会与文化活动。只有员工反复学习、企业反复对员工开展培训，员工才能对企业和文化产生更强烈的认同感。企业可以举办各种各样的活动，如演讲赛、辩论赛、文化心得分享会等，将企业的文化高频次地传递给员工，让员工在潜移默化中受到企业文化的熏陶，在工作中践行文化。

（5）管理层的示范作用。正所谓"上行下效"，管理层的示范作用是非常重要的，如果管理层能在文化认同方面起到示范作用，员工也会自发地接受企业的文化。

良好的文化氛围可以增强员工的企业认同感，从而增强企业的核心凝聚力。我们应该从奈飞的八大准则中得到启发，用企业文化助推技术和产品的发展，在激烈的市场竞争中占据有利地位。

8.3 跳出"格子间"限制，优化办公体验

什么是"格子间"？具体来说，"格子间"是现代社会办公环境的全新体现。毫无交流、压抑闭塞的工作环境成为员工发展的绊脚石，而企业的数字化转型能够优化员工的办公体验，使员工跳出"格子间"的限制，解放个性。

8.3.1 敏捷的 ICT 基础设施

ICT（信息与通信技术）基础设施是建设智慧城市的基石，具备信息高度共享、宽带无处不在、敏捷灵动 3 个基本特征。实际上，敏捷的 ICT 基础设施不仅可以用于建设智慧城市，还可以用于为企业打造创新高效、融合开放、易于管理的"信息通路"。

对中小企业而言，数字化转型的关键在于如何利用数字化工具，让业务的效率更高、企业的运营成本更低、企业的成长速度更快。因此，中小企业更需要建设效率高、门槛低、云端化的数字化基础设施，提高企业的生产力，降低运营成本。而以微软 Office 365 为代表的 ICT 基础设施，为中小企业提供了转型良机。

Office 365 打通了 Mac、Windows、iOS、Android 等多个平台，构建了一个统一的协同工作平台。在举行会议时，Office 365 可以对屏幕上的图片进行快速转存，并直接提取图片中的文字，极大地提升了参会人员的办公效率。

不仅如此，Office 365 还拥有完善的云平台服务，可以为员工提供企业级电子邮件、在线会议等多种线上服务，帮助企业优化现有的审批流程，快速形成数字化工作模式，提升员工的协同工作能力。这意味着员工可以在任意时间、地点，使用任意设备开展工作，全面提升员工的办公效率。

Office 365 还能解决企业的办公安全问题。例如，在办公的过程中，员工可以将文件直接传输到 Office 365 自带的云空间中，这样一来，那些存储在本地的文

件出现异常时，也可以借助云端备份进行恢复。

此外，企业可以根据自身需求订阅 Office 365 的云服务，随时对授权数量进行更改。所有维护工作都由 Office 365 的服务团队负责，这样将大幅降低企业进行业务维护的技术难度，节省前期的投入成本与后期的运营成本。

ICT 基础设施的建设是一个庞大的工程，企业应该将打造敏捷的 ICT 基础设施作为提升办公效率的主要着力点，从而全面增加企业的盈利增长点。

8.3.2　引进现代化的沟通与协作工具

随着互联网思维融入各行业，数据已经由信息资源转变为生产要素，成为支撑企业发展的重要基础。我们也应该顺应数字经济发展的趋势，引进现代化的沟通与协作工具，推动企业内部的数字化进程。那么，有哪些现代化的沟通与协作工具可以使用呢？

（1）故事墙

故事墙通常分为计划、开发、测试、完成 4 部分，适合产品的研发部门使用。产品的每项需求以卡片形式进行展示，卡片的位置越高，则代表该需求的优先级越高。通过对产品的需求进行梳理，整个项目的研发进度也变得一目了然。

需求卡片通常分为 3 种，使用不同颜色进行区分。互联网企业通常用黄色表示功能需求，用蓝色表示技术需求，用红色表示产品 bug。需求卡片主要包括需求内容、执行者和预计完成时间，如图 8-4 所示。

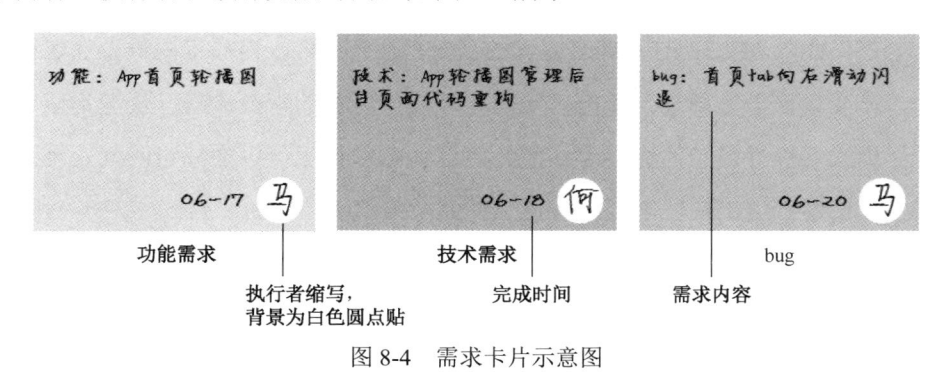

图 8-4　需求卡片示意图

除了开发进度可以一目了然外，我们也可以通过故事墙了解一些隐性信息。例如，计划区的卡片较少，则说明产品的需求数量和更新速度出现问题，需要由产品策划部门进行补充；当某项需求长期未被解决，则说明出现技术瓶颈，需要与相关部门进行沟通，明确需要我们加大资源投入还是暂时放弃该需求。

（2）数据墙。

数据墙则更适合产品的运营部门使用。它可以展示产品运营状态的参数，如日新增、日活跃等。运营部门也可以根据产品类型或产品所处阶段决定参数类型。

数据墙可以参数、日期作为核心维度，制成简单的二维数据表，还可以绘制折线图表明数据的发展趋势，绘制出目标量，方便观察目标的完成情况。数据墙能够培养员工关注产品数据的习惯，并增强其数据分析能力。

在运营过程中，我们也要将新发现的关键参数，在数据墙上进行展示，并补充改版前后这些数据的表现，这样可以帮助我们更好地了解产品的突破点。

（3）邮件。

邮件并不会对对方造成过强的干扰，同时又可以及时送达，非常适合用来共享那些大量或需要引起重视的信息，如会议的资料及总结。但邮件的提醒性较弱，因此在发送邮件后，我们应当通过即时通信工具提醒对方及时查阅。

我们可以给同种类型的邮件设置统一的主题格式，这样对方就可以快速地将邮件归类，从而加速邮件处理速度。

（4）共享文件夹。

共享文件夹适合存放那些占存储空间很大，或者不方便在线上进行修改的文件。这类文件并不常用，在需要时又很难迅速传输，因此都可以在共享文件夹中进行存档，方便随时取用。值得注意的是，员工只能在局域网范围内访问共享文件夹。

线下共享工具的位置醒目，可视化程度较高，但需要专人进行实时维护，同时单次可共享的数据较少。线上共享工具则正好相反，共享数据较多，无须专门维护，但其可视化程度不高，而且需要员工主动进行查找。

在实际使用中，我们可以综合运用这些协作工具，降低数据共享的时间及资源成本，从而推动公司内部的数字化进程，全面提升企业各部门之间的沟通效率。

8.3.3 智能终端让办公空间可移动

智能终端的快速发展使办公空间具有移动性。如今，企业可以通过云会议、视频直播、工作群组等方式，把线下工作转变成可以随时开展的线上工作，大幅提升了团队沟通与协作效率，使员工的工作方式发生巨大变革。下面我们以招聘面试为例进行详细说明。

传统的面试方法存在诸多弊端，例如，场所的限制使 HR 难以对候选人的实力进行准确评估。智能终端的发展弥补了这些缺陷，促进了新型面试方法的产生，如图 8-5 所示。

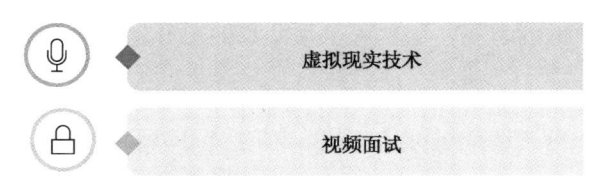

图 8-5 两种新型的面试方法

（1）虚拟现实技术。

近几年，虚拟现实技术如日中天。劳埃德银行曾经启动了运用虚拟现实技术进行候选人测试的计划。HR 通过相关设备对候选人发布任务，对其表现进行监测，从而判断候选人的工作能力。这种方法为企业考察候选人提供了更多的可能性，使 HR 对候选人的评估更加全面、具体，同时展现了企业紧跟时代潮流的形象。

（2）视频面试。

视频面试可以打破传统面试在时间与空间方面的限制，使招聘过程更加高效。近几年使用视频面试进行招聘的企业越来越多，包括高盛、毕马威、欧莱雅、安永在内的许多知名企业，都使用 HireVue 或 Sonru 进行视频面试，对候选人进行首轮筛选。

当拥有大批候选人时，视频面试的方法显然更高效。这种方法将 HR 的工作场所转移到线上，同时扩大了企业的人才甄选范围，可以有效促进企业人才库的建立。

社会在发展，员工的办公空间也不再局限于特定区域。很多企业开始"云办公"，这也极大地推动了办公空间的变革。新时代的企业也不应该继续墨守成规，要积极创新，迎合发展潮流，在智能终端的帮助下打造灵活、多元的办公环境。

8.4 优化差旅模式，降本增效

为了降低成本、提高行政效率，企业需要对差旅模式进行优化，保证员工的权益不受侵害。具体的举措包括设立寄存账户、简化员工的报销流程等。

8.4.1 寄存账户：记录员工出差数据

针对员工出差的实际需要，企业可以为员工设立统一的寄存账户，在这个账户中记录员工的出差数据，将这些数据导入企业的出差管理平台，这样就可以对员工的出差行为进行更好的管理。

寄存账户是企业借助第三方平台为出差的员工设立的支付账户，出差的员工可以利用这个账户集中支付出差费用。它将旅行与金融这两个行业进行结合，为企业提供了一整套低成本的出差管理方案。

在建立寄存账户后，企业的出差管理效率得到了显著的提升，出差成本也得到了有效的控制。先进的数字技术与庞大的数据库使企业的出差管理更透明，显著提升了企业出差管理的效率。同时，这样统一地进行账户管理也降低了企业的差旅成本，进一步缓解了企业的现金流压力。

过于分散的数据不利于企业制定最优的出差方案，寄存账户可以将碎片化的数据进行整合，将所有出差的支出整合在同一份账单中，为企业进行谈判议价提供了数据支持。企业可以利用数据对各个供应商进行比较，有效降低差旅成本。管理人员也可以通过寄存账户清晰地了解每位员工的行程开销、舱位级别等信息。公开、透明的出差数据最大限度地降低了企业对现有的出差方案进行优化的难度。

8.4.2 简化报销流程：自动化、无纸化

员工的每一次出差都会产生行程单、酒店发票、车票等报销单据，财务人员需要对这些单据进行审核，对每一笔支出的真实性、规范性进行核验。票据出现问题时，财务人员还需要与出差的员工反复进行沟通，这些琐碎的工作很容易降低财务人员的工作效率。

如今，很多企业都和线上的差旅服务商开展合作。服务商会按时向企业发送每月的支出账单，这极大地减少了财务人员的工作量。但新的问题也接踵而来，如支出账单与实际报销单不一致、员工未按时提交报销凭证等，这些问题会在一定程度上影响企业。

企业可以在与线上差旅服务商合作的基础上建立差旅管理系统。这个管理系统可以最大限度地简化员工的报销流程，对账工作可由系统自动完成。这使得财务人员能够从机械、烦琐的工作中解放出来，也避免了拖延报账的情况，使财务人员将时间与精力放在更有价值的会计管理等工作上。建立差旅管理系统，实现自动化、无纸化的差旅报销会让财务工作产生颠覆性的变革。

建立差旅管理系统后，企业可以高效、快速地对员工的差旅数据进行采集、处理与智能计算。差旅管理系统可以对订单、发票、账单等差旅数据进行实时记录，所有数据都可直接被调取，从而推进财务部门的管理变革。

自动化、无纸化的报销流程可以大幅节约报销时间，帮助企业实现财务工作的一体化管控，显著提升企业的运营效率，进一步推动企业的数字化转型进程。

第 9 章 采购的数字化转型

在企业发展初期,采购部门通常会使用 Excel 等办公软件对采购数据进行统计。但此时的采购部门无法对有价值的数据进行汇总,信息也无法对决策形成支撑。为了解决以上问题,开展采购的数字化转型工作刻不容缓。

9.1 采购 3.0 时代来临

数字化的浪潮席卷而来,在巨大的生存压力下,企业只有变得更灵活、更高效,才能在新时代更好的生存和发展。因此,供应链管理及许多面向用户的服务型环节都争相开展数字化转型。

9.1.1 数字化思维下的新型采购方案

很多企业开始部署电子采购系统,引入云采购工具,企业的采购模式也从 1.0 人治时代逐步向 3.0 共享时代迈进。这个变化其实反映了一个趋势,即 SSC(效率化)提升。下面我们从成本病、质量波动、波峰波谷 3 方面入手,揭示效率化的本质,如图 9-1 所示。

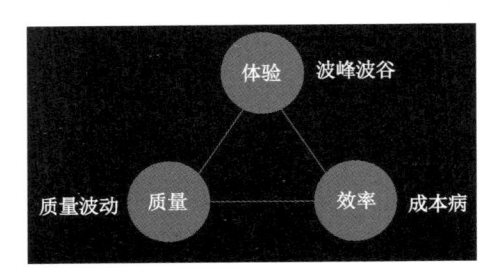

图 9-1 效率化的本质

（1）成本病。美国经济学家威廉·J·鲍莫尔（William J. Baumol）在 1967 年提出了服务业成本病的概念，并将其简化为汽车生产与艺术表演的思考模型。对于汽车生产行业而言，技术的进步提升了劳动生产的效率，汽车生产需要的工人也随之变少。但对于艺术表演行业而言，300 年前的莫扎特四重奏需要 4 个人表演，300 年后依然如此，这意味着劳动生产率的增长出现停滞，艺术表演行业存在成本病。

（2）质量波动。在企业的采购管理中，企业的采购需求广泛而多变，不同区域、不同部门存在较大差异，供应商的供货情况也容易受到原料、工艺、天气等多种因素的影响。减少采购工作的质量波动及降低基础成本也因此成为采购人员的重要任务。

（3）波峰波谷。采购工作是按需、实时交付的，提前库存会导致企业难以应对市场需求的变化，而市场需求存在时差，会产生具有高弹性的波峰波谷效应。这个效应要求采购人员弹性配置企业资源，这对于采购人员而言是一项不小的挑战。

基于效率化的本质，企业需要借助数字化思维打造新型采购方案，推动采购模式由 1.0 向 3.0 发展。在共享时代的数字化采购模式下，采购人员可以通过移动终端实时查看采购部门的支出情况。采购系统也可以对交易数据以及市场情况等信息进行智能分析，帮助采购人员简化采购流程，制定更精准的采购策略。

9.1.2 做数字化采购前，先考虑 3 个问题

数字化的企业大多由大规模计算平台驱动，通过平台的开发端口建立可持续

的商业模式。不同的企业的数字技术程度不同，在做数字化采购的时候，不能生搬硬套别人的模式。企业需要根据自身特点，从局部突破，自下而上地探索自己的数字化转型之道。

优秀的数字化采购管理平台可以轻松实现供应链上下游的无缝衔接，帮助企业整合资源，快速对市场的变化做出响应。下面是实现数字化采购的3个前提。

（1）建立端对端的采购流程

企业的数字化采购需要以端对端的业务流程为基础。企业可以通过集成内部信息系统的方式，提升采购管理与供应商管理的透明度，从而突破行业和地域的限制，提升采购变革的战略价值。

（2）实现采购数据共享

精准、海量的数据是建立数字化采购系统的基础。与供应商、用户实现数据共享是一项复杂且烦琐的工作。在开始阶段，企业或许无法与所有供应商、用户实现数据共享，但企业可以有序地推进数据共享系统的建设。企业可以以战略供应商与战略用户作为切入点，搭建数据共享平台的框架，以点带线，以线带面，建立完善的数据共享平台。

（3）拥有数字化的技术手段

在多种数字技术的基础上建立的数字化采购系统可以将供应链中的各个环节连接，最终实现真正的数据互联。5G技术的广泛应用也为信息传输带来跨时代的变革，极大地提升了采购的效率。这些数字化的技术手段使供应链中的每个环节都能融入数字化系统，充分发挥了数字化的价值。

如何在建立规模效应的同时提升企业的灵活性，更好地应对快速变化的市场需求，是数字经济时代企业面临的重大挑战。企业需要在数字化转型的过程中同步对管理模式进行升级，构建稳定、敏捷的组织，整合并提升企业的采购管理能力。

数字化浪潮席卷而来，传统的采购业务不可避免地受到了影响，数字技术将助力企业充分发挥采购业务的价值，开辟采购业务数字化发展的新空间。

9.2 新型采购模式

由于传统采购模式存在信息不对称、更新不及时等弊端，企业亟须对采购模式进行更新，以适应激烈的市场竞争。新型的采购模式主要包括共享采购、协作采购等。

9.2.1 共享采购：资源的社会化交换

在供应链管理系统的协助下，企业与供应商协同采购的效率得到了显著提升。但这种封闭性较强的线性管理体系十分容易形成大型数据孤岛。在缺乏信息交流的情况下，企业抵御风险能力与谈判议价能力都会受到一定程度的削弱。

世界范围内原料价格的上升，进一步增加了经济环境的不确定性。企业亟须摆脱旧有模式，增强采购风险的防控意识，提升采购工作的集约化程度，建立共享型采购系统。

互联网具有共享的属性，这使它可以更快地接入全球性的资源和服务，借助第三方采购平台进行集中采购，从而快速形成规模经济。互联网将线上的信息与线下的采购进行有机结合，以最低的成本创造最大的价值。这种实时、多元的协同采购模式将替代传统的线性、封闭的采购模式，推动资源的社会化交换。

同时，随着新一代数字技术的广泛应用，企业的采购模式也由面向供应链的电子采购转变为面向社会的互联网采购。共享也成为新型采购模式的重要特征，它将采购以更专业的形式展现出来，极大地提升了采购工作的效率和质量，帮助企业更好、更快地创新业务模式，降低企业的运营风险。

这种共享可以是企业内部各个部门之间的共享，也可以是企业间的共享。它实现了采购业务的再分工，使企业可以用最低的成本获取最佳的采购服务。如今，越来越多的企业借助共享采购模式实现了采购业务的数字化转型，向社会化的智慧采购新生态迈进。

9.2.2 集中采购：将职能进一步细分

很多人根据字面上的意思认为"集中采购"是企业统一进行的采购，这其实是一种片面的、不科学的理解。这种"集中采购"模式很难提高财政资金使用效率，采购人员也无法充分行使相关权利。实际上，正确的集中采购模式可以帮助企业进一步细分采购职能，显著降低采购成本，这种"集中"主要体现在以下 3 个方面。

（1）财政预算的安排

财政部门需要对各个部门中类似的采购项目进行集中安排，从而有效扩大企业的采购规模，提升采购的效率，实现采购资金使用效率的最大化。

（2）采购项目的批次

采购人员应该尽可能将那些相互关联的采购项目进行整合，减少相关项目的采购次数，使采购效率最大化、效果最优化。

（3）原材料的验收

采购部门可以成立专家验收小组，对采购的原材料进行集中验收后，交付给各个部门，这样可以减少采购人员的验收工作量，节约人力及财力。同时，集中验收也会在一定程度上增强验收人员对于原材料的质量管控力度。

采购是一项复杂的工作，企业必须建立健全的采购制度，严格按照法律法规以及有关规定开展采购业务。集中采购进一步细分了企业的采购职能，有利于企业建立标准化、流程化的采购模式与监管机制，吸引实力更强的供应商。

9.2.3 数字化采购降本增效实例：西域供应链

西域作为 MRO 数字化供应链的标杆企业，与大疆合作多年，逐步成为值得其信赖的 MRO 数字供应链伙伴。2020 年 5 月，西域完成与大疆采购商城的 API（应用程序编程接口）系统对接，商品范围覆盖大疆所需的所有工业品。西域智慧供应链中心汇聚了近千位行业选品专家，深入大疆的生产一线，根据生产工艺中不同场景的实际需求，整理出大疆工厂的 MRO 产品需求，在西域 600 万+SKU（库存量单位）产品池中推荐与之相匹配的优质产品，帮助客户专业选型，为企业用户的 MRO 供应链进行数字化赋能。

在服务方面，西域服务网已设立 12 个区域分公司，200+个线下服务点，拥有遍布全国的专业 MRO 数字供应链服务团队。西域在各个区域均安排人员协助客户进行需求分析，整合 MRO 采购方案并进行线上产品推荐，同时提供行业集团经理和应用工程师作为支持，用专业的行业知识赋能客户，以丰富的经验帮助客户做出决策。西域灵活应对大疆的定制化需求，以其需求为出发点，基于丰富的行业服务经验，开发和优选符合客户要求的优质产品。此外，西域还充分了解市场，定期对客户历史数据进行分析，搭建商品池，更新 MRO 品类和品牌，以系统和网站实现客户需求和产品选择的高效连接，并及时反馈到客户端。

大疆的 MRO 采购对于备货响应速度具有较高的要求。针对这一特点，西域为大疆提供了计划性备货服务。依靠西域自主研发的 PMS 计划管理系统，西域能够对客户繁杂的历史数据加以归纳分析，结合后续运营中获取的采购计划、仓库台账等数据，基于大数据进行分析整合，为客户提供基于产品类型、品牌、时间乃至使用人的多维度分析，助力客户实现数字化转型。同时，通过整理客户合作数据，计划部门配合销售人员为大疆常用 SKU 作计划性备货，提高现货满足率。通过计划性备货的实施，大疆采购产品的现货率大大提升，最高交付及时率升至 96%以上，整体货期得到普遍优化。

物流方面，西域物流网覆盖全国，7 大仓储系统以及配送服务体系高效协同，分布在华东、华南、华北、华中、西南、西北，单仓平均面积超过 2 万平方米，实现全国 100%的省份覆盖。目前运营的仓库总面积超过 20 万平方米，城配车辆 140 余辆，确保了大疆产品的极速交付。西域自有的狮行物流团队拥有丰富的仓库管理经验，依托自有的 WMS 系统，帮助大疆高效运营原有的 MRO 备品仓库，在系统对接的基础上，优化领料流程，降低操作成本，提升仓库运营水平。依托广州区域中心仓及深圳前置仓，用西域自有物流进行城配，满足大疆次日达及当日达需求。

西域深耕 MRO 行业 20 年，对 MRO 采购服务有着深刻的理解。西域帮助企业进行 MRO 供应链诊断，借助自身强大的供应链资源，为客户提供选品推荐，有效降低供应商管理难度，优化采购流程，提升采购效率。作为中国 MRO 数字供应链行业的领导者，西域生产制造企业提供专业的服务，帮助生产制造企业解决琐碎繁杂的 MRO 供应需求，使得生产制造企业能够聚焦于产品研发、产品制造，从而为中国制造业的发展和 MRO 数字化供应链基础设施搭建贡献出属于自己的力量。

9.3　采购流程数字化

采购环节是提升企业组织效率的重要发力点，为了降低采购风险，也为了提高企业供应链的稳定性，企业需要重新定义采购流程，用数据支撑采购决策，做到采购流程数据化、专业化。

9.3.1　重新定义采购职能

如今，世界经济正在发生重大变革，供应链的互联程度加深的同时，其稳定性急剧降低。供应链越来越复杂和动荡，需要面对的风险也越来越大。在这种情况下，企业亟须增强采购环节的适应能力，并重新定位采购功能，调整现有的运作模式，提升采购环节的市场响应能力。

世界领先的某电子制造企业在对采购功能进行重新定位、对采购环节的关键流程进行重新设计后，信息运输能力得到了显著提升，运营绩效也提升了 7000 多万美元。在这之后，该企业特地成立了 15 人的核心团队，大范围推广采购的自动化流程，如图 9-2 所示。

挑战重重	突围举措	成效显著
• 全球运营在成千上万的客户/供应商、产品/零件和业务规则的复杂影响下陷入困境 • 手动、自定义流程导致诸多问题 — 客户：订单可见性低，交货时间长且准确性不一致 — 员工/经理：管理负担重，决策缓慢 — 供应商：有限的合作，需求/供应不匹配 • 组织多年来一直试图突破困境但未成功	• 成立跨职能工作团队 — 业务流程专家，数字分析师，自动化技术专家 • 五步取得快速进展 — 对优先领域进行全面诊断和深入研究 — 对行业相关的流程进行端到端重新设计 — 通过数字解决方案实现快速数字化和自动化 — 将分析能力和业务决策紧密结合 — 在整个组织中进行扩展复制	• 超过15个月连续创造年化价值超过7000万美元： — 释放了超过1000万美金等值的生产力：占500个FTE约40%的工作量 — 交货时间缩短10%，计划周期缩短约50% — 更顺畅的信息流和更灵活的决策 • 15人的核心团队接受了培训，在整个公司对自动化流程进行复制实施

图 9-2 某电子制造企业重塑采购功能

传感器系统能够从各种设备中收集用户数据，将其转化为风险监控的相关信息，从而延长耗材类设备的生命周期，降低企业的运营成本。某轮胎制造企业在产品中安装了传感器，借助监控平台分析使用数据，确定产品的最佳改进方案。这一举措显著降低了企业的采购成本与团队的维护成本，提升了产品的安全性。

决策层对采购职能的再定义，将充分调动企业资源，促进有效资源的整合，帮助企业建立明确的生产力增长目标，打破部门间的信息壁垒，促进各个部门的深度融合。与战略、运营等多个部门建立合作关系也可以帮助采购部门挖掘新的竞争优势，更好地为企业的生产、经营等环节提供支撑，生产、经营环节的数据也将反过来对企业采购流程的优化起到促进作用。

如今，面对变化莫测的资本市场，企业应该积极响应新趋势，创新商业模式，重新定义采购智能。这将有效促进企业各项业务的深度融合，帮助企业在激烈的市场竞争中求得生存与发展。

9.3.2 数据支撑采购决策

随着互联网技术的发展与移动设备的普及，大量的用户数据被存储下来，这也使得企业可以利用数据制定更精准的决策。如今，越来越多的企业选择建立大数据团队收集用户的行为数据，并将收集到的数据作为制定战略决策的依据，寻找产品创新的路径。

数据收集是实现数据驱动战略最重要的步骤。对于零售行业而言，几乎所有门店都会实时向系统发送库存数据。这不仅是因为缺货会影响交易额，更是因为产品的长期积存会增加库存的周转时间，降低供应的效率。

传统的零售企业在线下门店的数字化转型方面投入的资源比例不大，这使得门店只能根据经验预测产品需求。这种预测方式的不确定性过高，很容易造成冷门产品库存积压、热销产品断货等问题。大数据技术的发展为这些门店的经营决策提供了理论依据，极大地提升了采购决策的精准度。

在收集充足的数据后，采购系统就可以根据库存自动生成采购方案，还可以对未来的需求进行精准预测。采购系统智能生成采购方案时主要参考库存情况、物流周期、产品规格等方面的数据，此外，产品的大小、规格等基础信息也会对采购方案的生成产生影响。

采购系统的数字化程度越高，生成的采购方案就越精准，这对采购的参数和逻辑提出了更高的要求。采购方案需要以供应链的库存管理理论为基础。在采购方案正式落地前，企业需要对采购系统的逻辑和采购方案进行验证。

在海量数据的支持下，企业的采购决策势必会更精准，有力推动企业的数字化转型。

9.3.3 FMEA：降低采购风险

FMEA（失效模式和效果分析）是一种常用的统计分析工具，它可以对采购、生产、交付等各个阶段存在的风险进行分析，帮助企业将这些风险的影响降到最低。FMEA 最早由美国国家航空航天局提出，目前被广泛应用于各类工程领域，成为无数企业进行质量管理的必备工具。许多制造厂商都会借助它对产品的设计和生产过程进行监管。

利用 FMEA 对采购风险有效控制，实际上是在强调企业需要对采购风险采取预防措施，在风险发生前就制定好相应的管理方案。这也意味着企业需要提前考虑好可能产生的问题，问题的原因以及相应的后果，提前制定管理预案。

FMEA 开始于产品设计和制造过程开发活动之前，贯穿产品的整个生命周期。FMEA 能够对采购流程中各个环节可能产生的问题按照严重程度、维护难度、发生频次等维度进行分类归纳，使采购风险管理从"救火式"向"预防式"转变。

FMEA 可以帮助企业对可能出现的采购问题进行预判，有效规避风险，提高采购的安全性和效率。

9.3.4 案例分析：基于数据模拟的运输供应商招标采购平台

运输供应商的招标采购，可能是所有采购中最复杂的。一般的物资采购，采购方只需要列出需要采购的物资清单以及对应的数量和收货时限，供应商根据采购方的需求进行报价。经过一轮或多轮报价，采购方选择一家或多家入围的供应商并签订采购合同。但对于运输业务来说，供应商报价的单位是运输线路，但是根据运输货物的不同，不同的运输线路可能需要采用不同的运输方式（如整车、零担、快运、快递等）。

下图是一张最简单的报价表，表中展示了 11 条运输线路，如表 9-1 所示。但在实际的项目中，需要供应商报价的线路多达 300 条。此外，该报价表没有对整车运输和零担运输的价格进行阶梯划分，而在实际的运输项目中，价格往往会划分得更细。例如，零担运输按照货物的重量或体积，将价格分为多个阶梯段；整车运输也会根据车型的不同，划分多个价格。

在运输项目中，选择供应商是一项需要大量数据计算的工作。由于每个供应商的每条线路都有多个报价阶梯，很难通过直接对比供应商的报价，快速选出最合适的供应商。

例如 3 家供应商都给出了上海到武汉的线路报价，如表 9-2 所示。报价表中包括零担的 3 个阶梯和整车的 4 个阶梯的报价。单纯对比价格，我们可以发现，没有任何一家供应商在所有的运输情况下都有着最低的价格（绿色表示最低价，橙色表示最高价)。

表 9-1 运输业务报价表

报价表											
区域	省份	运输迄运地	运输目的地	时效	零担运输(未税报价)			整车运输(未税报价)			决标总价(不含税)
					普运			仓证车(7.6M/8T)			
					发货频次(票/年)	发货重量(KG/年)	单价元/kg	价格(元)	发货车次(车)	单价元/车	价格(元)
东北	黑龙江	上海	哈尔滨								
		上海	大庆								
		上海	齐齐哈尔								
		上海	尚志								
		上海	长春								
		上海	吉林								
		上海	四平								
	吉林	上海	松原								
		上海	白山								
		上海	公主岭								
		宁波奉化	通化								

表 9-2 上海到武汉的线路报价

供应商	出发	到达	零担				整车			
			交付时间	0~3立方米	3~10立方米	10+立方米	交付时间	7.6m卡车	9.6m卡车	12.5m卡车	16.5m卡车
供应商 A	上海	武汉	3	171	165	150	2	5 433	6 839	8 970	11 350
供应商 B	上海	武汉	3	180	162	154	2	5 400	6 845	8 973	11 339
供应商 C	上海	武汉	3	185	164	154	2	5 450	6 860	8 960	11 340

如果我们想要知道哪个供应商的价格最优,就需要结合实际的货量来判断。而且,还要考虑到货量在时间上的分布情况。假设上海到武汉的货量是每月 100 立方米,那么在下面 3 种场景下(如图9-3 所示),选择出来的最适合的供应商是不同的。

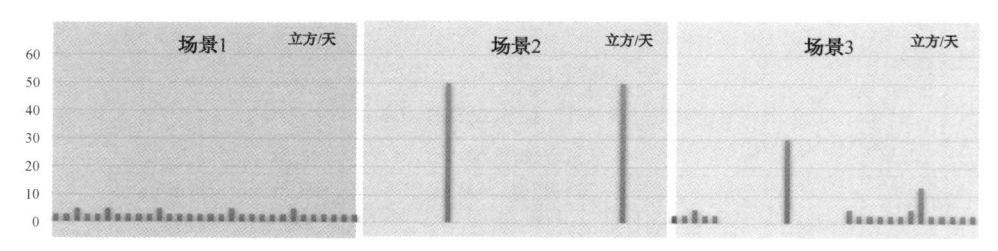

图 9-3　3 种不同的货物分布情况

下面来看一个具体的案例。

D 公司是国内一家知名的三方物流企业，承接了数百个全国范围内的运输业务。作为三方物流企业，D 公司需要根据客户项目的类型和要求，选择和整合优秀的运力供应商，为甲方客户提供入场物流、仓间调拨、末端配送等服务。

由于业务量大，每个客户的运输需求都不同，因此，在没有数字化系统之前，D 公司对供应商的引入、选择，都是在线下进行的。为了全面提升选择供应商的科学性，D 公司的数字化部门与业务部门经过大量的调研和论证，设计了一个以数据为核心的供应商采购及生命周期管理系统。

数字化运输供应商的采购主要包括以下 3 个步骤。

（1）供应商报价/竞价

当采购人员将一个运输项目的信息录入数字化采购系统后，系统可以先基于现有供应商资源池、基于该项目的业务类型以及各种相关要求，以标签智能匹配的方式，在现有供应商中，初步筛选出可以执行该项目的供应商，并结合供应商的历史线路报价，直接输出该项目的预估基准成本。如果资源池中的候选供应商已经足够丰富，则采购人员可以直接向这些供应商发布新的项目需求。如果筛选出的供应商数量和质量不足，采购人员也可以使用系统的供应商引入功能，使更多的供应商进入系统，参与竞标。

无论是现有供应商，还是新引入的供应商，都可以利用系统的报价模板，根据业余需求，在系统中上传自己的竞标信息。

系统会智能地对比每一个供应商在每一条线路、每一个价格阶梯上的报价。

然后将所有供应商报价的分析结果，实时地呈现给采购人员。采购人员进行各种维度的对比，并通过系统，建议供应商对劣势线路的价格进行调整，如图 9-4 所示。

（2）多方案模拟对比与多角色综合评估

当竞标时间截止，供应商的报价就锁定了。此时，采购人员可以用系统的智能模拟工具，设定各种优化模拟目标，了解在不同的方案下，哪些供应商或哪种供应商组合是最好的选择。例如，根据业务的特点，采购人员可以设置模拟目标为"全国唯一供应商"，也就是最终只选择一家供应商来承接运输项目全国所有的线路。在该目标下，系统就会将每个供应商在所有线路上的报价，结合预估的运量进行模拟计算，找到最优选择。模拟目标也可以是"最多选择 3 家供应商，组合承接全国业务，找到价格最低的组合方式"，在该目标下，系统会智能地将供应商进行组合，计算不同线路下供应商组合的运输价格，最终找到最优解。

以上的模拟主要是基于价格因素，而采购方除了要考虑价格因素外，还对供应商的能力和资质等非价格因素有一定的要求，这一类要求往往需要人工来进行各维度的评估打分。该数字化采购系统，可以自由定制评估角色，实现采购、业务等不同角色的人员共同对供应商的不同维度进行打分。

系统最终会将价格因素和非价格因素的评估分数，综合进行分析，生成综合评分及建议看板，如图 9-5 所示。运输项目的决策团队就可以基于看板信息，对不同方案的结果及细节进行多方位的对比，最终做出决策。

（3）供应商绩效管理

该数字化采购系统，除了实现采购管理外，还会从业务运营的 OMS（订单管理系统）、TMS（运输管理系统）、BMS（结算管理系统）中获取每一家中标供应商后续在运营中的绩效表现。按照不同维度，D 公司可以对供应商的绩效表现进行数字化的评估和展示，基于评估结果，给供应商打上绩效标签，对供应商进行分类、分级管理，如图 9-6 所示。

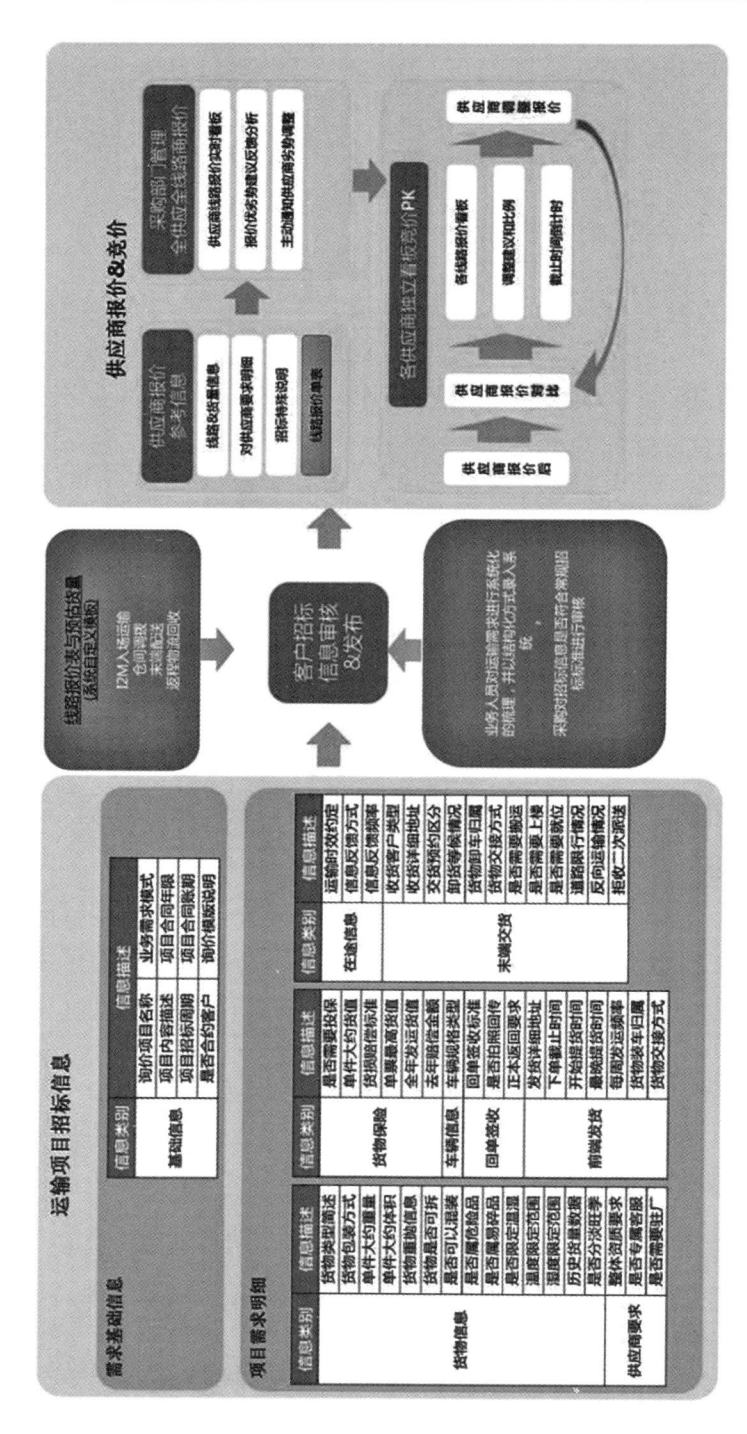

图 9-4 运输项目招标、供应商竞标流程梳理

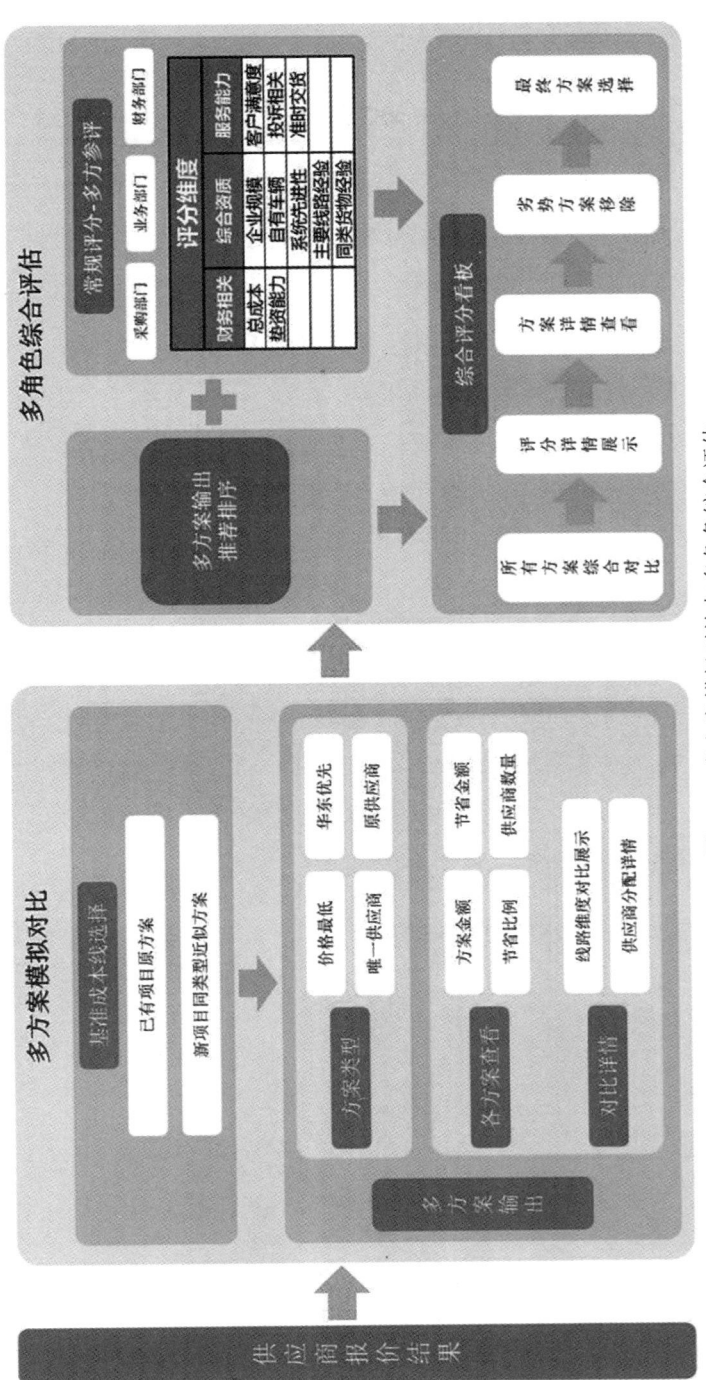

图 9-5 多方案模拟对比与多角色综合评估

图 9-6 对供应商进行绩效管理

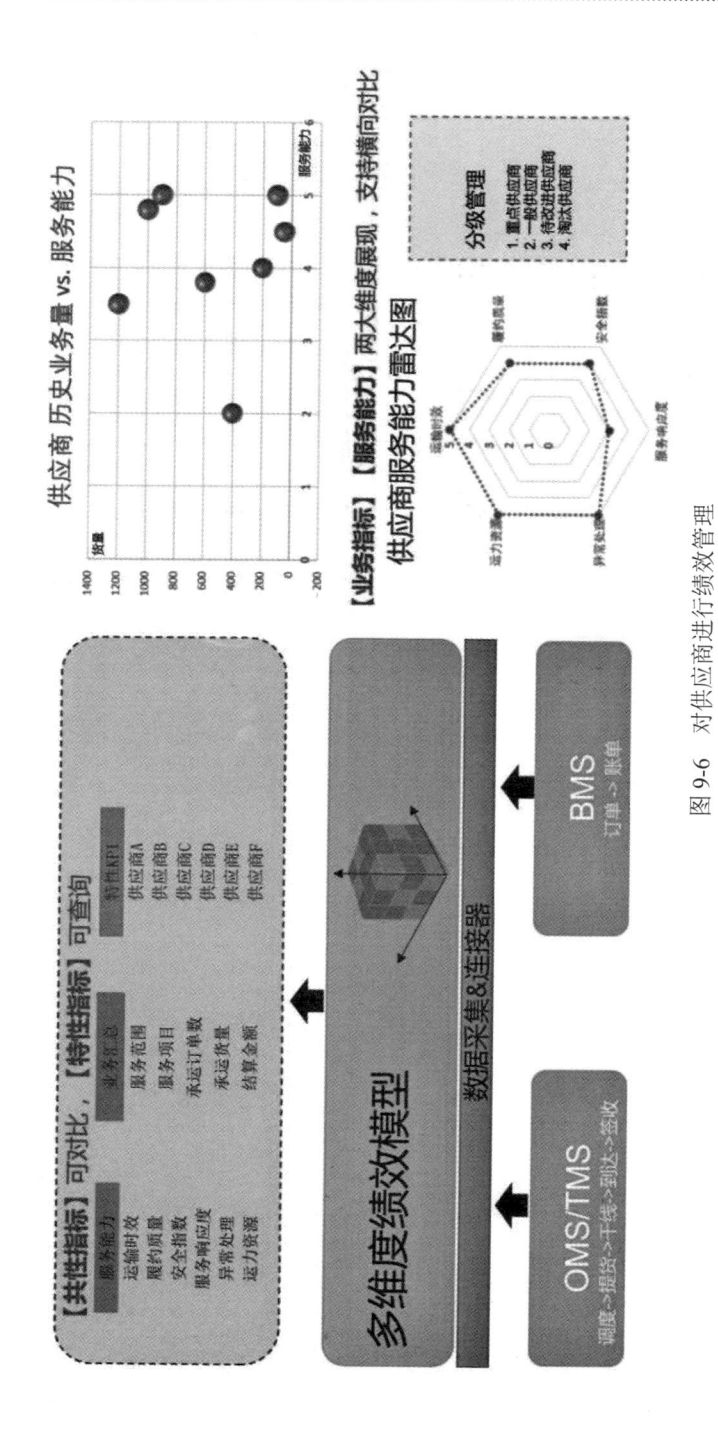

这些绩效标签为绘制供应商画像提供依据。在后续的采购项目中也能够帮助 D 公司做出更高质量的采购决策。

依托于供应商采购及管理系统，D 公司将原来在线下的大量的供应商采购管理工作移到了线上。通过智能化的价格优化、方案模拟等工具，用大数据技术实现了每条线路、每个价格点的成本评估与优化。同时，通过多方评估和综合看板，实现了采购决策的透明和公正。通过该数字化变革，D 公司真正实现了基于数据的采购决策。

第 10 章

财务的数字化转型

财务部门是企业的重要部门,日常工作主要包括管理企业生产经营所需的各项资金、参与企业经营预测和决策、合理分配企业的货币收入等,为企业的经营战略提供支持。鉴于其对于企业发展的重要性,财务的数字化转型工作刻不容缓。

10.1 未来已来,财务必须走向数字化

随着数字化技术在各个领域的广泛应用,大众逐渐了解数字化的种种优势。财务部门作为企业的基础部门之一,也应该顺应数字时代的潮流,积极寻找自己的数字化之路。

10.1.1 财务为什么要实行数字化转型

当企业将流水线作业的模式引入财务工作中后,原本分散、琐碎的财务管理工作便可以被集中处理,极大地提升了财务人员的工作效率,降低了企业的运营成本。不仅如此,这种工作模式还给财务人员的工作环境和工作方式带来了极大的改变。但这种改变并未触及财务工作的核心部分,并没有从根本上改变传统的

财务管理模式,其本身还存在较大的局限性。

首先,传统财务管理模式中的财务工作与交易过程相互独立,这就导致财务工作中出现了许多不必要的环节。例如,许多企业都需要提前申请项目预算,但项目的预算申请过程与实际交易过程相互独立。交易完成后,许多在审批环节已经处理过的工作需要再次处理,这也会提升人工成本,降低工作效率。

其次,在实现财务信息共享前,企业内部的财务活动通常需要通过发票计账。这就使得财务处理显著落后于业务活动,财务信息缺乏时效性,无法及时向管理人员反馈市场环境的变化,管理人员也因此无法及时做出决策。

最后,财务信息的支撑体系同样存在问题。传统财务模式以制度为导向,将发票作为内容主体。这会导致财务信息并不能真实反映实际业务的发展状况,由此出现片面、失真等问题,无法满足企业业务管理需求。

我们不难发现,传统的财务管理模式不仅流程烦琐、效率低下,还影响管理人员决策的准确性。企业的经营价值最终会体现在财务上,这种财务管理模式有可能给企业的经营价值造成巨大的损失。

相较于其他部门,财务部门实现数字化转型的速度更快,效果也更明显,这也是大多数企业优先推行财务数字化转型的原因。不仅如此,财务部门掌握着企业发展的资金信息,会在很大程度上对企业的战略决策产生影响。实现财务数字化可以将财务人员的工作重心从重复的事务性工作转移到企业的战略决策中,为企业实现全面数字化转型提供战略及信息支持。

企业的数字化转型刻不容缓。企业应该把握机遇,利用财务部门推动整个企业的数字化进程,让企业更好地适应全球经济的变化,促进企业的高速发展。

10.1.2 财务数字化的困扰

财务的数字化转型十分重要,但想要实现它却并非易事。在实现财务数字化的过程中,企业通常会受到以下3个问题的困扰。

（1）财务管理模式不规范

一些企业的财务部门的报表核算、成本控制等基础职能，都缺乏完善的监管机制。同时，由于财务的操作风险较大，传统的人工核算方式需要花费大量的人力成本，无法应对激烈的市场竞争，更无法为企业的战略决策提供支持。

不规范的财务管理模式不仅缺乏对企业财务的整体规划，更缺乏对财务流程及财务人员的制度约束，最终也会影响企业的经营状况，对企业的数字化转型起到阻碍作用。

（2）财务部门的运营效率较低

实际上，国内大多数的企业并未对财务部门予以足够重视，它们只将财务部门看作是一个负责报表核算、与税务机构联络等工作的辅助性部门。同时，大多数企业没有实行责任人的制度，财务部门与行政部门也没有完全分开，这些都会对财务活动的正常进行产生影响。

这种分散的财务管理模式使财务部门的各项业务间出现巨大的割裂，使财务部门等同于一个后勤支持部门。这样不仅无法系统地进行财务管理，还严重影响到企业的财务决策效率，阻碍了产业链上下游的资源整合。

（3）财务部门的信息化程度不高

在实际操作中，财务部门的大部分工作都由人工执行。然而财务部门的信息化程度不高，许多财务人员也不能熟练使用财务系统，这就增加了财务部门形成信息生态的难度。同时，大多数管理系统的构建都是以部门为单位，因此，财务人员需要处理的信息也通常以部门为单位，极大地增加了财务人员的工作量。

10.2 共享思维成就财务数字化

数字技术的发展推动了共享生态的发展，同样推动了企业的财务共享。财务共享不是简单的业务流程重塑，财务共享能够在思想层面为企业带来理念的变革，助推财务数字化转型。

10.2.1 财务共享模式

随着新型数据技术与共享模式的深入融合,财务共享的发展趋势也日益明朗,我们可以将其总结为以下 5 点。

第一,流程柔性化。

目前,各企业仅支持标准化、规范化的财务工作,主要解决用户的共性需求。随着数字技术的进一步发展,财务共享模式兴起,企业的财务工作的灵活性和可扩展性逐渐增强,工作流程也逐渐柔性化,能够有效解决用户的个性需求。与此同时,自动化技术趋于成熟,共享流程也会逐渐向自动化的方向发展,显著提升财务部门的工作效率。

第二,职位虚拟化。

财务工作的复杂性较高,不可能完全交由机械控制,但在互联网技术迅猛发展的影响下,企业的财务工作开始从传统的集中办公模式向虚拟办公模式转变。如今,财务人员可以在不同城市协同办公,也可以在交通工具上进行移动办公。这也是职位虚拟化的一种体现,会在一定程度上对财务部门的管理方式产生影响。

第三,边界模糊化。

如今,许多企业选择将非核心工作整体或部分外包给第三方财务代理公司完成。这将直接模糊财务共享模式的组织边界,增大企业财务部门的管理难度,企业也将面临更高的财务数据泄露风险。

第四,平台云端化。

在某种意义上,财务共享模式可以被视为将企业的财务工作交由专业人员负责。但许多企业的财务系统与业务系统融合程度较高,贸然将财务工作交由他人会反而有可能造成商业信息的泄漏。在企业将自己的管理系统迁移到云端后,就可以借助云平台实现财务与业务信息的无伤害分离,平台云端化也因此成为财务共享模式的发展趋势。

第五，服务一体化。

企业数字化程度的加深，使财务共享模式与其他共享模式的融合趋势越来越明显。预算分析、税收筹划、资金管理等工作也逐渐成为财务工作的一部分，共同推动了多种共享模式一体化发展。

数字化技术在企业财务管理方面的应用日益广泛，财务共享模式也因此倍受重视。企业也应该加强对财务共享模式的支持力度，促进财务共享模式的发展，提升企业的财务管理效率。

10.2.2 财务共享平台

财务共享平台是传统财务系统的转型，在数字技术的支持下，实现了费用、核算、往来、报表等方面的共享，实现了企业业务的数字化，对企业原有的财务模式进行了颠覆。

这种财务共享平台以传统的财务共享模式为基础，在其中加入了采购共享、税务共享等核心模块，如图10-1所示。

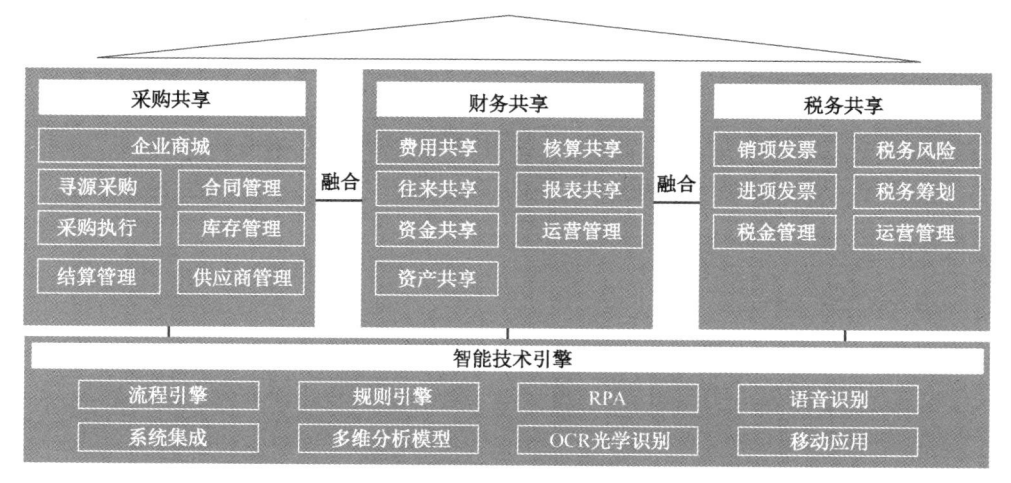

图10-1 财务共享平台

在电商平台的支持下，这种一体化的财务共享平台将企业的财务数据与业务数据进行融合，实现了产品原料、办公用品等资源的在线采购。同时，它还借助税务平台和 OCR 光学识别技术，将财务数据与税务数据进行连接，改变了企业不同部门间互不关联的税务管理模式，实现了企业税务信息的一体化管控。

此外，财务共享平台还借助机器学习、语音识别、规则引擎等技术，实现会计核算流程的自动化，大幅提升会计处理的效率。

财务共享平台借助智能技术实现了财务的自动核算，极大地提升了财务人员的工作效率，从深层次上颠覆了传统的财务模式。但是企业在打造财务共享平台的过程中，需要注意以下 3 个要点。

（1）流程设计

流程设计是财务共享平台成功运行的前提。我们都知道流程设计的重要性，但在实际过程中往往会因为各种原因出现纰漏。例如，某企业的财务共享平台将不同的业务模块分批次地进行调试，上线前夕才发现没有设置现金支付渠道。如果前期调研不充分，很可能导致财务共享平台的功能没有覆盖全部业务流程。因此，企业需要专门设置流程设计团队，负责新业务的流程设计与测试并持续对平台进行优化。

（2）平台衔接

与其他平台衔接的情况直接决定了财务共享平台的运作效率。财务共享平台会集成多套财务系统，为其他业务部门提供统一的处理平台。这些衔接点会对财务共享平台的运作效率产生直接影响。如果财务共享平台能将这些系统高效连接，就可以提升整个业务流程的运作效率，减少共享平台的整体工作量。

因此，在明确财务共享平台的整体业务流程后，企业就应该考虑平台的整体架构，确认各系统之间的连接方式与信息传递模式，提升共享平台的运行顺畅度。

（3）数字技术

数字技术是实现财务共享的基础。随着数字技术的发展，机器学习、嵌入式分析、OCR 识别等技术使财务系统越来越智能。如今，在人工智能技术的支持下，财务系统的人机互动能力大幅增强。财务系统可以直接接收管理人员的语音指令，并在后台将其转换为计算机语言，回应管理人员的需求。

财务共享平台将那些重复性较强的财务工作进行结构化处理，由共享平台独立完成，将财务人员从繁重的事务性工作中解放出来。财务共享平台可以对业务数据进行记录与传输，为各个部门提供可视化的财务分析报告，让数据为财务赋能。

10.2.3 构建财务模型

优质的财务模型就如同一个魔方，各个模块相互独立，又相互关联。但从0开始创建一个财务模型很容易陷入闭门造车的窘境，我们不妨从优秀的财务模型中借鉴经验，并结合企业自身的财务情况进行调整，搭建出独一无二的财务模型。

搭建财务模型时，要注意以下4个方面，如图10-2所示。

1. 销售计划：项目是如何产生收益的？
2. 执行团队：团队人员职能构成是什么？
3. 运营成本：项目正常运营的支出成本是多少？
4. 全局建议：需要注意的关键点是什么？

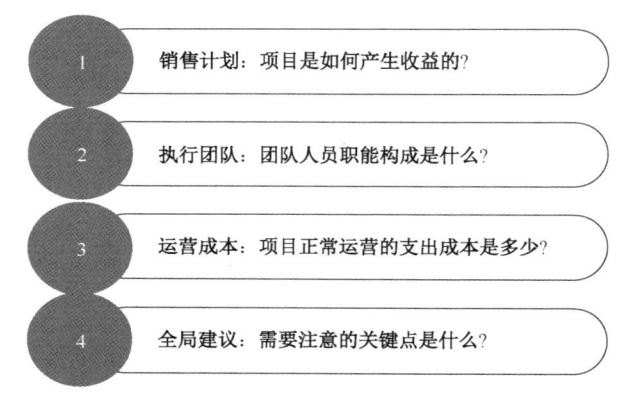

图10-2 搭建财务模型的注意事项

（1）销售计划：项目是如何产生收益的？

销售计划是最基础、也是最值得关注的部分。一个合理的销售计划有明确的驱动指标，能够促使销售人员快速提高销售业绩。

我们可以用销售漏斗展示销售计划，即将销售路径简单地分为推广获客、用户试用、用户购买、用户复购4个阶段。在对这4个阶段进行分析后，我们就可以找出阻碍用户留存的因素。

销售漏斗的顶端是推广获客，我们可以将推广获客的渠道展示出来，并给出其他值得尝试的获客方式。推广获客与用户试用这一区间内，存在多种用户行为，如用户动机选择、用户注册、用户资料填写等。如果用户对产品的试用效果满意，就可能会产生购买行为，这将直接促进项目的销售额的提升。如果用户能够对产品产生较强的依赖性，产品的复购率就会得到显著提升。

这种销售漏斗模型可以帮助我们明确项目的盈利点和潜在增长点。我们可以借助这个模型优化营收数据，有效控制用户的流失率。

（2）执行团队：团队人员职能构成是什么？

确定销售计划后，企业就可以组建执行团队。团队成员通常分为以下几类：负责拓展市场、扩大用户群及其他销售相关任务的市场与销售人员；负责解决用户问题，培养用户与企业的关系的服务人员；负责产品的创造、升级与维护的产品开发人员；负责行政管理工作的行政人员。

服务人员是保持用户群稳定的关键，他们能够提升用户对产品的信赖度。产品是企业生存的最根本因素，因此企业需要保证产品开发人员的稳定性。值得注意的是，员工的基础薪资、分红以及薪资增长情况都应该体现在财务模型中。

（3）运营成本：项目正常运营的支出成本是多少？

一般来说，那些与利润增长无关的硬性成本应该越少越好。在企业规模较小时，项目的运营成本会保持在一个相对较低的水平。随着企业规模的扩大，项目的运营成本越来越高。运营成本主要分为固定型、阶段型、可变型 3 种。

固定型成本即无论项目的发展情况如何，项目的运营成本都是不变的。例如，在 10 年间，企业都固定在某生产区域进行生产活动，这片生产区域的租金就可以看作固定型成本。

阶段型成本即项目的运营成本随产品的产量增长呈阶段式上升。假设某企业要达到每月生产 10000 件产品的目标，需要 10 台机器和 10 名操作人员，那么要想在某月生产 11000 件产品，该企业需要 11 台机器和 11 名操作人员。

可变型成本即项目的运营成本会随某些因素的变化而变化。例如，某些产品的加工费会受到营业额和产品数量的影响。当这两项数据发生变化时，产品的加工费也会随之变化。

（4）全局建议：需要注意的关键点是什么？

在构建好基础的财务模型后，我们还要从全局的角度出发，针对一些关键问题做出调整。例如财务模型中的哪些点可以优化，哪些点可以删除，是否缺失关键步骤，是否存在不适用的场景，使用中有哪些注意事项等。

为了清晰、便捷地预测项目的发展情况，我们可以将模型中有关联的部分进行连接，使用不同颜色或字体将假设进行标记。同时，我们还需要将资金的使用规划及实际使用情况清晰地展示出来，这样有利于了解项目的综合利润。

财务模型的构建不是一蹴而就的。好的财务模型可以帮助我们清晰地认识到企业内部存在的财务问题。当我们将其中的问题分析透彻后，就可以最大限度地增强企业的盈利能力。

10.2.4 案例分析：共享型中台数字员工，提升回款及时率

B 企业是国内一家知名的合同物流企业，内部有 10 多个事业部，主要向国内各个行业的客户提供定制化的仓储、运输等全场景供应链服务。该企业的每个项目都有专门的客户经理（KAM）给客户提供专属服务，如图 10-3 所示。这些客户经理需要在每个结算周期（一般为月度）内，根据当期的服务内容及业务量，及时与客户进行对账。在双方确认账单后，财务开具发票，之后客户经理需要定期跟进，回收账款。

为了提升财务工作的效率，在过去的几年间，该企业先后引进了中心化共享的 BMS(费用管理系统)、SAP（系统应用和产品）等相关系统。BMS 用来管控各种不同服务模式的价格，并支持业务订单和财务汇总账单的计算和溯源。BMS 的汇总账单及开票信息会被推送到 SAP 中，以便进行财务管理。

由于是 B2B 业务，因此开票和回款环节需要财务共享团队成员与 KAM 不断确认，尤其是超过默认开票和回款期限后。因为业务规模大、客户项目多，所以需要多名财务客服人员不断地通过电话、邮件等方式与 KAM 进行大量的沟通。

这种方式不仅沟通成本高,而且还需要不断地对信息进行整合、汇总、报告。

图 10-3　每个项目都有专属的客户经理

在经过充分调研后,该企业的数字化团队认为可以引入数字化系统,来代替财务客服人员。具体方案如图 10-4 所示。

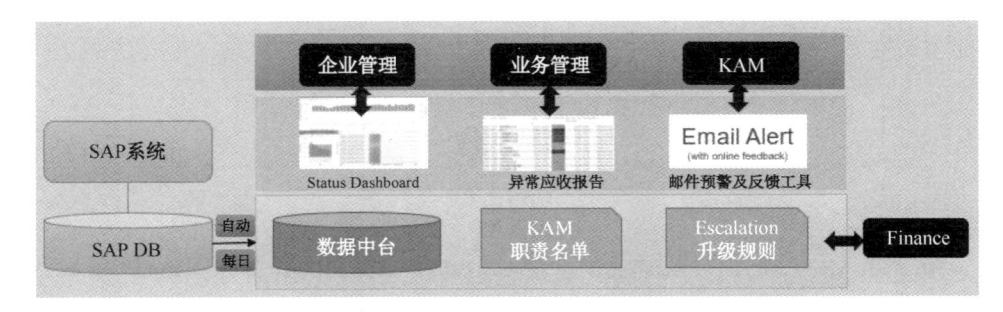

图 10-4　在关键环节引入数字化系统

数据中台会每日从 SAP 财务系统同步每个客户项目的暂估及开票情况。基于这些数据,结合每个客户项目的账期、结算日期,AR 数字员工会分析判定每一个客户项目的开票、回款状态,以及是否进入异常区间。

基于相关的 AR 异常事件,数字员工会根据不同项目的情况,通过邮件、即时通信软件(如微信、Teams 等)跟 KAM 交互,通过结构化表单的方式,确认每一个账单预计的开票及回款情况(金额、时间等)。表单的内容如图 10-5 所示。

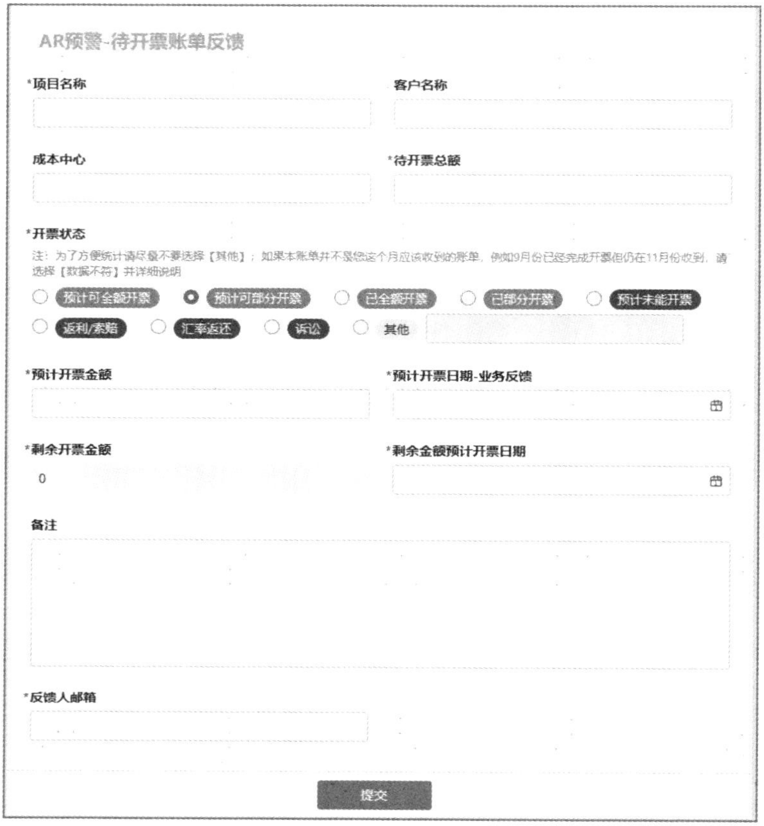
AR预警-待开票账单反馈

*项目名称

客户名称

成本中心

*待开票总额

*开票状态

注：为了方便统计请尽量不要选择【其他】；如果本账单并不是您这个月应该收到的账单，例如9月份已经完成开票但仍在11月份收到，请选择【数据不符】并详细说明

预计可全额开票 | 预计可部分开票 | 已全额开票 | 已部分开票 | 预计未能开票 | 返利/索赔 | 汇率返还 | 诉讼 | 其他

*预计开票金额

*预计开票日期-业务反馈

*剩余开票金额

0

*剩余金额预计开票日期

备注

*反馈人邮箱

提交

图 10-5　结构化表单的内容

基于 KAM 的反馈，数字员工会随时自动核实客户的开票与回款情况。一旦客户在原来预计的回款时间未回款，数字员工就会再次与 KAM 确认客户的回款情况。根据后台配置，当事件触发一些升级规则时（如金额较大的账单多次催收未果），数字员工就会将相关信息汇总，发送给相关的业务管理人员提醒其进行相关的跟进处理。

除了协助财务部门自动确认并汇总财务信息外，数字员工还会连接一些第三方的企业风险评估机构，获取客户的风险等级数据。数字员工会基于客户风险等级，综合评估客户的回款逾期情况以及具体的业务量变化趋势，以对客户信用额度的调整变更提出合理建议。

数字员工落地使用后,不仅减少了人工客服团队的工作量,而且该企业的账期内应收回款率提升了 12.9%,有效降低了应收坏账率。

10.3 税务数字化,提升财税管理透明度

面对日渐复杂的税务环境以及多样化的内部管理需求,企业需要找到新的路线、制定税务数字化转型方案以适应时代发展。税务数字化是企业的必经之路,这既能显著提高财务工作效率,又可以提升财税管理透明度,赋能企业的数字化转型。

10.3.1 无纸化入账

2020 年 3 月 23 日,我国财政部与国家档案局联合发布《关于规范电子会计凭证报销入账归档的通知》,这意味企业的税务凭证可以仅留存电子版,不再强制要求保留纸质版。这极大地扩大了电子税务凭证的使用范围,进一步促进了企业税务流程的无纸化进程,为数字经济的发展提供了政策支持。

事实上,纸质票据的采集、整理、存档、查询等环节均存在一些问题。在票据采集的过程中,纸质票据的打印、查验工作费时费力,税务人员也很难从中提取结构化数据。

在整理票据的过程中,诸如发票、收据、报表等纸质材料均需人工进行打印、整理、装订、归档。这种重复性的工作需要耗费极长的时间,还容易出现错误,在一定程度上消磨了税务人员的工作热情。

纸质票据存档不仅需要占用大量的办公空间,还需要委派专门的档案管理人员进行管理。同时,纸质票据在环境、时间、保存方式等因素的影响下,容易出现不同程度的损毁,也容易在企业的搬迁过程中丢失。

在查询纸质票据时也会遇到许多问题。由于纸质票据与实际的业务活动是分

离开来的，税务人员需要翻阅多本档案或登录多个系统，这极大地增加了税务人员的工作量。同时，纸质档案无法实现多人同时查阅，税务人员无法精准掌握纸质档案的借阅状态，档案外借还存在安全隐患。

数字时代，企业的税务档案的数量必将出现大规模增长。纸质票据的管理存在诸多难题，传统的管理方式亟须变革。税务档案电子化、入账流程无纸化，已经成为企业实现财税数字化转型的必然要求。

如今，税务人员可以通过拍照、扫码、PDF上传等方式手工添加发票，税务系统会自动对增值税发票进行识别，自动连接税务网站对发票进行校验。同时，税务系统还可以提取发票关键信息，如税号、单位等，在实现自动入账的同时，还可以加深企业业务活动与税务支出之间的联系。

无纸化的入账流程有效降低了企业进行税务管理的成本，提升了税务人员的工作效率，进一步保障了税务数据的安全和税务数据的利用率为企业实现税务数字化提供了强有力的支撑。

10.3.2 数字化税金管理模式

数字化时代推动了技术创新的浪潮，催生出大数据、人工智能、云计算、物联网、区块链等一系列先进的互联网技术。在这些互联网技术的推动下，企业的管理模式发生了巨大的变化，税金管理模式也发生了相应的变革。

（1）综合配置引擎

企业在进行税务核算时，应该充分考虑纳税的主体、税目、税种、税率等问题。除了满足法人的申报条件之外，还要满足各项业务的申报流程。因此，在进行税金管理时，企业可以将税务计算及申报流程模板化，形成综合配置引擎，更好地适应各类税种的税率、抵扣规则、申报格式等要求。

（2）管理要求细化

企业的税金管理需要实现对所有业务线的全覆盖，并对税种、税率、纳税主体、需求差异等问题进行进一步细化。其中，企业需要对税金的指标、规则、法规等问题进行重点关注,并进行基础配置工作。此外,企业还需要实现信息、流程等方面的共享,从而建立完善的企业税务管理平台。

(3)统计分析数字化

企业税金管理的内容包括税基管理、税金计算、税金支付等。在此基础上,企业还需要根据发展目标建立不同的分析模型,对税务情况进行智能化分析,给出相应的分析报告。

税务统计报表可以帮助企业多维度、全方位地对税务信息进行追踪,形成区域层面和集团层面的税务统计报告。不仅如此,各个维度的税务统计报告还可以逐级钻取,直至查询到最基础的数据。数字时代的税金管理模式可以显著提升企业对于市场与用户的影响力,提升企业的营业收入、盈利能力与市场估值,进一步推动企业的数字化转型进程。

10.3.3 必备工具:OCR 扫描与电子发票

OCR 是光学字符识别技术的简称,常用于图像及文字的识别。其处理流程与大多数图像识别算法一致,如图 10-6 所示。

输入 ➡ 图像预处理 ➡ 文字检测 ➡ 文本识别 ➡ 输出

图 10-6　OCR 技术的处理流程

预处理即通过灰度、倾斜校正等方式消除所需文本在拍照或扫描后出现的形变问题,提升识别结果的准确度。文字检测是文本识别的前提。对于截图、扫描件等简单文件和海报、说明书等复杂文件,所采取的检测方式不同,使用的算法也存在差异。文字识别是 OCR 技术的核心功能,即提取文字的图像特征,将其序列化处理,使其恢复为文本格式。

OCR 技术的运作逻辑如图 10-7 所示。但对于用户而言,使用 OCR 技术进行识别只是以拍照代替了手写而已。

随着科技的发展,OCR 技术也被广泛用于账务管理中。如今,不少企业开始尝试将 OCR 技术与企业内部的发票识别工作相结合，构建发票录入系统，极大地提升了纸质发票的录入效率。

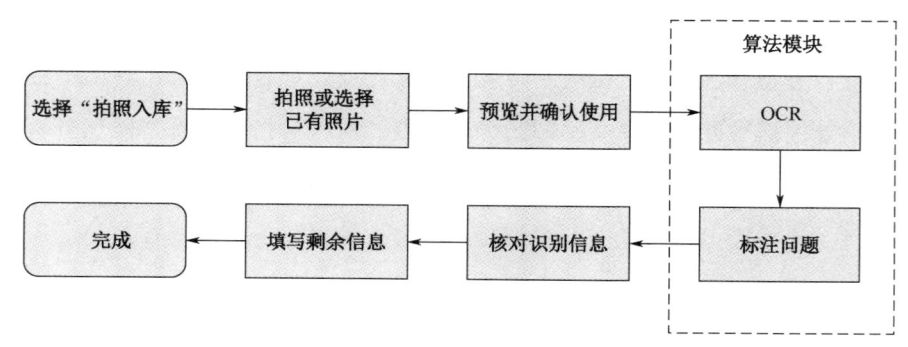

```
选择"拍照入库" → 拍照或选择已有照片 → 预览并确认使用 → [算法模块: OCR → 标注问题]
完成 ← 填写剩余信息 ← 核对识别信息 ←
```

图 10-7　OCR 技术的运作逻辑

这种系统不仅同时支持纸质发票的拍照识别和电子发票的导入识别，还可以自动连接税务网站，鉴别发票真伪。许多企业还在系统中设置了防伪和防重的功能，在录入时也会自动核对发票的税号等信息。如果录入的发票存在问题或重复录入同一张发票，系统都会给出相应的提示。

OCR 技术对于那些对外贸易企业具有非常重要的意义。因为那些外企在交易时，大多只提供收据作为交易凭证，而这些收据同样可以被 OCR 技术识别，以此为基础的发票录入系统同样可以完成对收据的智能识别，自动生成报销信息。

OCR 扫描与电子发票极大地减少了财务人员的工作量，提升了财务人员的工作效率，对于推动企业内部的数字化转型进程起着非常重要的作用。

10.3.4　通过无纸化手段实现付款流程自动化实例：TextPro

随着大数据时代的到来和经济社会的不断升级，企业之间的竞争日益激烈，发展也面临着重重挑战，传统的财务管理模式已难以适应当下市场复杂的交易模式。通过业财融合实现业财一体化成为当今企业获得竞争优势的关键要素。

其中一个典型难点，就是纸质单据或者 PDF 单据的非标准化——不仅会有大量的错误，还有可能存在潜在的企业资金风险。

因此,在全球领先的 OCR 底层技术加持下,票据智能识别系统 TextPro 应运而生。它能够为企业提供海内外票据识别、多种组合的三单匹配等服务,覆盖订单、发票和验货单,甚至海关单证的多种票证识别归档,使得票据扫描识别输入、真伪验证、稽核检查、凭证归档工作更为简单。在供应商付款流程里,把烦冗的比对工作变成了只需要审核便可自动化完成的轻松工作。TextPro 可以自动检验各种人眼无法觉察的错误,打破业务与财务的信息孤岛,便于企业更好地建立数字中台及进行决策。

据 TextPro 的创造者汤松榕介绍,TextPro 票据产品主要面向对公付款自动化领域,现已服务多个行业知名客户,例如国际知名汽车零配件供应商伟巴斯特每月需处理约 1.5 万张供应商采购发票。传统作业不仅耗时耗力,还隐含少量难以察觉的财税风险。借助 TextPro,伟巴斯特可以实现票据扫描、识别、验真、合规自动检查、发票与订单数据匹配、数字化数据、影像留存全流程财税管理,数字化的发票与订单管理让财税处理中的每个环节都可调阅、可追溯,作业效率提升 500%~1000%。

第 11 章 供应链的数字化转型

供应链是一个较为复杂的系统，涉及链条上下游的多个企业以及企业管理的方方面面。由于供应链往往根据市场需求的变化而变化，因此在部署数字化战略时，企业需要根据具体的市场情况进行供应链的数字化转型。

11.1 企业供应链的现有问题

企业供应链现存的问题主要包括市场需求不稳定、预测与响应的灵敏度不高等。为了解决以上问题，企业需要积极推动数字化转型进程，用精准、及时的数据为供应链赋能。

11.1.1 市场加速变化导致不确定性增加

由于市场需求是一个动态变化的过程，因此供应链管理中也存在很多的不确定性。这种不确定性主要表现在两个方面：一方面，市场需求的变化导致供应商无法确定生产数额；另一方面，物流配送的限制导致供应商无法确定交付时间。

第一种不确定性又被称为"需求变异加速放大原理",即由于供应链上的企业只能根据相邻的下级企业的需求确定自己的生产数额,需求信息的偏差就会随着信息的流向逐渐被放大,最终导致供应链两端的企业获得的需求信息存在极大的偏差。

通常情况下,为应对市场的需求波动,供应链上游的生产商通常会生产多于需求的产品,经过整条供应链的传递后,产品的库存量也将远大于市场需求量。同时,由于需求偏差受到多级放大,为满足下游需求、保证需求供应的及时性,供应链最上游的生产商也会进一步扩大产量,并自行承担额外的库存成本。

第二种不确定性是由物流配送过程中的生产环节和运输环节的多次延迟导致的。产品的生产环节中,生产设备的使用时间会直接影响产品的供应情况,设备的使用时间越长,不确定性也就越低。

物流运输环节中的延迟问题源自供应链的链式结构。这种链式结构会使延迟问题成倍增长,出现"一步迟,步步迟"或者"一步顺,步步顺"的极端情况。现实生活中,天气情况、突发性事件等都会对运输环节产生影响,从而影响产品的交付时间,影响产品的组装进程或销售进程。

这两种不确定性分别会对库存成本和用户满意度产生影响。相较之下,需求偏差只会增加上游供应商的库存,而物流延时将直接影响产品的销售情况,因此企业应更加注意物流延时问题。

例如,某家电生产厂家采用分批供货的方式向经销商大批量供货。但某笔订单的最后一批产品没能按期交付。与此同时,市场上出现了类似功能的新型产品,经销商因此拒绝收货,这家家电生产厂家也因此损失惨重。

进行供应链管理是为了更好地实现物流供应。换句话说,是为了避免这些不确定性带来的不利影响。我们只有将不确定性因素的影响降至最低,保证产品在供应链上正常流动,同时降低采购和库存成本,才能更好地应对市场变化带来的挑战,优化供应链管理,提升企业竞争力。

11.1.2 预测与响应的灵敏度不高

如今，用户需求趋于多样化，新产品的生命周期大幅缩短。这不仅为生产端带来了巨大的生产压力，还为供应端进行需求预测、库存控制带来了巨大的挑战。

许多企业的内外部数据存在调用限制，这也是影响需求预测准确度和需求响应灵敏度的关键因素。传统行业的经销商通常采用层层经销的方式，这使得不同渠道、不同区域的数据之间存在信息壁垒。大部分的经销商无法了解其他门店的销售信息，进一步加大了需求预测的难度。

世界领先的管理咨询企业贝恩曾发布《零售新变革下的数字化供应链》报告，在报告中系统地阐述了传统供应链面临的挑战。这份报告对企业供应链中存在的问题进行了梳理，对出现需求预测结果不准确和供应链响应能力低的原因进行了分析，如图11-1所示。

需求预测是对未来销售情况的预估，预测结果难免会出现偏差。这就要求企业要及时对预测结果进行更新和修正，努力提升预测结果的准确度。

即使预测结果并不完全准确，企业还是要积极进行需求预测。这不仅仅是因为高准确度的预测需要投入大量的成本，更是因为进行预测的目的不在于获得完美的预测结果，而是为生产决策的制定提供参考依据。

因此，除了追求预测的准确度，我们还要努力提升供应链的响应能力，努力加大供应链对销售端的支持力度，形成协同共赢的局面。

无论是提升预测准确度，还是加快供应链的响应速度，都很难在短时间内实现。这是因为供应链中各个节点传递的需求数据是否准确，信息的处理与反馈是否及时，各业务部门之间能否形成协同效应等，都会在一定程度上影响预测的准确度和供应链的响应速度。

供应链各个环节的供应商、生产商、经销商、代理商共同组成了复杂的供应链网络。当出现问题时，我们很难立即找到问题的症结，也很难快速分析出现问题的原因。这也进一步降低了供应链的需求响应能力。

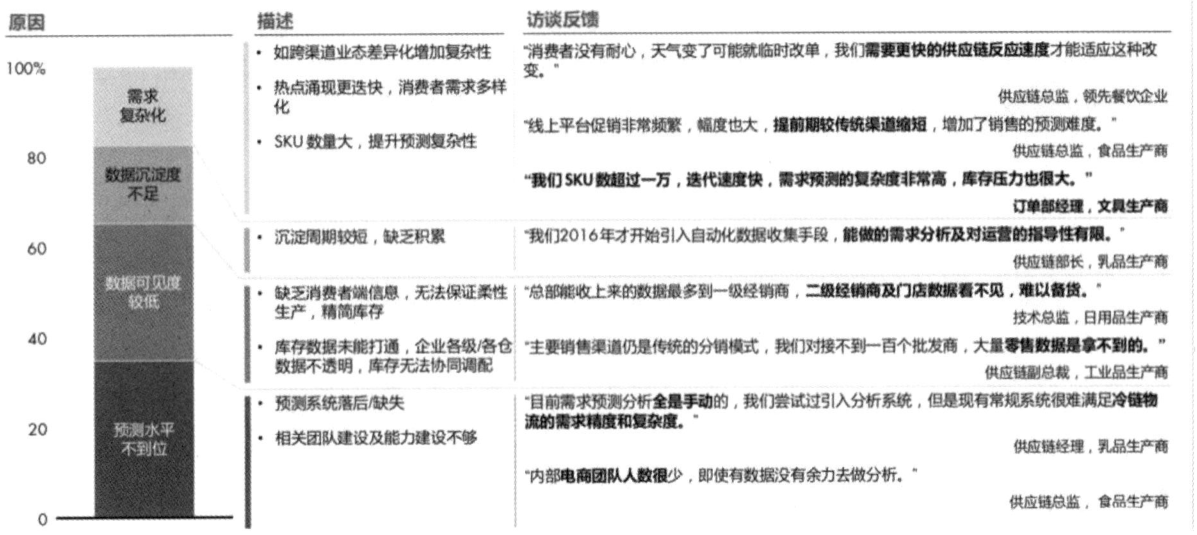
原因
描述
访谈反馈
100%
80
60
40
20
0
需求复杂化
数据沉淀度不足
数据可见度较低
预测水平不到位
• 如跨渠道业态差异化增加复杂性
• 热点涌现更迭快，消费者需求多样化
• SKU 数量大，提升预测复杂性
"消费者没有耐心，天气变了可能就临时改单，我们需要更快的供应链反应速度才能适应这种改变。"
供应链总监，领先餐饮企业
"线上平台促销非常频繁，幅度也大，提前期较传统渠道缩短，增加了销售的预测难度。"
供应链总监，食品生产商
"我们 SKU 数超过一万，迭代速度快，需求预测的复杂度非常高，库存压力也很大。"
订单部经理，文具生产商
• 沉淀周期较短，缺乏积累
"我们2016年才开始引入自动化数据收集手段，能做的需求分析及对运营的指导性有限。"
供应链部长，乳品生产商
• 缺乏消费者端信息，无法保证柔性生产，精简库存
• 库存数据未能打通，企业各级/各仓数据不透明，库存无法协同调配
"总部能收上来的数据最多到一级经销商，二级经销商及门店数据看不见，难以备货。"
技术总监，日用品生产商
"主要销售渠道仍是传统的分销模式，我们对接不到一百个批发商，大量零售数据是拿不到的。"
供应链副总裁，工业品生产商
• 预测系统落后/缺失
• 相关团队建设及能力建设不够
"目前需求预测分析全是手动的，我们尝试过引入分析系统，但是现有常规系统很难满足冷链物流的需求精度和复杂度。"
供应链经理，乳品生产商
"内部电商团队人数很少，即使有数据没有余力去做分析。"
供应链总监，食品生产商

图 11-1　报告摘录

11.2 如何打造数字化供应链

为了适应市场需求变化以及自身的发展需求，企业可以通过智能补货、动态运输、高效协同等方式打造专业的数字化供应链。

11.2.1 智能补货

过去，各个仓库由不同的负责人管理，仓库之间相互独立，加大了企业管理仓库的难度。通常情况下，企业都会大量增加库存，以防供货不足。但由于数据不共通，企业难以实现产品的合理调度，最终导致库存积压，占用企业大量的资金，影响企业营利。

对于企业而言，产品可以对其行业地位产生直接影响。产品的销售情况会受到天气、价格、营销等多种因素的影响，产品的库存出现问题就等于为竞争对手提供了一个抢占市场的绝佳机会。如果企业可以建立补货模型，实现智能补货，就可以很好地解决这个问题，迅速拉开与其他竞争对手之间的差距。

利用补货模型实现智能补货其实就是利用大数据、人工智能等互联网技术帮助门店制定补货策略，具体步骤如下。

第一步，收集库存数据。

掌握数据，便能更好地进行管理。企业应该将各个仓库的库存数据统一记录在补货模型中，方便管理人员调取。此外，还要对产品库存的变化情况进行实时更新，为每个对产品销量产生重大影响的因素建立专门的数据库。企业掌握的数据越多，建立的补货模型也就越精准。

第二步，考察整条供应链。

在将产品的库存信息进行整合后，企业还需要对整条供应链进行全面考察，了解从订单产生、供应商响应到产品送达的全过程，从而实现供货路径的最简化，实现联合补货，进一步提升自身的库存管理水平。

第三步，搭建模型框架。

我们需要将第一步、第二步收集到的信息进行梳理，将数据进行分类，找出它们之间隐含的逻辑结构，再向其中填充内容，智能补货模型的基础框架也就搭建完成了。同时，企业还需要对产品销量出现的每一次明显波动进行分析，制定相应的解决方案。

第四步，完善补货模型。

首次搭建的补货模型势必会存在数据偏差，因此企业还要对其进行进一步完善，验证模型中是否缺失关键步骤，是否存在不适用的场景，将框架完善成为完整的补货模型并正式投入使用，在使用过程中不断优化和升级。

按照以上步骤建立的补货模型可以有针对性地解决产品的库存问题，提高企业的资金周转率，有效减少产品的无用库存。

实际上，补货的过程也是将供应链的上下游进行连接的过程，补货模型的建立可以帮助企业精准掌握门店的库存情况，从而对产品的销售情况进行合理预测，使产品的产量更好地匹配市场需求。

11.2.2 动态运输

随着消费关系的变化，企业经营管理的方式从推动式转变为拉动式。原本企业的服务主体为经销商，生产订单的获取频率较低，但单次订单的数量较大，产品的运输环节也较为稳定。

时至今日，企业的服务主体变为用户，生产订单的获取频率提升的同时，单次订单的数量骤减，渠道也越来越多元化。在这种情况下，势必需要有灵活、多变的动态运输网络，如图11-2所示。

信息与身份的双重透明，是搭建动态运输网络的前提。其中，信息透明是企业最基本的诉求，即企业可以通过网页端、移动端实时获取物流信息。信息透明可以加强对承运商的约束力，使物流运输的执行过程更灵活、高效。身份透明则更进一步，是企业基础诉求的升级，即企业可以清晰地了解全链条中各个环节的负责人是谁。这样可以使各环节的职责更清晰，简化了后期的对接工作。

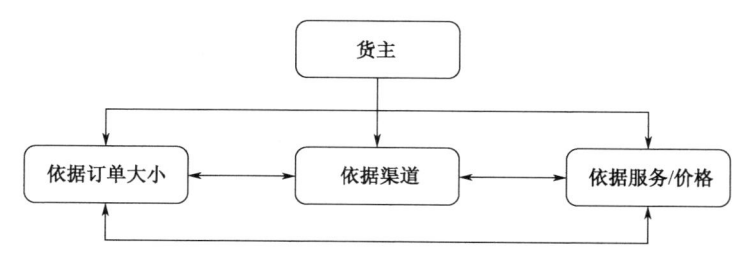

图 11-2　动态运输网络

与此同时，这种动态运输网络也会提高企业间的协同。在移动互联成为物流行业发展的核心引擎后，各个物流企业也逐渐连接成错综复杂的物流网络，极大地提升了物流运输的效率，使规模化的跨组织协同成为可能。

物流信息化、流程数字化是打造动态运输网络的基础。物联网、云计算、区块链等先进的互联网技术都将成为催生物流新模式的重要推动力。这种灵活、多变的动态运输网络可以进一步推动供应链的数字化转型。

11.2.3　高效协同

大数据时代使数据成为连接实物与网络的核心引擎。如今，越来越多的企业开始利用互联网技术建立协同的数字化系统，实现企业间的数据共享，进一步提升供应端对用户需求的响应速度。

沃尔玛一直围绕自身定位，不断进行门店布局，强化优势资源，加强价值链管理。在打造协同的数字化系统后，沃尔玛与供应商建立起互惠互利的合作关系，获得了关键资源的控制权。创始人山姆·沃尔顿曾说："人们常常认为，沃尔玛是通过在小城镇提供大商场而做大的。其实，我们通过用信息代替库存来扩大规模。"

为进一步实现数字化转型，沃尔玛发射了自己的商业卫星，实现了全球范围内的信息互通。其全球数千家门店的产品数据，均会在信息系统上实时更新，大大降低了工作人员进行产品管理的难度。同时，信息系统可以实时查询产品的单价、库存、销售量、储藏地等基础信息，显著提升了沃尔玛与供应商的沟通效率，进一步增强了沃尔玛的竞争优势。

不仅如此，沃尔玛将供应商的信息系统与自身系统进行对接，基于自身门店的合理布局，最大限度地缩短了产品的在途时间，成功压缩运营成本。随着经济的稳步发展，沃尔玛的行业优势地位逐渐确立，最终成长为全球范围内最大的连锁零售商。

数字化转型是企业发展的必然趋势。企业不仅要从自身出发，推动企业内部的数字化转型，还要从产业链的角度出发，建立协同的数字化系统，提升企业与供应商的合作效率，加速产业链闭环的形成，进一步推动整个产业的数字化转型进程。

11.3 实战指南：打造数字化供应链的经验

在介绍了供应链数字化的方法之后，企业还需要参考他人的成功案例，制定属于自己的方案。本节将介绍华为、易流两家知名企业在打造数字化供应链方面的经验。

11.3.1 围绕用户建立数字化供应链：华为

"以用户为中心"是华为最核心的服务理念。无论研发什么产品，华为都会提前调研用户需求，追求数据性能的最大化，将用户体验放在研发首位。进行供应链改革时，华为依旧将这个服务理念作为改革核心，将提升业务的处理效率和物流运输效率、满足用户的订单需求作为主要改革任务，秉持着"简单化、标准化、IT自动化"的改革原则。

在这种思路的指导下，华为制定了详细的变革方案并采取了一系列的变革措施。

第一步，重新规划布局供应网络。

对供应网络进行规划布局指根据供应网络中各个节点面向的用户群体、承接的产品类别，确定各节点的类型、位置、规模，以及产品的运输方式等基础信息。除了这些基础信息，华为还考虑了空间成本与时间成本之间的平衡——在确定地址、规模的同时兼顾了服务成本、库存情况、运输成本，进一步确定最佳的布局方案。

第二步，制定集成度高的供应链管理方案。

在确定了供应网络的布局方案后，还要解决销量预测的问题，对供应网络进行进一步完善。随着市场的井喷式发展，对产品进行销量预测变得越来越有必要。当预测量高于实际需求量时，会导致大量库存闲置，占用企业的流动资产；当预测量低于实际销售量时，又无法保障供应量，无法满足用户的需求。

为了解决这个问题，华为深入市场前端，推动排程系统的执行，要求销售、生产与采购部门每月都对供需差距进行核查，及时对采购、生产和交付等工作计划进行调整。

第三步，实现供应网络的数据共享。

华为同步推行了合同订单集成配置器，进一步推动供应网络的数据共享，加快订单处理速度，为各类计划方案提供精准的数据支持。

与此同时，华为还加强对交付的逻辑和算法的研究，针对每个供应中心的能力分配订单。用户下单后，供应链系统可以将订单分配给线路最优、成本最低的供应中心。这样不仅可以压缩运送周期，节省运输成本，还可以对供应网络的整体结构进行优化，增强自身的订单交付能力。

华为与许多大型物流企业建立了战略合作伙伴关系，还将一些业务外包给本地的物流企业。这样不仅可以保证产品运输的质量与效率，还能显著降低物流成本。华为对自身服务水平的持续优化，有效提高了用户的忠诚度，提升了用户的品牌信任感，对于提升华为的综合竞争实力有着重要意义。

11.3.2　打造数字化供应链：易流

广东壹号食品股份有限公司（以下简称"壹号食品"）是一家集育种研发、养殖生产、连锁经营于一体的国内知名大型食品企业。壹号食品旗下的壹号土猪采用"分阶段专业化生产""公司+基地+农户+连锁店"等多种生产模式进行品牌化经营，建立了从育种、养殖到销售的垂直一体化管理体系。壹号土猪有饲料、猪苗、毛猪 3 条物流平行线，使得它的供应链物流路径较为复杂。壹号土猪的供应链物流路径共有 5 步，如图 11-3 所示。

图 11-3　壹号土猪的供应链物流路径

（1）基地上报需求，安排车辆从饲料厂自提饲料，运送至种猪基地和育肥基地。

（2）猪苗养至 15kg 后，用猪苗专用车从种猪基地运送到育肥基地，进行育肥养殖。

（3）根据区域毛猪需求，安排毛猪运输车辆从育肥基地运送毛猪到全省各区域屠宰厂进行加工。

（4）屠宰后的边猪和散件，通过配送车辆配送至市内各门店或客户仓库进行销售。

（5）门店库存及周转筐通过逆向物流回收处理。

较为复杂的供应链物流路径衍生出了很多业务管理难点，壹号食品急需数字化工具打通种猪基地、育肥基地、营销中心、屠宰场等多方的信息壁垒，解决业务痛点。壹号食品存在的业务痛点主要有以下几个。

（1）管理较分散，业务标准待完善

内部部门和业务类型众多，物流业务管理缺乏一定协同性；各部门分散运营使得管理较为分散，易导致同一事项重复投入；管理工具不统一，业务数据形态不一致，企业难以统一归纳收集信息。

（2）运输管理能力待提升

猪苗、毛猪和饲料转运依赖运输环节，但大部分运输业务依靠人工操作，流程耗时长，过程中的信息数据采集，难以对运输过程形成统一监管。同时，对承运商的服务缺乏统一管理，难以进行有效的 KPI 考核。

（3）纸质表单费时费力

日常物流跟踪依赖于承运商填报的反馈表格。物流交接需使用纸质回单，运费核算、线下对账审核周期较长，纸质单据难以保存，后续难以形成长期有效的文档记录。

（4）企业较难统筹管理全局业务

各部门独立运营物流业务，物流管理信息无法及时、准确、标准化上传，企业对问题点、利好点、优势点的了解会相对滞后；管理员难以获取业务部门的全部运营数据，企业管理和决策缺乏数据支撑，减缓甚至阻碍企业升级优化、提高效能的步伐。

为了让物流场景实时纳入平台管理范畴，壹号食品使用了易流科技打造的 TMS 物流运输管理系统，从饲料运输、猪苗运输、毛猪运输 3 方面出发，提升多方管理协调能力。该系统囊括报量、订单、运单、调度、洗消、烘干、出栏、拉猪、运输、结算等多个环节，创造了一个可协同、可追溯、可共享、可分析的标准化供应链物流场景，实现全流程协同可视，使壹号食品的供应链真正实现数字化。壹号食品供应链的数字化主要体现在以下几个方面。

（1）基地报量，调度优化

壹号食品有 3 条运输路线，存在多个报量点。营销中心、育肥基地和种猪基地的运输任务由不同的承运商和车队承担，3 个场所和车队间缺乏协同性。为了使数据可以被统一处理，TMS 系统可从 ERP 系统接入采购报量单并审批，然后对接 OA 系统，统一对多个基地的报量单进行管理。管理员还可以在线拆单并合成统一的订单，如图 11-4 所示。

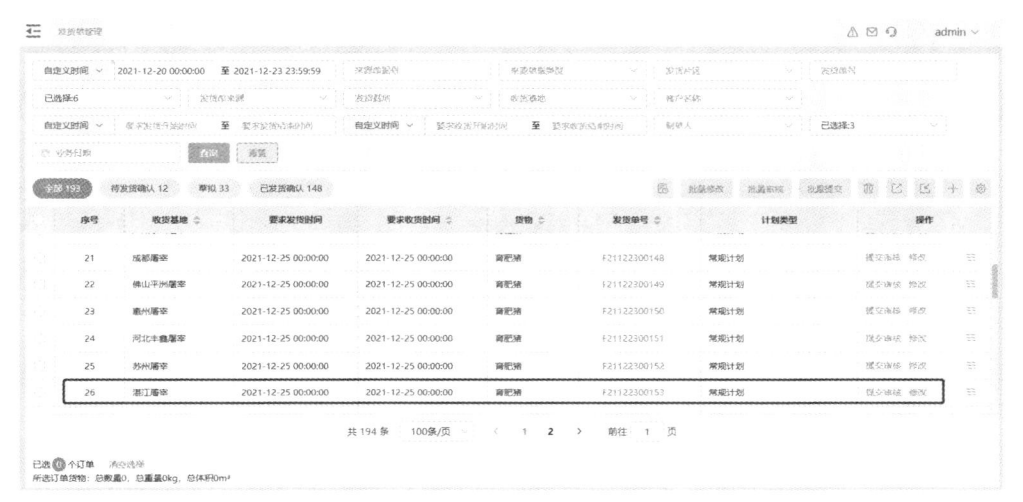

图 11-4 可实现在线拆单

（2）洗消中心智能化

此前，洗消过程难以管控、洗消时间缩短、温度不达标是洗消中心急需解决的问题。为了确保食品安全，壹号食品的猪苗、毛猪、饲料运输都需要经过严格的洗消烘干程序。

易流科技为壹号食品的车辆安装了温度探头，检测车辆洗消过程中的温度。洗消和烘干信息会自动同步到 PC 端和小程序管理端，管理员可在后台查看温度是否达标。若温度或时长未达标，则需重新洗消。根据路程远近，TMS 系统会为饲料、毛猪、猪苗智能分配不同的洗消点。

饲料的洗消点和装货地绑定。车辆抵达饲料厂后，饲料装车前需对车辆消毒并烘干过磅。装完货后车辆和运输司机需经过深度洗消，并采集样品进行化验。

毛猪和猪苗的洗消点和收货地绑定。装载毛猪和猪苗前，车辆需进行高于 60 摄氏度、持续时长大于 20 分钟的深度洗消，如图 11-5 所示。

（3）在途安全管理

壹号食品的土猪产品需供应全国30多个主要城市，猪苗和饲料需分配至育肥基地和种猪基地，毛猪需运输至各个不同的屠宰场。为了保证生猪安全，易流科技为壹号食品提供了全流程的透明化解决方案。

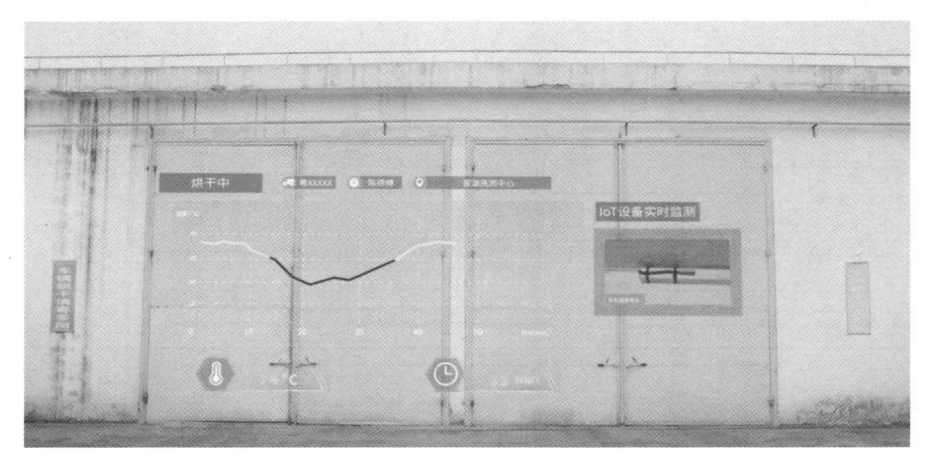

图11-5 车辆洗消、烘干温度和时间要求

易流科技为壹号食品的物流运输车辆加装数据采集设备、北斗一体机(4G)和门磁感应器。北斗一体机如实记录车辆运输路线，获取司机运输的时间节点信息，查看车辆的实时位置和运输历史轨迹。管理员不仅能以此接收和分析数据，加强运输过程安全管理，将运输的各个环节的用时和目标以可视化的方式呈现，还能不断优化物流时效，缩短交货周期。

在物流运输过程中，TMS系统能够通过IoT（物联网）设备实时采集的位置、车辆环境温度等信息，对运输车辆进行实时监控。如果运输车辆出现异常，TMS系统会及时预报警，进行干预处理，确保运输安全。此外，在车辆尾门安装门磁感应器，可以记录开门时间和次数，减少人为因素对生猪和饲料的运输环境的干扰，进一步保障食品安全。

（4）末端签收、结算智能管控

到达卸货点后，司机需过磅卸货，上传磅单和运输回单。生产组长审核回单信息后，代表运输阶段完成。

为优化结算过程，降低费用成本，TMS 系统可根据签收数量、重量、里程、途径点等要素，设置合同计费规则。当运单结束时，系统会自动计算出运费。TMS 对账单生成后，还需经过运费核实、财务初审和供应商确认等环节，确保无不明来源费用。最后 TMS 系统会将确认好的对账单推送到 ERP 系统，生成费用报销单和预付申请单。

由于运输距离较远、运输时间较长，油价存在不可控性。为了使全部费用透明可视，TMS 系统设计了合同油价方案，在费用规则中设置新增油价管理菜单，同步每日油价。给承运商结算油费时，取承运商车辆离开发货地当天系统中最晚录入的油价，灵活把控油费，如图 11-6 所示。

图 11-6 油费的计算

油价说明：合同规定油价为 6.49 元/升，某日油价为 7.07 元/升，则油价涨幅为 0.58 元/升。油费调整规则：涨幅（即今日油价-合同中油价）/ 涨跌额×调整比例。因涨幅为 0.58 元/升，涨跌额为 0.3，调整比例为 50，可计算此趟运输费用需上调 0.58/0.3×50=96.7 元。

数字化方案成功实施后,壹号食品的整个供应链效率得到了很大的提升,同时成本也得到了有效的控制。对于壹号食品来说,供应链数字化的作用主要体现在以下4个方面。

(1) 提升作业效率

基于 TMS 系统,所有车辆和业务接入统一监控,实现业务订单归集化、业务处理线上化、业务结算自动化、业务操作协同化,全面提升了作业效率。

在履约时效上,结合在途车辆监测和历史轨迹回放,通过电子围栏判断抵达时间点,避免出现错漏。平台自动安排最优车辆运输路线,减少绕路和走错路等情况,提升运输时效,猪苗、毛猪和饲料的在途流通时间缩短约35%,周转次数总体提升了30%。

(2) 成本控制

供应链的数字化转型使得壹号食品的物流运输费用进一步减少,有效控制了成本。TMS 系统根据路况优化配送线路和过程中的衔接环节,按车型及运输业务建立油耗参考标准,优化油耗台账。同时结合 GPS 设备,加强异常行驶轨迹监控,减少停车怠速及低速行驶的时间。如图 11-7 所示,2021 年 1~8 月未使用 TMS

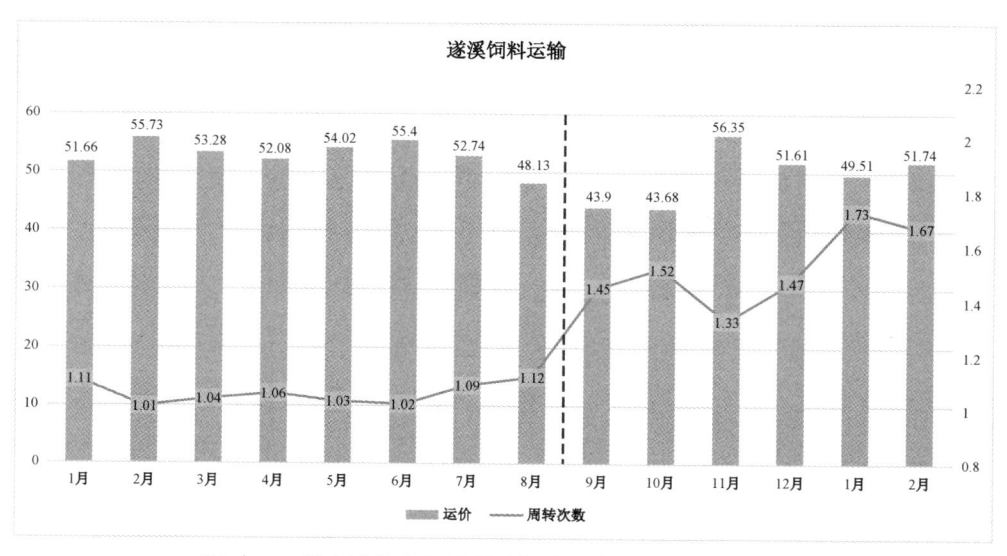

图 11-7 供应链数字化转型后每吨运费及周转次数的变化

系统，2021 年 9 月至次年 2 月为使用了 TMS 系统。2021 年 1~8 月，平均周转次数为 1.06，平均运价为 52.88 元/吨；2021 年 9 月至 2022 年 2 月，平均周转次数为 1.53，平均运价为 49.47 元/吨。因此，周转次数增幅为 30.72%，平均运价降下降 3.41 元/吨，按月度发运量 8000 吨计算，月度可节省运费 2.73 万元。

由于壹号食品的自有车辆较多，使用部门及使用区域分布较广，对车辆费用数据传递的及时性、准确性要求较高，因此车辆管理难度较大。通过在 TMS 系统上统一填报的方式，壹号食品减少了纸质文件的发送，提升管理了效率。此外，在 TMS 系统上还可以监控车辆费用动态，降低用车成本。

（3）业务透明

TMS 系统的应用使得壹号食品的业务管理更加精细化、透明化。壹号食品的管理人员可以通过北斗一体机和系统获知真实的物流运输时间节点，使运单实现在途可视化，实现业务协同管理。此外，TMS 系统可以加强对运输过程的监控，通过门磁、温度探头提升在途管理效果，使运输状态实时可视，透明管理运输任务。集中化管理全供应链物流订单，可以实现运力资源整合一体化管理，形成标准化业务流程，提升物流运输效率，如图 11-8 所示。

（4）规则化管理

TMS 系统能够优化操作流程，提升用户体验。壹号食品有着业务多样化和业务链条长的特点，TMS 系统中的规则能够覆盖壹号食品全供应链物流业务，使业务流程规范化。TMS 系统通过深挖日常运营交互中数据的价值，为数字化管理提供依据，有利于构建大数据分析体系。相关人员可以在 TMS 系统中直观、方便地查看数据，减少人工统计、整理数据的烦琐程序，还能够通过关键指标及时发现业务运作中的异常，提升数据利用率。

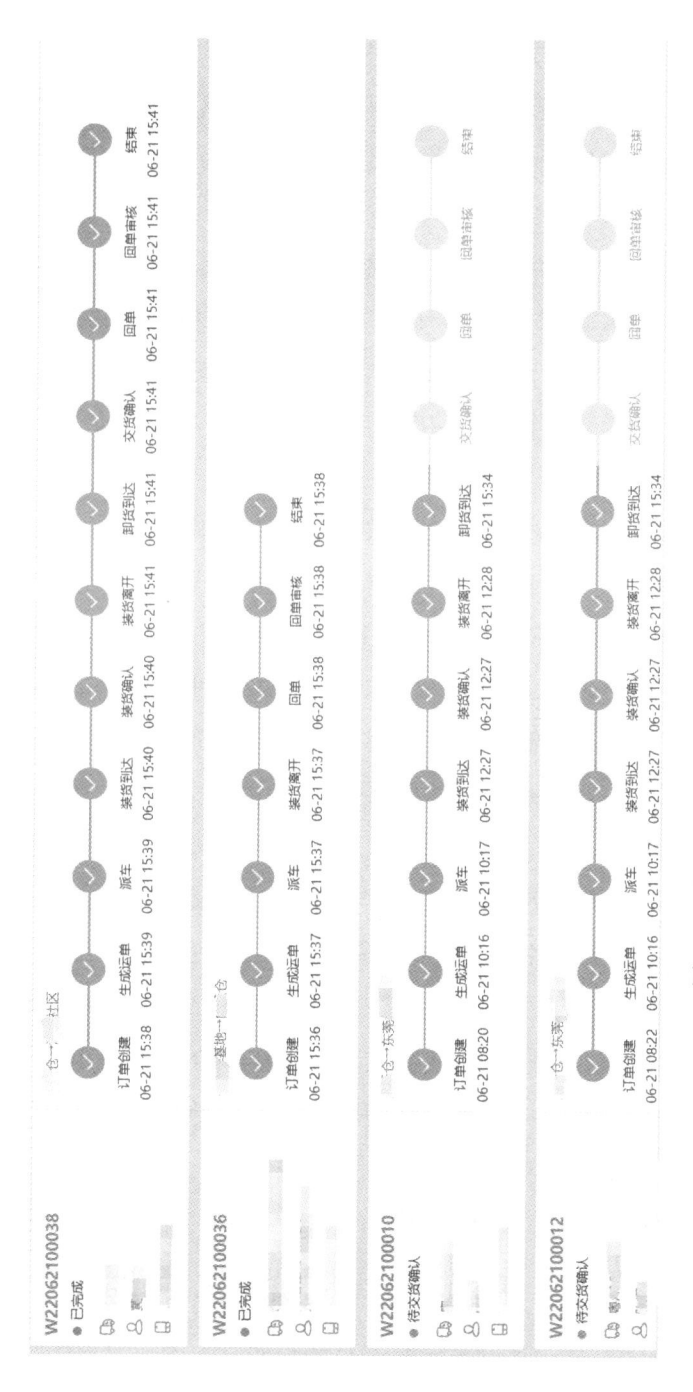

图 11-8 在 TMS 系统上实现物流运输过程的透明化、可视化管理

第12章

运营的数字化转型

数字化转型真正的意义在于全面变革企业的经营管理活动,赋能企业的生产、销售、运营、仓储等各个环节,打通连接路径,更好地创造价值。

12.1 新产品路径,全面提升竞争力

一些传统企业通常以产品为导向,根据自身的制造水平设计产品的功能。这种方式难以兼顾用户的真实需求,因此逐渐被市场淘汰。企业需要更新产品路径,全面提升竞争力,以适应不断变化的市场环境。

12.1.1 以用户需求为核心设计产品

如今,市场环境的变化要求企业要以用户为导向,根据用户的实际需求设计产品的功能,产品的需求者与使用者得到了统一,这样的产品也会具有更高的使用价值。唯品会就将用户导向做到了极致。

新时代的女性更具有自我意识,更加追求独立与自主,她们中的一部分人在各个行业闯出自己的一片天地,拥有财务自主权,因此她们的消费需求很旺盛、

消费能力很强。这给女性消费市场的创业者带来了无限机遇，但同时也给他们提出了更大的挑战。

唯品会较早地察觉到了"她经济"时代的商机，洞察和顺应了女性用户的消费习惯，致力于满足并超越女性用户的心理需求。例如基于用户数据分析采取惊喜营销策略，成为首个登录微信朋友圈的电商企业；顺应女性用户中"晚购族"和"床购族"的需求，开设晚 8 点特卖专场。

充分了解用户需求后，唯品会由奢侈品销售转向了服装尾货销售，由此积累了大量的用户基础。此后，唯品会开始进行品类扩张，大量增加新品与专供品的比例。可以说，唯品会依靠代售品牌尾货起家，从与国际品牌合作发展到与本土品牌合作，从尾货折扣发展到新品上市的首发，唯品会一直致力于打造完善的购物流程和优质的用户体验。

在保证产品本身足够时尚、产品品牌足够有名的同时，唯品会还极大地降低了产品的客单价，强大的买手团队和"特卖"模式也加深了唯品会与女性用户之间的联系，增强了唯品会的产品掌控力。在多种因素的综合作用下，唯品会一举成为国内最大的品牌折扣网站，多次入围"年度最具价值中国品牌 100 强"榜单。

在完成从以产品为导向到以用户为导向的转变后，用户对产品的信赖度及认可度都有了显著提升。此时，企业可以有针对性地实施运营策略，提升用户的复购率，为企业创造更多的盈利。

12.1.2　波士顿矩阵：调整产品布局

产品布局是创新企业产品路径的前提。在对产品布局进行优化后，企业可以更好地满足用户需求，更有针对性地实施运营策略，从而形成产业生态圈，用最小的成本挖掘最大的用户价值。

波士顿矩阵又称四象限分析法，由著名管理学家布鲁斯·亨德森提出。它将销售增长率和市场占有率看作决定产品结构的重要因素，并以此为基础判断产品的类型及发展前景，如图 12-1 所示。

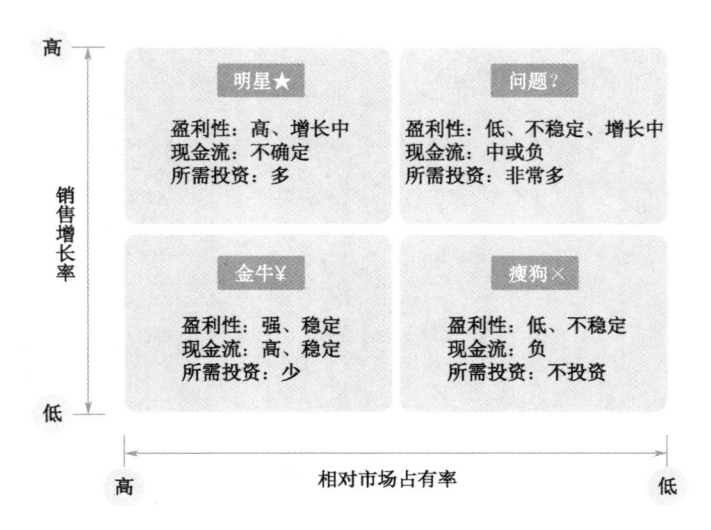

图 12-1 波士顿矩阵

波士顿矩阵的 4 个象限分别对应 4 种产品，即明星产品、金牛产品、问题产品和瘦狗产品。其中，明星产品的销售增长率和市场占有率较高，值得企业重点关注，要努力推动其发展为金牛产品；问题产品的有一定的销售增长但市场占有率较低，企业需要重新规划这些产品的销售策略；金牛产品是企业主要的盈利来源；对于瘦狗产品，企业需要战略性放弃。

A 企业主要生产奶糖、咖啡糖、话梅糖、水果糖 4 种产品，其产品的销售增长率和相对市场占有率如表 12-1 所示。

表 12-1　A 企业产品的销售率和相对市场占有率情况

产品	销售增长率	相对市场占有率
奶糖	较高	较高
咖啡糖	较低	较低
话梅糖	较高	较低
水果糖	较低	较高

该企业可以建立波士顿矩阵来检验目前的产品布局是否合理，以及明确如何对这些产品进行中长期的规划，实现产品战略布局的优化。该企业的波士顿矩阵如图 12-2 所示。

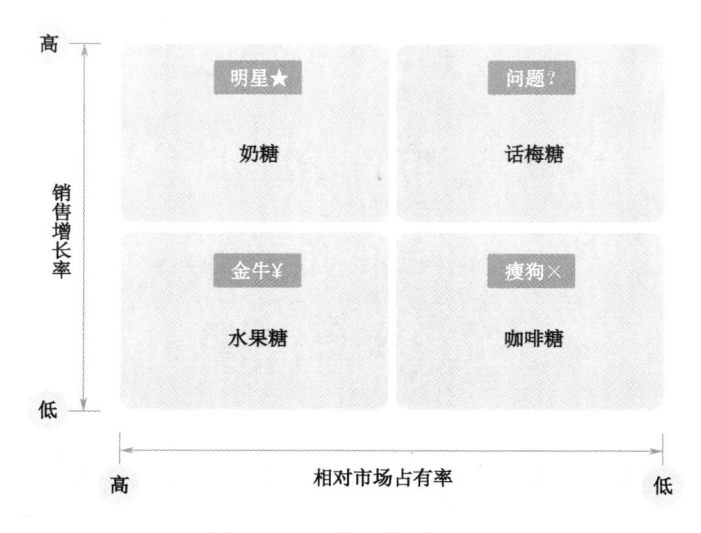

图 12-2　A 企业波士顿矩阵

在成功构建波士顿矩阵后，企业可以有针对性地进行产品规划，提升资金的使用效率，为企业创造更大的盈利。企业最理想的经营状态是没有瘦狗产品，金牛产品和明星产品占绝对份额，同时存在大量的问题产品为企业的后续发展做准备。

因此，对于咖啡糖，A 企业应该进行全面财务分析，确定亏损无法避免后将其淘汰。对于话梅糖，A 企业应该思考如何提高其市场占有率，使其转变为明星产品。对于奶糖，A 企业应该在保持竞争优势的前提下降低投资费用，使其转变为金牛产品。同时，A 企业的问题产品只有话梅糖，这并不利于企业的长期发展，A 企业还应该尽快研发新产品，提升产品的迭代速度。

波士顿矩阵可以帮助企业的管理人员以前瞻性的眼光看待产品，增强他们的决策能力，使他们能够及时对企业的产品布局进行调整，对产品营销策略的制定具有较强的指导作用。值得注意的是，在实际经营中，产品的销售情况并不是完全由销售增长率和市场占有率体现的。因此，企业也应该将波士顿矩阵与其他分析法相结合，从而实现产品布局的最优化。

12.2 新生产运营模式,做行业的颠覆者

如今,我国的制造行业开始向网络化、智能化的方向发展,普通的工厂也逐渐走向智能化、高端化,成为企业实现生产力数字化转型的核心引擎。

12.2.1 全面智能化的未来工厂

为进一步加快数字技术与制造行业的融合,浙江省于2020年召开了首届"未来工厂"发布会。

老板电器与杭州移动合作,将5G、人工智能等数字化技术进行了创新并将其应用于协同制造、共享制造等新型的智能制造模式中,实现了工厂的智慧管理,因此获得了"未来工厂"的首批认证。

在获得高速率的传输带宽的同时,保证生产工艺等数据资料的传输安全,是老板电器进行数字化转型的原始动力。如今,其"无人工厂"已经实现了5G网络的全覆盖。杭州移动以现有的局域网组网模式为基础,为老板电器定制了工厂专网,极大地提升了工厂内部生产数据传输、存储的安全性。此外,老板电器还在各车间门口部署了AR摄像头和门禁,并通过这种方式对进入无人区域的工作人员进行识别与监控。

杭州移动的项目经理表示:"我们保证5G网络像毛细血管一样在工厂实现全覆盖,这样一来,散落在各个角落的现场设备可以通过5G网络汇聚到工厂本地边缘服务器快速进行运算、分析,然后传输到平台上,数据稳定性较Wi-Fi相比从75%提升到了100%,可以毫无压力地对工厂内16条生产线业务及32个上下料点进行实时监控。"

工厂二楼设置了工业互联网平台,管理人员可以通过这个平台实时获得现场的监控数据和设备的运行参数并对这些生产数据进行可视化管理,实现从原料加工到产品入库的全流程调度。不仅如此,该平台还支持产品的自主流转和风险预

警,全面提升了各生产线协同生产的可执行性。

这在一定程度上减轻了管理人员的工作压力。老板电器的管理人员表示:"以往都要靠人工巡检才能发现问题,而且还不能确保百分百发现,但现在,一旦有某个流程偏离了标准工艺,后台就会直接报警,非常智能。"

为检测出那些生产流程未出现错误,但产品外观存在瑕疵的部件,老板电器引入了"动态上行容量增强技术"。这项技术使生产设备的上行速率提升了400%,在现场测试时,速率峰值达到了581Mbps。老板电器将这项技术应用于每一个检测点,对产品进行不间断检测,解决了人工辨别误差大、检测效率低等问题,使不良品的生产率降低了60.5%。

数字化技术加速了制造行业实现智能化升级的进程,使得老板电器完成了从"普通工厂"到"未来工厂"的蜕变。老板电器的快速发展,也将形成示范效应,带动整个制造行业的发展。

12.2.2 新生产模式为何领先

现在正处于数字经济时代,对企业来说,数字化转型不仅是信息革命的要求,也是自身应该努力达成的目标。如今,以大数据、人工智能、5G为代表的技术正在重组企业的生产模式,带领企业走向更加光明的未来。

传统生产模式的显著特点是大批量、标准化、规模化,而新生产模式则倾向于定制化、个性化、数字化、智能化。吉利汽车积极进行数字化转型,引进新生产模式,取得了亮眼成绩。其采用的新生产模式有以下3大领先策略,如图12-3所示。

(1)通过外部合作,实现数字化生产

阿里云在发布ET工业大脑时提出要让生产线上的机器都变得自动化、智能化。此后,ET工业大脑不断适应技术与时代的进步,在多个方面进行提升,包括生产工艺改良、生产流程制造的数据化控制、设备故障预测、生产线的升级换代等。

图 12-3　新生产模式的 3 大领先策略

如今，云计算、人工智能等技术越来越多地应用于产品生产。企业可以借助这些技术更精准地把握市场，降低研发成本。吉利汽车充分利用技术，通过优化生产流程提升生产效率。此外，吉利汽车还借助 5G 改革生产网络，为工作人员配备 5G 智能设备。

为了打造更受用户喜爱的个性化产品，为用户提供更优质的服务，吉利汽车与阿里云在供应链、车联网、用户管理等领域达成合作。在各种技术的助力下，吉利汽车致力于成为具有创新、转型、协同等特点的新型汽车企业。

（2）业务数据在线化，在线业务数据化

吉利汽车通过一系列活动获取了很多用户资料，这不仅加深了与用户之间的联系，也为制定下一步发展战略提供了科学依据。与此同时，吉利汽车还实现了运营数字化，以达到实时获取动态信息的目的。吉利汽车通过实现从订单到运输的紧密融合，取得了业务数据在线化、在线业务数据化等重大突破，业务分析效率也因此得到了很大提升。

（3）实现真正意义上的"新生产"

用户在选购汽车等大型产品时会更重视安全性和售后服务质量，这些都需要用户亲自体验。无论在线上展示的汽车的照片多么精美、资料多么丰富，用户也还是无法真切感受到汽车的驾驶体验，因此用户很难放心购买。为了打消用户的疑虑，获得用户的信任，吉利汽车在打造品牌口碑上不遗余力，积极探索新策略。

当然，要想获得用户的认可，最重要的还是"用产品说话"。吉利汽车的汽车质量保障来源于无数次测试，其中最具代表性的就是模拟仿真测试——借助计算机辅助工程软件对汽车的驾驶情况进行模拟测试。吉利汽车通过多次测试给每位用户提供更舒适的驾驶体验，给予其更安全、可靠的保障。

企业在进行数字化转型时可以学习、借鉴一些知名企业的做法。但需要注意的是，直接照搬是不正确的，企业必须结合自身的实际情况制定相应的策略，这样才能够克服重重障碍，获得跨越式进步和发展。

12.2.3 生产运营数字化实例：犀牛工厂

2020年9月16日，犀牛工厂的神秘面纱终于被揭开。犀牛工厂是阿里巴巴集团保密运行了整整3年的新型"智造工厂"，它与盒马鲜生"师出同门"，以服装制造行业作为切入点，是阿里"五新战略"的重要组成部分。

犀牛工厂的董事长蒋凡在致辞中表示："犀牛智造平台希望把数字洞察应用在制造环节中，实现真正的产销一体化，帮助中小商家解决生产供应链中的一系列痛点。我们希望真正可以实现数据驱动，将消费者洞察、行业洞察与生产环节紧密相连，实现更聪明的生产排期、弹性生产。"

通常情况下，中小型企业在关注用户反馈的同时，还要关注自身的供应链情况，这一点在服装行业尤其明显。尽管服装行业拥有超3万亿元的市场规模，但是容易受到时尚潮流和季节的影响，供需关系常年处于不平衡的状态。

大品牌的现金流更充裕，制造能力和抵御风险的能力也更强，有能力更好地消化滞销产品。但中小型企业通常需要依靠新颖的设计和反应速度吸引用户，但由于订单量较小，很难获得制造商的优先排期，它们需要面对的竞争压力也更大。

犀牛工厂首次创造了数字印花技术，即将印花的参数利用投影技术进行定位，极大地提升了印花效率。这项技术也帮助犀牛工厂打破了服装行业中以往的"1000件起订，15天交付"的订货规则，建立了"100件起订，7天交付"的新规则，帮助中小型企业解决了供应链的问题。其CEO伍学刚表示，犀牛工厂致力于将中小型企业从繁重的生产制造中解放出来，增强其竞争优势，使它们可以专注于业务创新。

当然，阿里巴巴集团进军制造业还有很长的路要走，每个行业中都存在天然的矛盾点。以制造业为例，降低生产成本与满足用户需求之间的矛盾很难调和：规模化生产是最好的降低生产成本、提升资源利用率的方式，但用户的需求在快速地变化，要想满足用户需求，企业就需要进行小规模的差异化生产，而这势必会提升生产成本。

从这个角度出发，犀牛工厂与盒马鲜生十分类似，都是应用"五新战略"改造产业的内在逻辑来解决那些传统行业中的难题。我们相信，阿里巴巴集团可以凭借自身实力树立行业标杆，从而吸引更多的资源，最终形成具有强烈数字化特征的产业平台。

12.3 新零售策略，重新认识用户和市场

时代在变，市场在变，企业的销售策略也需要随之改变。新零售作为近年来的风口之一，成为众多企业制定战略时考虑的重要因素。数字化转型能够帮助企业对新零售策略做出精准的判断，使企业重新认识用户和市场，以更好地解决产品滞销、需求不足等问题。

12.3.1 自动化滞销处理

科学技术的迅猛发展同样促进了工业生产的发展。然而，随着工业自动化的产品越来越多，销售难度也越来越大，越来越多的产品出现了滞销的情况。许多企业的仓库设计不够合理，无法精准地识别并找出滞销产品。企业建立一站式仓库管理系统后，这些问题就有机会迎刃而解了。企业就可以轻松找到滞销产品，合理、高效地将其进行处理。

首先，确立仓库管理制度。企业中的任何环节都不能离开制度的约束。仓库管理的事务繁杂，从每一件产品的布局，到每种产品的订购，只有每一项事务都有相应的制度作为参考标准，才能使仓库管理更加有条不紊，保障管理效果。

其次，加快仓库管理的数字化进程。目前，几乎所有企业都拥有引入互联网技术的能力，但真正将这项技术加以应用的只有 44.2%，大多数企业仍然利用人工进行操作。因此，企业应该引进或研发仓库管理系统，增强库存控制的意识，重视库存成本，全面推动企业及仓库的数字化进程。

最后，制定仓库管理方案。实际上，仓库杂乱是由于企业没有重视对仓库的管理，或者不了解供需关系的实际情况。因此，企业需要对目前的仓库管理系统进行优化，增强检索能力，设置能力模块，将货物信息详细地记录在管理系统中。这样企业就可以实时了解产品情况，促进资源的合理分配。

有了仓库管理系统后，企业就可以精准掌握产品的变动情况，从而快速找到滞销产品，有针对性地进行滞销处理。这样可以极大地降低人工成本和时间成本，企业也可以将经营重心从滞销产品的寻找转移到畅销产品的运营上，进一步扩大企业的经营优势。

12.3.2 拥抱技术，提升用户体验

经过多年的发展，零售已经进入一个新阶段，越来越多企业意识到积极拥抱技术、尽早实现数字化转型才是最好的出路。VR 眼镜、虚拟试衣等数字化技术的成果作为引领新一轮产业变革的重要力量，自然会在零售转型中发挥强大作用。

例如消费者在购买衣服时最先想到的问题通常是：我穿上这件衣服会是什么样子。此时，虚拟试衣就可以派上用场。在这方面，曼马库斯百货做得非常不错。其为消费者提供一面嵌入 AR 的"智能魔镜"，消费者只要穿着一件衣服在这面镜子前拍摄一段不超过 8 秒的视频，然后再穿上另一件衣服做同样的动作，就可以通过视频对两件衣服进行比较，从而选出自己更满意的那一件。

除了曼马库斯百货以外，奥迪也在开发零售新玩法：引进用 VR 眼镜看车、

选车的技术。目前，VR眼镜支持奥迪旗下50种车型的虚拟观看，消费者甚至还可以看到博物馆里面存放的一些古董车型。消费者戴上VR眼镜不仅可以360°全方位观察汽车，还可以观察汽车的"内在"。这个"内在"不单指内饰，还包括发动机、内部结构、传动系统、刹车盘细节等。

为了改善司机的驾驶体验，奥迪还推出了可以戴着VR眼镜虚拟试驾的汽车——Virtual Training Car。司机戴着VR眼镜坐在驾驶座，驾驶座的后排座椅靠背上安装着VR眼镜追踪器，用于追踪司机头部所在位置以及左右摆动情况。VR眼镜中有全景画面，画面可以随着司机头部的摆动而转换场景。

当司机戴着VR眼镜时，操作员会坐在副驾驶的位置通过操作板控制系统的开启和关闭。操作板可以同步显示司机在VR眼镜中看到的场景。与此同时，操作员还要关注现实世界的情况，在出现紧急事件时帮助司机按下电子手刹键。

在数字化转型中，虚拟现实桌（Virtual Training Table）也让奥迪大放异彩。虚拟现实桌由一张桌子和一个显示屏组成。桌子是主控台，显示的是第一视角，即从外部去看功能如何实现；显示屏则显示第二视角，即从司机角度感受功能如何实现。

虚拟现实桌下面有24个摄像头，用于观察桌子上有的物体，以及这些物体的角度变化。通过虚拟现实桌，奥迪可以精准地向消费者展示汽车的功能，为其模拟符合需求的场景。

在VR眼镜、虚拟现实桌等数字化设备的助力下，奥迪的服务质量有了进一步提升，消费者可以享受到兼具场景、感知、美学的消费新体验，司机也可以更安全地驾驶。

从社会层面来看，数字化转型使生产力得到提升，具有积极意义。但对于有些企业来说，数字化转型也许是一场"灾难"，一不小心就会使企业落后于时代。为了不让这样的"灾难"发生，企业要像奥迪这样不断升级零售模式，积极开发新玩法。

12.3.3 无人零售：传统行业的未来

在数字化时代，依托于技术的无人零售受到很多企业的关注。例如，罗森和松下电器合作，共同推出了全自动收银机。引进这个智能设备，再加上智能购物篮的助力，罗森就可以为消费者提供自助结账服务。其具体操作流程如下。

（1）每个智能购物篮中都有一个扫描器，每件产品上都贴了可供消费者扫描的 RFID 电子标签。

（2）消费者在特定机器上扫描商品，再将自己想购买的产品放到智能购物篮中，智能购物篮会将产品信息（如价格、数量、规格等）记录下来。

（3）罗森的全自动收银机上有一个狭槽，消费者只要把智能购物篮放进这个狭槽中，产品总价就会在结账屏上显示出来。然后，消费者就可以选择现金或信用卡的方式进行付款。

（4）消费者完成付款，智能购物篮底部就会自动打开，产品也会跌落到已经准备好的购物袋中并自动升起。此时，消费者就可以取走自己购买的产品。

全自动收银机和智能购物篮具备一定的无人零售属性，是罗森实现数字化转型的强大动力。除了推出全自动收银机和智能购物篮以外，罗森还推出了夜间无人值守结账服务，这项服务是节省人力成本的有效方法。

现在这项服务已经正式投入使用，从夜间 12 点到凌晨 5 点，消费者都可以享受无人值守结账服务。消费者只要在手机上安装一个应用程序就可以在罗森进行自助购物。这样消费者在结账时就不需要排队，罗森也不需要在夜间安排工作人员值班。

与罗森相同，亚马逊也在无人零售领域积极布局，推出无人实体商店——Amazon Go。亚马逊采用了计算机视觉、深度学习、传感器融合等技术，省去了传统柜台收银结账的烦琐过程。在 Amazon Go，消费者只需要下载亚马逊购物 App，在商店入口扫码成功后就可以进入商店购物。当消费者离开商店后，系统会自动根据其消费情况在其个人的亚马逊账户上结算。

当然，不只是国外的罗森和亚马逊，我国的很多企业也推出了无人商店。例如，TakeGO 就取得了不错的业绩。该无人商店外部装有扫描屏幕，消费者可以注册并登录软件后扫码进入。消费者进入商店后，会有摄像头检测其是否购买产品。和 Amazon Go 相似的是，如果消费者把产品带出商店，其手机上便会收到账单详情和结账提醒。

在零售转型方面，罗森、亚马逊、Take GO 表现出色。在这些企业的带领下，7-11、全家等企业也相继引入智能收银系统或自助结账柜台。可见，零售领域已经迎来自动化和智能化浪潮，这个浪潮将推动零售行业的升级。

12.4 新营销玩法，占据行业优势地位

能够传递消息的渠道都可以被称为用户入口，如品牌门店、营销广告、App 等，用户的总流量就是由这些入口流量线性叠加得到的。为了取得更好的营销效果，企业需要对营销玩法进行迭代，用增加用户触点、移动营销等方式占据行业优势地位。

12.4.1 全触点营销思维

触点即企业与用户通过各种维度、各种形式形成的链接。由多个触点组合形成的触点网络可以更好地实现企业与用户之间的连接，为用户提供更全面、更优质的产品及服务。

触点可以有效吸引潜在用户的注意力，通过富有创意的营销活动向用户传递品牌的态度及价值观。互联网技术的进步使每个触点都有机会变成入口，这也导致传统的商业模式发生了极大的变革。从入口思维转变为触点思维，充分挖掘业务流程中的重要触点，有针对性地进行营销活动，是企业实现转型升级的核心步骤。

好友推荐、企业官网、在线直播、活动物料等都可以成为触点，这些触点会潜移默化地占据用户心智，提升其品牌信任感，影响购买决策。例如，企业可以在活动发放的物料上附上二维码，将这些物料打造为新的流量入口。同时，企业还可以根据物料类型的不同，在其中埋入不同的标签，根据用户的需求为其发放不同的物料，有针对性地为企业培养潜在用户。

企业不仅要关注用户购买产品的决策流程，还要关注产品的使用过程，在其中增加服务触点，提前做好扩展销售、交叉销售的准备，让产品深入用户生活，成为其生活的必需品。

产品的销售过程也是企业连接用户的过程。触点思维可以让企业深入了解用户，快速响应用户需求。如果企业可以实现从入口思维到触点思维的转变，就能够有温度、有深度地连接用户，从而更好地影响其购物决策，充分展现全触点营销的价值。

12.4.2 移动营销如何实现

移动营销即通过移动设备实现与用户的信息交互，从而构建持续、稳定的营销流程。这要求企业充分考虑用户的移动属性，将用户放在策略的核心点，同时确保营销活动的前瞻性，从而最大限度地提升营销效果，增强用户黏性。

企业可以通过以下7个步骤轻松实现移动营销。

（1）建立用户视图

用户可以通过各种渠道实现与企业的交互，如果企业能够建立用户视图，就可以更好地了解用户的转化路径及实际需求，理清渠道脉络。将渠道信息与用户视图结合后，无论用户使用哪种渠道与企业产生连接，企业都可以为用户提供精准的个性化服务。

（2）拒绝数据孤岛

移动渠道只是众多交互的渠道中的一种，其他渠道的信息也会对其产生影响。但许多移动项目的开发人员总会下意识地为程序设置数据壁垒，这也提升了后续的修改、平台移植等工作的难度，造成极大的时间及成本的损失。

（3）自适应式设计

移动营销的内容要在各种移动设备上发布。为降低工作量，许多企业都会创建响应式站点，即将各个平台的页面按比例调整，实现内容与用户使用的移动设备完美匹配。由此产生的自适应式设计可以自动根据屏幕大小调整内容页面，为用户提供最佳阅读体验。

（4）预测行业走势

科技的发展加快了移动设备及平台的更迭速度，每一项热点技术都可以对企业的发展产生巨大的影响。这就要求企业要紧盯行业热点，预测行业走势，及时在平台中添加新设备或其他变量，始终走在行业的前沿。

（5）简化工作内容

移动营销要求企业化繁为简，降低工作的复杂度。企业不应该为每个问题、每种移动设备制定专门的解决方案，而应该将问题系统地进行梳理，或率先针对某种设备提供完善的、成体系的解决方案，再将其移植到其他设备中。这样不仅可以简化工作内容，还可以极大地提升用户的体验。

（6）检验营销效果

每次进行移动营销之后，企业都要根据链接的点击率、用户的互动情况、产品的销售情况等对此次营销效果进行判断。这可以帮助企业了解用户的实际需求及关注重点，促使企业为用户提供更有针对性的情景服务，使企业的营销策略得到进一步完善。

（7）提升用户体验

优质的用户体验是提升用户品牌忠诚度的关键。企业应该充分利用用户视图及分析结果，针对用户的使用习惯、需求及偏好，进一步提升其使用体验。例如根据用户偏好定制个性化推荐内容；优化导航和搜索功能，降低用户点击频次；设置一键支付功能，进一步引导用户消费。

这 7 步可以帮助企业深入了解用户需求，根据用户的使用场景为其提供针对性更强的营销内容，进一步了解用户行为的深层含义，为企业带来更多的商机。

12.4.3 线下门店数字化客户运营改造：麦当劳

国际快餐龙头企业麦当劳于 2019 年 3 月宣布收购 Dynamic Yield。麦当劳官方没有公布收购价格，但媒体人员根据收购规模推测，此次交易价格应该在 3 亿美元左右。如果推测结果准确，那么这将是近 20 年来麦当劳进行的最大规模的收购。

Dynamic Yield 是一家利用大数据及人工智能技术为用户提供个性化运营决策的科技企业。麦当劳的收购行为，也是为了尽快成为一家数字化的餐饮企业。

麦当劳的 CEO Steve Easterbrook 表示："通过此次收购，我们正在扩大我们在未来增加角色技术和数据的能力以及我们能够实现为客户创造更多个性化体验的愿景的速度。"

此次收购完成后，麦当劳在数据领域的核心技术将得到强化。麦当劳可以根据地理位置、用户偏好、门店流量等信息，为用户提供更贴心的私人定制服务。这种独家定制模式也将大幅提升用户黏性，带动麦当劳营业收入的增长。

早在 2018 年，麦当劳就开始在线下门店试行这项个性化运营决策技术，未来还会实现全球近 4 万家门店的全覆盖。除了线下门店，麦当劳的 App、小程序以及自助服务机都会采用这项技术。有了高新技术的加持，麦当劳的独家定制模式如虎添翼，麦当劳也将更快地与竞争对手拉开差距。

12.5 新仓储运营，数据驱动的效率优化

仓储运营在企业运营过程中起着重要作用。数字化仓储运营可以提升库存

产品的周转速度，降低人力成本，减少误差发生率，形成自动化、智能化的仓储体系。

12.5.1 仓储运营的定制化属性

仓储是制造型企业整体运营环节中重要的一环，指对原材料、零配件、半成品、产成品进行存储。

由于不同企业所处的行业及产品特性不同，不同企业仓储运营的环节，往往具有很强的定制化属性。例如食品、药品的仓储，对温度、湿度、环境等因素有很高的要求；工业备件往往流动性不是很高，物品在仓中的周转速度相对较慢；而生鲜零售行业的物品在仓库中的周转速度相对较快。

由于不同行业的仓储特性不同，目前仓储行业整体的自动化和智能化程度并不高。类似京东"亚洲一号"的标准化、全自动化仓库，只是凤毛麟角。在绝大多数行业和企业中，仓库的自动化程度并不高，大量的仓储流程，如入库、拣货、出库、盘点等，基本还是依靠人工来执行。

在仓储管理领域，有专业的 WMS（仓库管理系统）来辅助仓库的运营。但是传统的 WMS 系统主要服务于操作流程，并不具备仓效提升、人效优化等功能。仓库的物品存储分布是否合理？根据历史流量预测，哪些物品的库存虽有剩余，但是可能已经不足，存在缺货风险？类似这些问题，传统的 WMS 并不能给出答案。想要解答这些关键的业务问题，企业就需要借助数字化手段。

数字化工具可以以灵活插件的方式，与现有的一些核心业务系统（如 ERP、CRM、WMS 等）进行连接，并能够实时访问存储在业务系统中的数据。然后，以这些数据为基础，结合场景化的算法分析、可视化展示、异常预警等数字化手段，从数据中自动识别业务问题，将这些业务问题反馈给相关的业务人员及业务系统，以达到业务优化的目的。具体模式如图 12-4 所示。

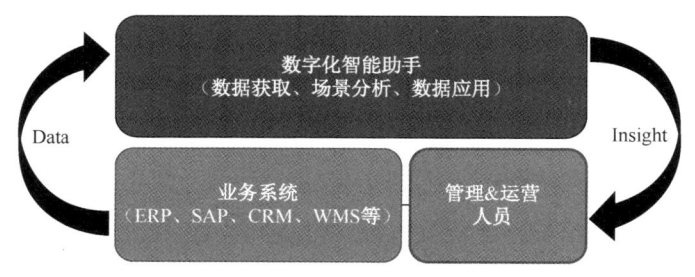

图 12-4　数字化工具应用的具体模式

12.5.2　伴侣式的数字化智能助手：仓易顺

下面就结合一个案例，来看看这种插件式、伴侣式的"数字化智能助手"在仓储业务中是如何实现变革和优化的。

C 公司是一家业内知名的三方物流企业，其核心业务之一，是向各个行业（如零售、高科技、汽车、生命科学等）的品牌方或企业，提供全国范围内的仓储解决方案，例如仓网规划、仓内设计、仓库运营等。对于仓储业务的管理，有些企业使用 C 公司的 WMS 系统，有些企业使用自己的 WMS 系统。

在实际运营过程中，无论是甲方客户，还是 C 公司自己，都对仓效优化有着强烈的需求。但是，由于仓效优化建立在对多项场景的数据进行分析的基础上，而仓储管理团队并不擅长数据分析，因此他们就需要数字化部门为他们提供数据支持。起初，数字化部门基于个别业务，做了一些专门的分析。但是随着这类需求越来越多，将此类以数据为核心的仓效优化抽象并设计成一个产品，就显得尤为重要了。在这种背景下，数字化团队设计研发了一款在国内具有领先意义的产品——仓易顺。

仓易顺的定位是"WMS 系统的数据智能优化助手"。它基于 WMS 的核心数据，结合一些相关的主数据，通过模型和算法，找出仓库运营中的各种仓效异常情况。通过可视化看板、异常警报等方式将有价值的优化建议，推送给相关的负责人，如图 12-5 所示。

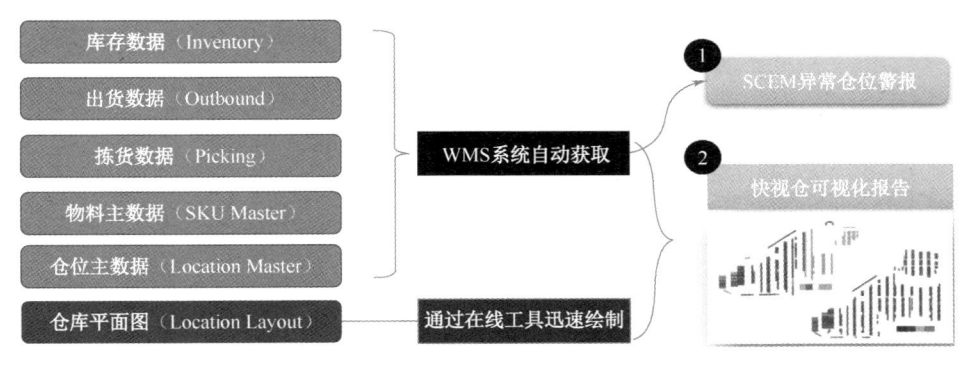

图 12-5　WMS 系统运行逻辑

该产品的运行需要 6 种仓储业务场景数据，分别是库存数据、出库数据、拣货数据、物料主数据、仓位主数据，以及仓库平面图数据。这 6 类数据中，前 5 类数据在一般的 WMS 系统中都有，并且系统会对这些数据进行日常维护。但是常见的 WMS 系统中没有仓库平面图，而且也往往不对其进行维护。在现实中，这类仓库设计图，是在新仓建立的时候，用专门的 3D 软件进行绘制的。但是在实际业务中，仓库的库位布置可能会根据业务需要发生变化。很多时候，仓库会在没有货架的区域，也设置一些"虚拟库位"。由于最初的 3D 设计图不会随着业务变更而同步更新，所以在一段时间之后，原始的设计图可能就不能真实的反映仓库的库位布置了。

为了提取准确的仓库平面图，仓易顺专门研发了一款简洁、高效的仓库平面图设计工具。借助该工具，仓库运营人员只要将仓库的库位主数据导入系统，系统就会自动解析库位编号，生成基础的库位图。之后，用户只要通过简单的位置移动等操作，就可以快速绘制出仓库的库位部署平面图。

仓易顺的数字化仓储运营流程如图 12-6 所示。

首先，借助制图工具，快速绘制每个仓库的平面仓位部署图。绘制完成后，系统后台会自动把仓位图转化为可视化 SVG 矢量图。同时，每个仓位的编号及位置主数据，也会以结构化方式存储到数据库中。

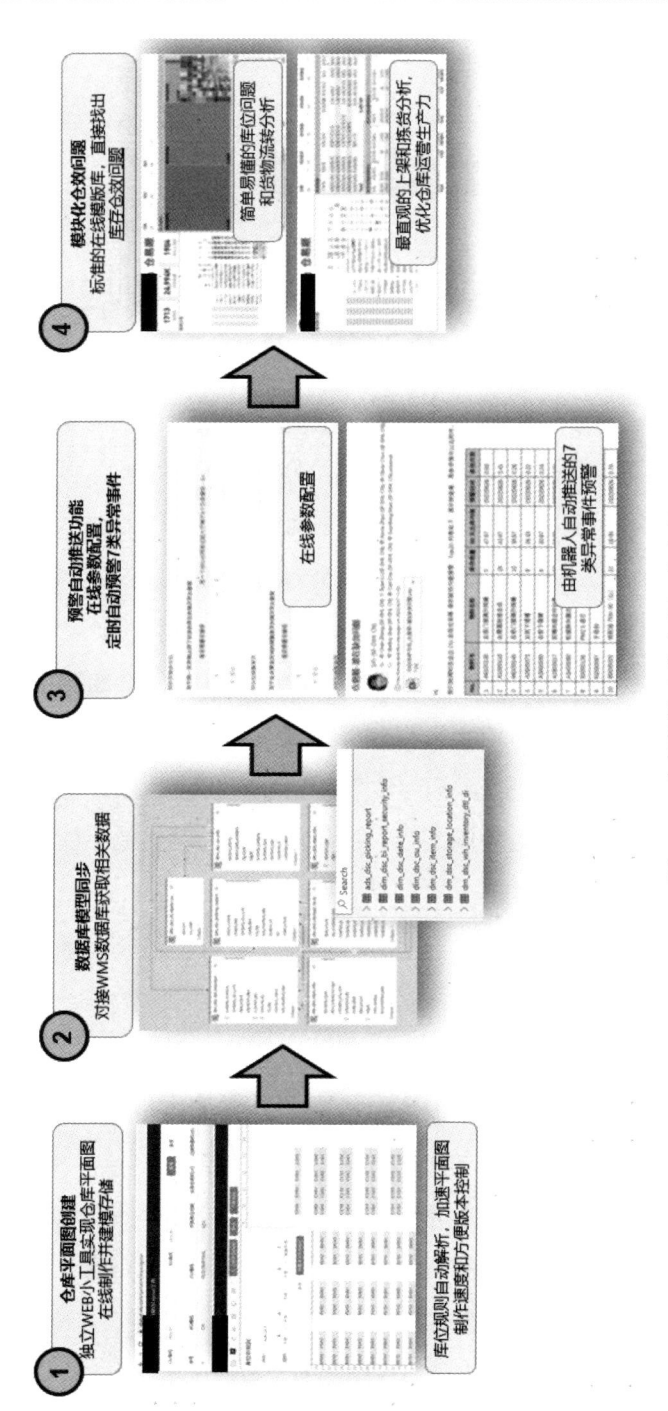

图 12-6 仓易顺数字化仓储运营流程

其次，仓易顺可以通过自有的数据连接器，以各种灵活的方式，从 WMS 业务系统中获取其余 5 类相关数据。

在获取了所有需要的数据之后，系统会将预置的数十种场景分析算法应用于数据，并开始从数据中分析判断仓效问题。系统会通过两种方式将这些问题反馈给终端的业务运营团队：一种是系统自动推送仓效异常邮件以及对应的仓库优化建议；还有一种就是结合前端的可视化展现工具，将整个仓库的仓位问题，以热力图的方式清楚地展现出来，从而让问题一目了然。业务运营团队在了解了仓库的问题之后，就可以根据仓易顺系统的建议，进行有针对性的优化调整。

仓易顺可以分析数十种场景的仓储问题，典型问题有：

（1）整体仓效可视：仓库的空间使用和库存周转情况如何？

（2）冗余库存优化：哪些货物有冗余风险？

（3）热销库存缺货优化：哪些货物有缺货风险？

（4）仓位利用率和理货问题：哪些仓位该合并或需要重新理货？

（5）快流货物分布问题：哪些高频货物该移库？

（6）滞留货物分布问题：哪些静止货物该移仓？

（7）高位拣货问题：哪些货品被频繁地高位拣货？

（8）临期产品分布问题：哪些库位货物即将临期？

运用了仓易顺优化工具的仓储站点，仓位使用率平均提升了 10%～15%。仓易顺对仓储运营的成本优化，以及周转率提升具有重要的价值。最重要的是，仓易顺使得仓储运营这样劳动力型密集的业务，真正变成了数据驱动的可持续优化的业务。

第 13 章

C 端的数字化转型

当下,越来越多的企业注重以顾客为中心的数字化重构工作。会员、产品设计等都是企业连接用户的重要方式。但如果企业仅仅停留在维护顾客关系的层面上,便无法深度探究用户需求,也无法有效提高用户的使用体验。C 端的数字化转型成为众多企业,尤其是零售企业的重要转型方向。

13.1 开辟新渠道

随着电商渗透率的不断提升,企业与用户直接接触的触点越来越多,触达效率得到提升。但同时,渠道也越来越碎片化,越来越多的新渠道进入大众的视野。

13.1.1 前端渠道:精准、快速触达用户

与用户直接接触的前端渠道,可以精准、快速地触达用户。微博就是一种企业触达用户的新渠道。随着使用人数的不断增加,微博的影响力越来越大,很多企业开始利用微博进行品牌宣传。

拼多多就充分利用了微博反应快、碎片化的特性，使自身品牌得到了快速、广泛的传播。在建立初期，拼多多在微博宣传上投入了大量资金。那句"一亿人都在用的购物 App"宣传语使得拼多多在微博上迅速走红，成为国内主流的购物软件。

2018 年 3 月，微博与尼尔森联合发布了《微博营销品牌影响白皮书》，通过尼尔森 DBE（Digital Brand Effectiveness）衡量体系直观地展示微博的推广效果。结果显示，传统行业与新兴行业均能在微博上取得较好的品牌宣传效果。那么，企业应该如何借助微博进行品牌传播呢？

（1）争议性内容

在进行品牌传播时，过于死板的解说已经无法引起大众的关注。因此，企业应该对宣传的内容进行相应的设计。选用争议性内容可以更有效地调动用户的好奇心及积极性，吸引更多的用户参与其中，从而获得更有效的品牌宣传效果。

（2）巧妙的广告

在微博上进行广告宣传是有一定技巧的。直接、明了地打广告很大可能会被用户无视。因此，企业可以通过故事性强的内容激发用户兴趣。轻松诙谐的口吻、精练的语言、巧妙的广告插入，不仅不会被用户反感，反而可能博得用户的会心一笑。

（3）合适的时机

合适的时机指广告投放的时机要恰当。微博平台本身具有热门及头条推荐机制，因此企业可以充分利用这种推荐机制，尽量在用户浏览微博的高峰时间段投放广告，以增加品牌的曝光度，获得更好的品牌宣传效果。

（4）了解消费者

企业在进行品牌宣传时，还要注重收集用户的偏好及使用反馈。如果企业可以及时解决用户遇到的问题，及时满足用户的需求，那么企业就能提升用户满意度，获得更多用户的支持与信赖，全面提升品牌的宣传效果。

在某种意义上，进行品牌宣传就是在为品牌代言。微博这种反应快、碎片化的前端渠道可以直接与用户进行连接，精准、快速地实现用户转化。

13.1.2 内容渠道：深度影响用户

除了微博这种碎片化的前端渠道，企业还可以利用微信公众号、知乎等内容渠道精准触达用户。同时，这种内容渠道兼具私密性与社交性，利用这种渠道进行品牌宣传会增强宣传内容的可信度和说服力，获得更好的宣传效果。

随着内容经济的兴起，大批的知识型平台涌现出来，用户可以在上面发布自己的经验、对问题的看法。这种内容渠道受到了越来越多的年轻人的喜爱，也能为企业吸引到素质更高的用户，为企业创造更大的价值。

在新媒体时代，对比有自己公众号且运营很好的企业，没有自己公众号的企业会逐渐呈现发展不足态势。如今，微信被广泛应用，满足人们的聊天、了解资讯、休闲娱乐需求。打造企业品牌微信公众号并且定期对产品信息进行更新，也能有效扩大品牌的影响范围。

不管是建立自己的微信公众号还是利用优质公众号来进行品牌宣传，都需要企业对相关的内容进行转发、传播，从而达到宣传品牌的目的。如果两种方式同时进行，效果会更好。在宣传的过程中，企业可以结合渠道的特点，创作贴合度更高的内容，设计普适性更强的环节，潜移默化地吸引用户关注，影响用户心智。

例如知乎的用户大多是具有较高文化素养的年轻人。企业可以以此作为战略基点，抓住年轻人感兴趣的话题，更有针对性地进行品牌宣传。在宣传的过程中，除了介绍产品优点与独特之处外，企业还要着重宣传企业的核心理念，从理念、情感、价值观 3 方面与用户产生共鸣，用内容征服用户，从而实现对产品的"种草"与用户的"拔草"。

以下几个步骤可以帮助企业充分利用知识型平台的优势，如图 13-1 所示。

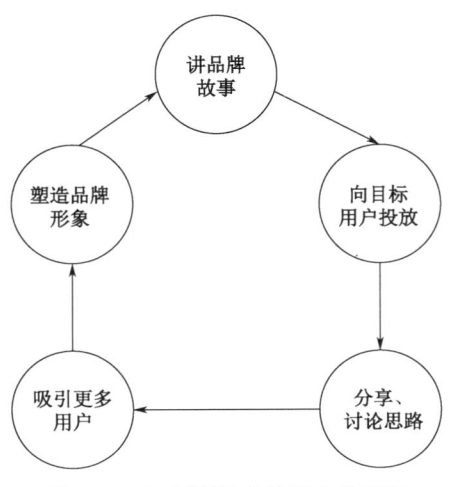

图 13-1　知识型平台品牌宣传流程

在实际的操作过程中，企业要将这 5 个步骤形成一个循环，循序渐进地为品牌宣传助力。当然，如果企业可以结合目标人群的特点对企业的核心理念进行宣传，就能获得更好的宣传效果。

诸如微信公众号、知乎等内容渠道可以帮助企业更精准地吸引目标人群，企业也可以针对目标人群的需求和特点创作出其感兴趣的内容，从而打造自己的品牌特点与优势。

13.1.3　建立泛渠道：提升用户覆盖率

单渠道主要依存于实体店。实体经济蓬勃发展时，单渠道能为企业带来极高的经济效益。随着数字经济的发展，实体店的覆盖面逐渐缩小，管理成本却在逐渐上升，企业的利润空间遭到严重挤压。

近些年，许多企业在用户覆盖层面都已经达到了行业上限。在这种情况下，拓宽渠道的广度和深度成为企业可持续发展的关键。那么，企业应该如何建立泛渠道，实现用户的精准触达呢？

第一步，进行资源合作，扩大用户覆盖面。企业可以充分拓展周边行业的渠道资源，扩大用户的覆盖面，增加渠道对用户的吸引力。例如与其他媒介融合，通过多个渠道联合推广，用这种方式最大限度地覆盖目标群体，增加企业的曝光度，发挥更好的运营效果。

第二步，进行场景化营销，优化用户消费体验。最高级的营销会给用户一种所听、所见即所得的真实感。企业可以充分挖掘、追踪和分析用户数据，为全渠道打造统一的消费场景，连接用户线上和线下行为。通过与用户的互动沟通，树立品牌形象，提升用户转化率，实现精准营销。

第三步，搭建用户管理体系。每位用户的精力都是有限的，正因如此，企业需要建立一个可以不断涌入新鲜血液、沉淀内容的用户管理体系。这样企业就可以对用户行为数据进行有效分析，尽一切可能延长用户的生命周期，提升用户的留存率，最大限度地发挥用户的商业价值。

第四步，寻找相应KOC（关键意见消费者）。企业可以利用KOC的人设以及私域流量，实现低成本、高效率的产品营销。KOC的意见具有影响力和感染力，毫不夸张地说，一个合格的KOC可以对100个，甚至1000个、10000个普通用户产生影响。因此，寻找KOC的工作十分重要，需要得到企业的重点关注。

企业成功拓宽用户与产品接触的渠道后，就可以满足用户在任意时间、地点购物的需求，从而有针对性地进行营销活动，为企业实现C端的数字化转型赋能。

13.2 优化服务

近些年来，许多互联网技术都实现了商业化应用。制造业的差异也在各类高新技术的广泛应用下逐渐缩小。在这种情况下，用户之间的个体差异更加凸显。如果企业可以精准地识别用户身份，为用户提供个性化服务，就可以有效提升用户的转化率与活跃度，获得更多的盈利。

13.2.1 精准识别用户身份

在大数据时代，用户数据的价值更多体现在企业如何运用数据。一家拥有更多的有效数据的企业，也拥有更强的经营和发展优势。如何对产品及用户数据进行挖掘、整合、分析，已经成为企业进行战略布局的重要课题。企业可以从以下几方面着手，对用户数据进行分析整合，精准识别用户身份，给用户提供极致服务。

（1）有目的地收集数据

有目的地收集数据，可以确保数据分析结果有较强的针对性与实操性。例如，保险公司在对司机的个人行驶里程、驾驶稳定系数、刹车油门踩动情况等数据进行分析后，就可以得知该司机的驾驶习惯，预估其驾驶风险，确定其车险保费金额的档次。

如果企业可以在数据产生的瞬间将其进行识别，就能够极大地减轻后续的数据分析的工作量。这要求企业搭建用户数据管理平台并在其中进行用户数据的导入及初步处理，如剔除重复数据、标记相似数据等。

（2）匹配关联数据

将来自不同渠道的数据进行关联，初步建立可视化的用户视图，是整个用户分析过程中最重要的一步。现代人的信息保护意识逐渐觉醒，许多用户在购物时不会留下自己的真实信息，数据匹配也因此变得更加困难。在这种情况下，如果依然将来自不同渠道的信息按重复字段进行匹配，除了带来极大的工作量之外，其工作效率和成功率也极其低下。

目前，几乎每个平台都会选择让用户使用手机号进行身份认证，因此，企业可以将手机号作为连接纽带，借助它将各渠道的信息进行关联。在找到数据源头后，再利用用户的姓名、电子邮箱、收货地址等附加信息，对原有数据进行补充。

（3）验证用户画像

首次绘制出的用户画像可能存在数据偏差，因此企业还要根据用户的行为偏好在后续对用户画像进行修正。定向内容评估法是最常用的验证方法，即在建立初步的用户画像后，根据画像结果对用户进行产品推送，通过产品的购买率或复购率判断用户画像是否准确。

此外，由于用户数据具有时效性，企业还要实时进行数据更新，及时提供用户需要的服务，这样才能与用户进行适时、适当的沟通，从而促进用户的转化与回流。同时，企业也需要加强信息安全防护，预防数据泄露。

13.2.2 建立会员体系，挖掘用户价值

随着流量型商业模式的沦陷，资本热度逐渐消退，提升用户规模的难度也越来越大。能够提升用户留存率、深度挖掘用户价值的会员体系也被重新推上高位。

会员体系的核心逻辑就是通过良好的交互设计、切实的会员权益和优质的激励系统，将处于流动状态的用户留存下来，并充分挖掘其商业价值。企业可以从以下几个方面入手，建立数字化的会员体系，推动企业向用户驱动的发展方向迈进。

（1）会员中心的设计

会员中心是用户与企业之间的连接枢纽。优质的交互设计能极大地提升用户的品牌好感度，增强用户的品牌信任感。会员中心应将企业背景作为设计核心，充分考虑企业定位及用户偏好，使界面布局具有更高的合理性及交互性，全方位提升用户的使用体验。

（2）会员权益的设置

如今，产品同质化日益严重，为用户提供个性化、多元化的会员权益，可以显著增强品牌对用户的吸引力，极大地提升用户留存率。

会员权益不应该被企业自身限制。视频会员、购物代金券、服务体验券等第三方平台的增值服务也可以作为会员权益提供给用户。全方位、多角度地对用户偏好进行分析后，针对用户的个性化需求设置的权益，势必能获得用户的喜爱。

（3）会员等级的划分

企业可以根据会员的忠诚度、活跃度、消费情况等因素进一步划分会员等级，这样企业可以更准确、全面地进行会员评估，同时还可以为高等级的会员配置更高级别的权益，激起会员们的升级热情。此外，划分会员等级后，企业便可以更有针对性地开展运营活动，挖掘会员的深层价值，实现投入产出比的最大化。

（4）积分系统的建立

作为一种常用的营销策略，积分系统可以有效增加用户的品牌记忆点，提升用户的品牌敏感度，保持用户黏性。企业可以根据品牌特性设置积分名称、使用规则、兑换方式、有效期限等，建立灵活性更高的积分系统。

同时，企业还可以定期举办如幸运转盘抽奖、每日答题抽奖等活动，让用户可以从活动中获取积分，从而有效提升用户积极性及转化率，进一步提升用户的品牌忠诚度。

构建数字化会员体系后，企业可以充分挖掘数据价值，发挥数据的业务指导作用。掌握用户的消费习惯及偏好后，企业可以更有针对性地对产品进行创新、改良、营销。此外，数字化会员体系还可以帮助企业在提升宣传效果的同时，最大限度地降低运营成本，将会员数据转化为庞大的经济效益。

13.2.3 智能化售后，提升服务品质

企业不能一味地向用户推送产品或输送品牌文化，还要注重用户反馈，对产品和宣传内容进行调整，真正地探寻用户需求。这需要企业建立健全沟通机制，实现用户与品牌的深度连接。

传统的售后服务通常需要耗费大量的人工和时间，还十分容易出现问题。如果一位售后人员在短时间内需要接待大量的用户，那么他极有可能无法为每位用户提供优质的服务，从而引起用户的不满。在这种情况下，构建智能化的售后服务体系显得格外重要。

企业可以从以下 4 个方面入手构建智能化的售后服务体系。

（1）整合零散信息

只有了解用户，才能为用户提供更好的服务。企业应该将全部用户的信息统一记录在服务系统中，使服务人员可以随时、随地地调取产品及用户的相关信息。同时，企业还要在系统中添加大量的解决方案，帮助服务人员快速了解产品的参数、故障原因、维修进度等数据，进一步提升服务的质量和效率。

（2）合理分配工作

智能化的售后服务系统应该以服务流程为基础，将用户需求、仓库分布、备件库存等信息进行整合，从而形成业务协同，为用户制定最佳的售后服务方案。同时，售后服务系统还会根据用户需求为其匹配最适合的售后服务人员，根据用户的位置、预约时间、所需配件等信息为售后服务人员规划最优的服务路径。

（3）深入分析数据

在服务过程中，售后服务人员需要将采集到的全部服务信息进行留存，使用智能算法对这些数据进行全面、透彻的分析，生成可视化分析报告。这样不仅可以为后续的团队管理及战略决策提供有力支撑，还可以进一步完善服务方案，提升用户满意度及复购率。

（4）服务过程透明

用户满意度是服务人员绩效最有力的评判指标。因此，在服务完成后，服务人员应该及时将服务报告上传至系统中，以便管理人员进行实时监测。同时，企业还可以向用户发放调查问卷，进一步了解服务人员的服务态度及专业程度。

市场竞争日益激烈，用户的获取成本也随之提高。企业对于用户黏性的增强、产品复购率的提升等问题也越来越重视。智能化的售后服务系统可以帮助企业节省管理成本，提高运营效率，提升服务品质，进一步唤醒用户的品牌认知和复购意识。可以说，构建智能化售后服务体系成为企业建立竞争优势的最佳途径。

13.3 实战指南：C端企业的数字化转型经验

在传统C端销售中，渠道单一、顾客黏性差始终是企业发展的难题。本节将详解奈斯派索（Nespresso）、7 Fresh、Casper3家知名企业的C端数字化转型经验，供想要进行数字化转型的企业借鉴。

13.3.1 渠道整合数字化：奈斯派索

渠道即企业将产品或服务提供给用户的方式。随着科技的发展，方便快捷的电子商务渠道已经逐渐成为主流。无数企业开始尝试对现有渠道进行创新，力求以最低的成本在最大限度上为用户提供最便利、最愉悦的购物及使用体验。

如今，越来越多的企业选择将那些在电子渠道节省下来的管理费用用于开发线下实体店，全方位地抢占用户心智。许多大型企业在全国各地设立旗舰体验中心，许多中小型企业也通过设立快闪店的方式提升用户的互动体验感。奈斯派索则更加与众不同，它将渠道进行一系列整合，确保用户使用任意渠道都可以方便、快捷地享受产品及服务。

奈斯派索是雀巢公司旗下的高端咖啡品牌，主要经营胶囊咖啡机及相关产品，其产品操作简单、轻便小巧，受到了用户的广泛好评。

奈斯派索不仅在全球范围内开设了超过1500家各具特色的专卖店及咖啡店，还与诸如梅西、布鲁明戴尔等百货公司进行合作，开设了多个咖啡售卖亭。同时，奈斯派索还为许多高档酒店、餐厅、航空公司提供高品质的庄园豆。除此之外，奈斯派索还开办了一家线上咖啡俱乐部，为用户提供订购及库存提醒服务。

这种对于多渠道的整合与使用战略极大地推动了奈斯派索的发展，使得奈斯派索的盈利能力出现了指数级的增长。

13.3.2 线上线下打通的数字化：7Fresh

7 Fresh 是京东开放零售生态的首个线下实体店，承接了大量由京东自主研发的科技产品，极大地提升了用户的消费体验。试营业期间，7 Fresh 的日均客流量超 1 万人次。试营业首日，其同名 App 的注册人数与上线首日相比增长了 30 倍。

门店内的产品会在同名 App 上同步售卖，还为门店周边 3 公里范围内的用户提供配送服务。为提高时效性，7 Fresh 应用了较为完善的拣货逻辑及悬挂链配送技术。当用户在 App 下单后，系统会迅速生成最优的拣货方案，同时将产品进行打包并上传至悬挂链，用户所需的产品在 5 分钟内便会传递至配送员手中。

7 Fresh 门店极具科技感：智能购物车可以自动跟随佩戴手环的用户；"魔镜"系统可以对水果的产地、甜度等信息进行溯源；智能补货系统可以精准预测产品的出售情况并及时补充产品库存。

当然，最值得一提的还是 7 Fresh 在用户支付体验方面的升级。根据用户需求的不同，门店分别设置了无人收银台和人工收银台。扫描产品包装上的条形码后，无人收银台便会自动生成订单信息，用户核对无误后便可以选择刷脸支付。无人收银台操作简便，极具体验感，适合那些购买产品较少的用户使用。

7 Fresh 的人工收银台也对传统的支付方式进行了创新，用户打开 7 Fresh 的 App 摇动手机便会自动弹出支付二维码，App 也会自动为用户推荐最优惠的支付方式。同时，智能购物车还可以自行前往结算通道排队并结算账单，用户只需在半小时内凭取货码前往服务台支付账单即可。这种支付方式使排队的对象由用户本人转变为用户绑定的智能购物车，创造了人工收银台支付的新模式。

与传统的零售商店相比，7 Fresh 在产品的选择、采购、包装、成本控制等方面都实现了规模化、协同化。不仅如此，7 Fresh 还打通了线上线下的各个环节，力求为用户打造最舒适、便捷、个性化的消费场景。

后 记

对比 ToB 和 ToC 数字化

最近几年，亚马逊、腾讯、谷歌、字节跳动、阿里等企业纷纷进入服务企业端的 ToB 市场，为不同行业的企业提供数字化解决方案，例如为企业提供采购平台、办公协同工具、IT 运维、CRM、基础云架构等服务。

很多人会存在这样的疑惑：服务消费端的 ToC 和服务企业端的 ToB 的数字化转型的主要区别是什么？大多数人认为区别主要是 ToB 销售的合同价值高、决策过程复杂、需求和交付内容复杂。

这些其实只是表象。例如向富豪销售一架顶级的湾流私人飞机是属于 ToB 还是属于 ToC？再如向街边小吃摊的摊主售卖一台 2000 元的新型炉灶是属于 ToB 还是属于 ToC？答案是前者是 ToC，后者是 ToB。其实，ToB 与 ToC 的界定与合同价值多少无关，主要是根据企业的本质来判断。

我们先来看 B 和 C 这两个英文字母所代表的英文单词的含义。B 代表的是 Business，意为"生意、商业"。做生意的组织是企业。商业的特点是通过消费输入的价值，输出新价值，创造价值增值。C 是 consumer，意为"消费者"，代表的是消耗。消耗的特点是只消费输入的价值，不输出新价值。

某国际领先的消费品企业品牌众多、业务复杂，每年上市的新品都很多，因此渠道经销商备货的库存压力很大，还经常出现断货问题。因此这家企业向笔者寻求帮助，希望搭建数字化销售渠道和数字化供应链。

笔者向负责经销商渠道的总经理建议，是否可以将终端的需求和经销商的备货联系在一起制定销售计划。那位总经理说无法这样做计划，因为经销商基本上都是将产品买断。经销商手中积压的货物越多，其实对企业的销售业绩越有利。

但如果货卖得不好，最后的结果由谁来买单呢？短期之内有可能是部分经销商来买单，但长远来看，遭受最大损失的一定是企业自身。且不说大部分经销商会有退货条款，即使是完全买断的经销商，在利益受到损害之后，都会在后续采取一些措施来及时止损，例如减少订货量，而这最终会让企业遭受损失。

因此，我们规划了一个能够从终端获得更直接的消费者需求信号的平台，把消费者的需求和经销商的订单相结合，让经销商在安全库存更少的情况下，销售更多的商品给终端消费者。这样的终端需求导向的经销商管理平台，给经销商创造了价值，因此很受经销商们的喜爱。

虽然这家消费品企业的产品最终面向的是消费者，但这家企业其实是一家ToB企业，而不是ToC企业。在产品同质化的前提下，它给经销商们提供了价值，这才是真正的业务驱动力。

ToC最核心的营销理念是以用户体验为中心。ToB和ToC最本质的区别是：ToB的价值主张是通过使用产品或服务带来价值创造，ToC的价值主张是产品和服务使用的体验。因而，ToB销售，甚至整个ToB公司的业务设计，关注的是怎样向客户呈现价值、交付价值并衡量价值。需要注意的是，这里说的"价值"，并不是指客户向卖家支付的价格，而是客户因为使用了我们的产品或服务，向它的客户提供产品或服务所创造的新价值。这样的价值衡量包括收入提升、利润提升、效率提升、满意度提升等。

ToC业务没有价值产出。衡量ToC业务效能的指标是用户体验。"关键时刻"是对客户导向进行衡量的关键指标，是ToC销售以及业务设计的关键方法论。

大部分以数字技术为基础的 ToC 业务都具有服务性，本质是为用户提供更好的服务体验。无论是京东、阿里等电商平台，还是抖音、王者荣耀这样的娱乐平台，抑或是更小众的众包平台，它们成功的秘诀都是：优质的用户体验。

企业从实现基础的数字化转型，向完全实现数字化的数字原生企业进化，需要一个漫长的过程，需要不断迭代并且有详细的路径和规划。可能在未来，企业实现数字原生已经不是目标，而是一个必然。

读者调查表

尊敬的读者：

  自电子工业出版社工业技术分社开展读者调查活动以来，收到来自全国各地众多读者的积极反馈，他们除了褒奖我们所出版图书的优点外，也很客观地指出需要改进的地方。读者对我们工作的支持与关爱，将促进我们为您提供更优秀的图书。您可以填写下表寄给我们（北京市丰台区金家村 288#华信大厦电子工业出版社工业技术分社　邮编：100036），也可以给我们电话，反馈您的建议。我们将从中评出热心读者若干名，赠送我们出版的图书。谢谢您对我们工作的支持！

姓名：_____　　　性别：□男　□女　　年龄：_____　　职业：_____
电话（手机）：_____　　　　　E-mail：_____
传真：_____　　　　通信地址：_____　　　　邮编：_____

1. 影响您购买同类图书因素（可多选）：
□封面封底　　□价格　　　□内容提要、前言和目录　　□书评广告　　□出版社名声
□作者名声　　□正文内容　□其他_____

2. 您对本图书的满意度：

从技术角度　　　　　　　　□很满意　　□比较满意　　□一般　　□较不满意　　□不满意
从文字角度　　　　　　　　□很满意　　□比较满意　　□一般　　□较不满意　　□不满意
从排版、封面设计角度　　　□很满意　　□比较满意　　□一般　　□较不满意　　□不满意

3. 您选购了我们哪些图书？主要用途？

4. 您最喜欢我们出版的哪本图书？请说明理由。

5. 目前教学您使用的是哪本教材？（请说明书名、作者、出版年、定价、出版社），有何优缺点？

6. 您的相关专业领域中所涉及的新专业、新技术包括：

7. 您感兴趣或希望增加的图书选题有：

8. 您所教课程主要参考书？请说明书名、作者、出版年、定价、出版社。

邮寄地址：北京市丰台区金家村 288#华信大厦电子工业出版社工业技术分社
邮编：100036　　电话：18614084788　　E-mail：lzhmails@phei.com.cn
微信 ID：lzhairs/18614084788　　联系人：刘志红